高职高专公共基础课"十三五"规划教材

大学生职业生涯规划

主　编　刘万韬　那菊华　王钰允

副主编　李　玉　李菁华　贾会祥　王国成　赵国平

参　编　阎保华　李娅菲　张菲菲　宋玲枝　霍大涛
　　　　　李　娜　徐　冰

西安电子科技大学出版社

内 容 简 介

本书主要针对高职学生的认知特点和职业发展规律，通过八个模块以及经典案例和丰富的课后拓展练习，详细介绍了高职学生职业生涯规划的发展规律和生涯规划的设计要领，有助于广大高职学生从自身实际出发，针对自己大学期间的学习生涯及毕业后的职业生涯及早形成科学、合理的规划，从而为其健康成才和将来的可持续发展打下坚实的基础。

本书内容以建构主义为基础，突出高职学生的主体地位，坚持行动导向，既是指导广大高职高专学生进行科学的职业生涯规划的必备教材，又可供广大学生和求职者阅读参考。

图书在版编目(CIP)数据

大学生职业生涯规划/刘万韬，那菊华，王钰允主编.
—西安：西安电子科技大学出版社，2015.8(2019.10 重印)
高职高专公共基础课"十三五"规划教材
ISBN 978–7–5606–3825–6

Ⅰ. ① 大…　Ⅱ. ① 刘…　② 那…　③ 王…　Ⅲ. ① 大学生—职业选择—高等职业教育—教材

Ⅳ. ① G647.38

中国版本图书馆 CIP 数据核字(2015)第 202294 号

策　　划　毛红兵
责任编辑　马武装　魏　薇
出版发行　西安电子科技大学出版社(西安市太白南路 2 号)
电　　话　(029)88242885　88201467　　　邮　　编　710071
网　　址　www.xduph.com　　　　　电子邮箱　xdupfxb001@163.com
经　　销　新华书店
印刷单位　西安日报社印务中心
版　　次　2015 年 8 月第 1 版　　2019 年 10 月第 8 次印刷
开　　本　787 毫米×1092 毫米　1/16　印　张　13
字　　数　303 千字
印　　数　23 901～24 700 册
定　　价　29.00 元
ISBN 978–7–5606–3825–6/G
XDUP 4117001–8
如有印装问题可调换

前　言

伴随着高职教育的不断发展，我国高职高专院校的在校生规模已经达到全部高校在校生人数的 50% 以上，占据了高等教育的半壁江山。2014 年 5 月 2 日，国务院印发了《关于加快发展现代职业教育的决定》(国发〔2014〕19 号)。《决定》提出，要牢固确立职业教育在国家人才培养体系中的重要位置，以服务发展为宗旨，以促进就业为导向，适应技术进步和生产方式变革以及社会公共服务的需要，培养数以亿计的高素质劳动者和技术技能人才。高职院校作为技能型人才培养的主力军，不仅要重视学生职业技能的培养，提高学生的就业能力，更要下大力气培养学生的职业生涯规划和发展能力，为学生未来职业生涯的可持续发展打下良好基础。为此，我们组织长期工作在职业教育教学和管理一线的资深老师，本着简明、实用、新颖的原则共同编写了本书，力图为高职高专学生职业生涯的理性规划和持续发展尽一份绵薄之力。

本书的首要目标是培养学生的职业生涯规划和管理能力，而不是理论知识的被动接受和机械掌握。本书从高职高专学生的特点出发，始终体现着实践性与操作性特点，并力求贴近高职高专学生的生活。

本书针对高职高专学生的认知特点和职业发展规律，运用名言警句、典型案例等作为引导，并以丰富的课后拓展练习来训练学生的职业发展能力，从而为高职高专学生提供全程化、实用性和针对性的职业生涯设计、规划和管理指导。本书所用案例都经过精心选择，主要来自高职高专在校生或毕业生的个案调查，集中反映了高职高专学生职业生涯的重要问题或任务，以便唤起读者的问题意识和目标期望。拓展练习主要包括：职业或任务调查、心理测试、制订完善生涯发展的短期计划、生涯规划设计等。通过这些练习，旨在帮助学生将职业生涯规划知识转化为过硬的职业生涯规划能力和自我管理能力。

本书内容的选取切合高职高专学生实际，组织编排科学合理，分别通过"赢在起点，职业生涯规划""'贵'在知己，自我认知""'精'在知彼，环境认知""明确发展方向，科学规划自我""有的放矢，拓宽知识层面""纸上得来终觉浅，加强实习实践""于生活之中，全面提升自我""知行合一，发展完善自我"八个模块详细介绍了高职高专学生职业发展规划和生涯规划设计要领。

本书在编写过程中，参考借鉴了一些同行的文献和资料，还直接引用了一些实例作为案例，在此对原作者表示诚挚的感谢！

由于编者水平有限，书中难免存在疏漏和不妥之处，敬请各位专家和广大读者多提宝贵意见，以便我们今后不断改进和完善。

编　者
2015 年 5 月

目　　录

模块一　赢在起点，职业生涯规划

【人生箴言】

最困难的事情就是认识自己。——希腊

不会评价自己，就不会评价别人。——德国

【模块导读】

(1) 了解什么是职业生涯规划，明确职业生涯规划的价值。

(2) 通过学习大学期间职业生涯规划的步骤，掌握大学生职业生涯规划的特点。

　【案例播放】

蚯蚓是我从小到大的朋友。蚯蚓不是原名，由于他长得黑矮瘦弱，因而得名。

18岁分开后，我为了生活四处漂泊奔波，蚯蚓却上了大学，什么事都挺顺当。在这分开的十年里，我们几乎每隔两三年见一次面，每一次我都喜欢问他同一个问题：你将来的目标是什么？

得到的答案总是不相同。下面记录的是蚯蚓每次谈及目标的原话：

18岁，高中毕业典礼上：我发誓要当李嘉诚第二！我要当中国首富(好大的口气)！

20岁，春节老同学团聚会上：我想创立自己的公司，30岁时拥有资产2000万。

23岁，在某工厂当技术员，第二职业是炒股：我正在为离开这家工厂而奋斗，因为在这里工作太没前途了。我将全力炒股，三年内用5万炒到300万元(似乎有点实现的可能)。

25岁，炒股失意而情场得意，开始准备结婚：我希望一年后能有10万元，让我风风光光地结婚(挺现实的想法)。

26岁，不太风光的结婚典礼上：我想生一个胖小子，不久的将来当个车间主任就行，别的不想了(是不是结婚就会使人成熟)。

28岁，所在的工厂效益下滑，偏偏正是妻子怀胎十月的时候：我希望这次下岗名单里千万不要有我的名字(这时候我还能说什么)。

案例分析： 从上面的小故事可以看出，蚯蚓显然没有对自己的人生进行合理的规划：刚开始的时候当技术员，但他没有去细心研究技术，而是想通过炒股赚到300万，后来炒股失败忽而又想当车间主任，最后可能技术也不是很精通，担心下岗名单中会有他的名字。他这样一个没有规划的人生，显然是很容易失败的。

我们要想在未来职业生涯中获得成功，首先应该确定一个切合实际的职业定位和职业调整，并为之努力直至最后实现我们的职业发展目标，获得人生的最大成功。

　【 行动指南 】

项目一　认识职业生涯规划

大学是人生的十字路口，如果说大学之前是"华山一条路"的话，那么进入大学之后就是"无限风光在高峰"了。如何走好大学期间的第一步，如何度过大学期间的短暂生涯，如何为未来的职业生涯迈出坚实的一步，这是摆在每位同学面前的重要课题。

每一名迈入大学的同学，都应抱有成功的信念，通过大学的历练获得成长，进而成才；每一位进入大学的同学，都应珍惜大学的美好时光，学好专业知识，提升综合素质，实现人生的跨越。

一、职业生涯规划的概念

近年来，大学生就业难成了全社会关注的热点，其主要原因在于大学生对其自身职业生涯规划存在盲点，缺乏清晰规划，导致在求职过程中的盲目与被动。"职业规划"是一个老生常谈但常讲常新的词语。同学们每每把"职业生涯规划"挂在嘴边的时候，是否真正意识到它的意义呢？这是每一位同学在专业学习之余，应该扪心自问的话题。

(一) 职业

什么是职业？不同学者从不同领域、不同角度出发，对职业下了不同的定义。

日本社会学家尾高邦雄认为，职业是某种社会分工或社会角色的实现，包括工作本身、工作场所和职位；美国著名学者泰勒将职业的概念解释为一套成为模式的、与特殊工作经验有关的人群关系，这种成为模式与工作关系的结合，促进了职业结构的发展和职业意识形态的显现；美国著名哲学家、教育家杜威对职业的定义简单概括为：职业是可以从中得到利益的一种活动；美国社会学家塞尔兹则是从经济学角度界定职业的概念，在他看来，职业是一个人为了不断取得个人收入，而不断从事的具有市场价值的一种特殊活动。

综合所述，职业的合理界定应当包括从事职业的主体、职业的对象或个体及其社会功能、职业活动所经历的时限、职业的性质等要素。因此，本书将职业定义为：职业是指具备劳动能力的个人，利用自身的知识和技能，从事社会生产活动或服务，为社会创造物质财富与精神财富，并由此获得相应的报酬，以满足自身对物质和精神需求的一种持续性活动。

(二) 职业生涯

"生涯"一词是由"职业"一词拓展而来的，主要是指个人一生的道路或发展路径。一个人从出生到死亡的整个人生经历中，存在着不同的生命周期，有社会生命周期、生物生命周期和职业生涯周期。在人的总生命时间中，最重要的、有决定作用的是职业生涯周期，它是个人生存和发展的前提条件。从任职前的职业教育培训，到寻求职业，再到就业从业，职业转换，逐步晋升，直到完全脱离职业工作，职业生涯周期占据了人一生的大部分时间。因此，它对个人、家庭都有着十分重要的意义。

作为一种较为复杂的客观存在，需要我们从以下几个方面来理解和分析"职业生涯"的内涵：

(1) 职业生涯是个体的概念，是指个人的行为经历，而不是群体或组织的行为经历。

(2) 职业生涯是职业的概念，是指一个人在一生中的职业历程。

(3) 职业生涯是时间的概念，是指职业生涯周期，它起始于初次工作之前的学习、培训阶段，终止于完全结束或退出职业活动。实际生活中，职业生涯的时间期限在不同的个体之间有很大差别。

(4) 职业生涯是发展和动态的概念，指个人的具体职业内容和职位是在不断发展和变化的，而不是固定、单一的。职业生涯更重要的内涵是职业的变革与发展的经历和过程，包括职业的转换、职位的晋升等具体内容。

(三) 职业生涯规划

规划的实质是选择追求的目标和实现目标的最佳方案。因此，职业生涯规划的实质就是结合自身情况及各种制约因素，为实现职业目标，制订一个完备的行动方案。简而言之，就是指个人为自身的职业发展所做的策划和准备。

大学阶段尚处于职业生涯中的职业准备期和职业探索期，对于大学生这个群体来说，职业生涯规划有着更具体、更重要的内涵：在大学阶段，应当客观、全面地认识自己的能力、兴趣、个性和价值观，了解各种职业、行业、环境的需求趋势和影响因素，确立职业生涯发展目标，选择实现这一目标的职业方向，并制订出行之有效的实施方案，包括相应的学习和培训计划，做到及时反馈和修订。

二、职业生涯规划的价值

历史不能假设，过去不能重来，在人生路上回头的代价是很高的。在市场竞争激烈和人才济济的时代，具有前瞻性的职业生涯规划，对大学生的职业发展和整个人生来说，具有深远的意义和价值。

职业生涯规划不是简单地帮助大学生们获得一份工作，更重要的是帮助同学们真正地了解自己、更好地挖掘自身潜能，在客观分析内在素质和外在环境因素的基础上科学地规划人生，从而确定合理的、可行的职业生涯发展方向和行动纲领。

(一) 正确认识自我，坚定职业目标

在人生的舞台上能够精彩演绎的人，都要经过一番艰苦的努力、磨砺和经营，他们都对人生的发展方向有着清晰的认识和规划。中国有句古训："志当存高远"，这是勉励青少年在人生刚刚起步时要树立宏图大志。无论做什么事，首先要确立目标，才会有清晰的前进方向和充足的动力及热情。怎样设定人生目标并通过努力达到目标，这就需要对自己的职业生涯做出合理规划，这是迈向成功的第一步。有许多同学对自己不大了解，没有清晰地认识到自身的优势和劣势，在职业选择过程中，具有较大的盲目性和不切实际性，极易导致奋斗目标的模糊性和易变性。通过有效的职业生涯规划，可以使学生认识到自身的个性特质、现有的和潜在的资源优势，认识到自身的优势和劣势，并进行对比分析，着力培

养职业所需的特质，树立适合自身情况的职业发展目标和职业理想，从而规划自己的学习，指导自己的实践，制订合理的行动计划，并为获得理想的职业而去做各种准备。

(二) 进一步了解社会，提升个人竞争力

过去人们把高校比作象牙塔，把大学生比作天之骄子。生活在象牙塔内的大学生们，常常缺乏对社会、对外部职业世界的了解，不能根据社会和职业的需要，适时、合理地调整职业目标和行动计划，从而在职业竞争中容易处于劣势。在职业生涯规划的过程中，学生需要不断地获得外部信息，包括职业、组织、社会等多方面的信息。获得的外部信息越多，心理上的准备也就越充分，在规划自己未来发展的时候，就能够根据社会的需要并结合眼前利益和长远发展，有的放矢、合理规划。物竞天择，适者生存，当今社会处在变革的时代，到处都充满着激烈的竞争，要想在这场激烈的竞争中脱颖而出，并立于不败之地，职业生涯规划是最强大的武器和法宝。

(三) 实现自我价值，成就美好人生

面对千变万化的社会大舞台，每个人都渴望施展自身才能，成就一番事业，体现人生价值。谁都希望能在自己的职业生涯中有所成就，特别是对受过良好教育、作为社会新鲜人的大学生们来说，对未来事业之途更是充满期望，并愿意为成功付出勤奋和努力。正如马斯洛的需求层次理论所指出的，人的需要是由低级向高级层次推进的，即生理需求→安全需求→情感和归属需求→尊敬需求→自我实现的需求。所有这些需求必须通过职业活动来实现，也就是说，我们可以通过一份适合的职业来获得生理、安全、情感、归属、尊重的需求，但我们更需要的是通过从事一份职业来发挥自己的潜力，体现自我价值。但仅仅有一份工作，并不能保证我们能实现所有的需求。然而，社会的快速变迁，竞争的不断加剧，令许多即将踏入社会的学生们手忙脚乱，不知何去何从。有效的解决方法只有一个，那就是进行职业生涯规划，正确的职业生涯规划，能为实现自我价值创造机会，扬长避短并最终迈向成功。

人生如航行在浩瀚大海中的船只，一个好的领航者，总能事先洞察风云海相的变化，无论面对何种危机，都能胸有成竹地靠着海图与指南针，依据事先规划的发展计划来掌控航向，驶向目的地。没有规划的生涯，就如没有罗盘的扁舟，没有方向地原地打转。

三、职业生涯成功的标准

在国外的研究中，职业生涯成功被界定为个人在工作经历中，逐渐积累和获得积极的心理感受以及与工作相关的成就，并将其分成客观职业生涯成功和主观职业生涯成功。客观职业生涯成功是指个体在职业生涯中获得的，能由公正的第三方可观察、可衡量、可证实的成果。主观职业生涯成功是指个体从他(她)认为重要的维度，对自己职业生涯内心的理解和评估。

(一) 客观标准

职业生涯成功的客观标准，从本质上讲，主要集中在由社会认可的"较高的薪金和职位"上，其他指标可以随"薪金和职位"的获得而拥有。毋庸置疑，以可感知和证实的"薪

金和职位"作为客观成功的标准，使我们对职业生涯成功的评价具有了可操作的评价依据，同时也有助于人们明确职业追求的目标。

但片面地追求客观成功，一方面往往会导致职业价值观的扭曲以及其他一系列不良后果；另一方面，客观成功标准的局限性还在于，它忽视了职业生涯成功因个体、民族、社会、时代的不同而造成的差异性，忽视了其评价标准所应具有的多元性和层次性。

(二) 主观标准

在强调客观成功标准的同时，不能忽视主观成功的标准。事实上，很多人在获得客观成功时，主观心理上却伴有失败感，因为"薪金和职位"并不能满足人的全部需要。

大多数时候，主观职业生涯成功的可操作化指标是指"工作或职业满意度"。成功不仅仅是一个社会的客观问题，也是一个人的主观问题。有些被社会认可的成功经理人，其实对自己的职业生涯并不满意。如果从主观职业生涯成功的标准来看，他们常常认为自己是失败的。因此，对于衡量职业生涯成功的标准，应当引入个人的自我实现和工作意义成分，具体包含自我认同、工作满意和精神满足等主观成功的评价指标。

对职业生涯成功主观标准的重视和提出，弥补了以客观标准片面地衡量职业生涯成功的某些不足。尽管如此，主观成功标准也有其自身的局限性，主观上的工作满意和精神满足只是一种个人化的心理感受，"职业满意度"并不能真正反映主观成功的本质内涵。

客观职业生涯成功与主观职业生涯成功是职业生涯成功的两个方面，只考察客观成功或只考察主观成功都是片面的，我们应从"主客统一"的角度去评价职业生涯成功，同时兼顾主观、客观两方面，二者缺一不可。

(三) 职业生涯规划的阶段

(1) 成长阶段(0～18 岁)：即职业的幻想期，认同并建立起自我概念，对职业的好奇逐步占据主导地位，有意识地思索职业能力培养与未来职业的结合。

(2) 探索阶段(19～24 岁)：主要通过学校学习来进行自我考察、角色鉴定和职业探索，完成第一份工作的选择，并实现初步就业。

(3) 建立阶段(25～44 岁)：获取一个适合自己的工作领域，并谋求发展，这是大多数人职业生涯中的核心阶段，是人适应职业需要、逐步走向职业成熟和职业成功的重要阶段。

(4) 维持阶段(45～65 岁)：维护已获得的成就和社会地位，维持家庭和工作两者之间的和谐关系，开发新的技能，将职业强化或转化为职业理想。

(5) 衰退阶段(65 岁以后)：逐步退出和结束职业生涯，开发更广泛的社会角色，减少权利和责任，做好适应退休后的生活准备。

处在不同职业发展阶段的人，应考虑不同的事情。例如，在探索阶段，可以多做些尝试、探索，在工作中摸索出本人的职业性向、职业锚、职业兴趣等，逐步找到最适合自己的职业。而 40 岁以上的人，就不应该做过多的尝试，而是应该认真分析本人的职业锚、职业性向，选择本人有优势的职业做长远的打算。这里的年龄阶段划分还应该针对不同的职业加以区分。例如：在中国，作为职业足球运动员，30 岁已经该退休了；而作为教授，30 岁差不多是最年轻的。

项目二　大学生职业生涯规划的特点

职业生涯规划是一个连续不断的过程。人的一生不是一成不变的，人在不断成长，环境在不断改变，而自我认知和职业认知的变化，使得每个人的职业生涯都会呈现出阶段性变化的特点。值得注意的是，大学生职业生涯规划具有显著的阶段性特点。从细节来看，新生期(大一入学的第一个月)、低年级(大一和大二)学生和高年级(大三)学生的生涯特点就不一样，体现在生理状况、心理水平、知识技能、成熟度、职业能力、综合素质等方面存在着较大的不同。

一、大学期间职业生涯规划的重点和主要内容

大学生从本质上说就是学生，他们的主要任务是学习，这是大学生区别于职业人的最大的不同。所以，大学生职业生涯规划的重点就是学习。同时，我国的大学生们，年龄一般在18～24岁之间，处于世界观和生活习惯的形成期；他们一般从中学直接进入大学，缺乏对社会的了解和接触；大学毕业后，大多数学生都需要步入社会，参加工作。

鉴于此，大学生职业生涯规划的主要内容应该与职场人的职业生涯规划既有所不同，又有所联系。因此，大学生职业生涯规划至少应该包括两个阶段，即大学期间生涯规划和大学毕业后职业生涯(毕业后两年内)规划，加上新生期的特殊情况，我们建议把大学生职业生涯规划分为新生期规划、低年级规划和高年级规划三个阶段。低年级生涯规划是我们学习的重点，其主要内容是学业规划、成长规划和实践规划。

二、大学生职业生涯规划与职业人职业生涯规划的区别与联系

(一) 大学生职业生涯规划与职业人职业生涯规划的区别

大学生职业生涯规划与职业人职业生涯规划的区别是基于双方的社会角色不同、责任不同、所承担的义务不同而产生的。大学生的职业生涯规划应该以学业规划、成长规划和实践规划为主，而职业人的职业生涯规划则必须以工作规划为主，其区别如表1-2-1所示。

表 1-2-1　学生角色与职业人角色的区别

	学 生 角 色	职业人角色
社会责任不同	学好科学文化知识，掌握为人民服务的本领，使自己德、智、体全面发展。大学生以学习、探索为主要任务，其整个角色过程是一个受教育、储备知识、锻炼能力的过程	以特定的身份去履行自己的职责，依靠自己的本领或技能去为社会和他人服务，完成某项工作，通过对工作对象的履行情况来体现。作为职业人必须适应社会，服从领导和管理，适应上级的管理风格，在工作中犯了错误，必须承担成本和风险的责任，并承担相应的社会责任

	学 生 角 色	职业人角色
社会规范不同	主要反映在国家制订的《大学行为准则》和各学校制订的《大学生手册》之中，告诉学生怎样做人、如何发展等。因为学生是受教育者，在违反角色规范时，主要还是以教育帮助为主	对职业角色的规范因职业的不同而不同，但肯定是更严格，违背了就要承担一定的责任，甚至法律责任
社会权利不同	接受外界的给予，即接受的输入主要是要求理解其角色的权利，要求依法接受并取得经济生活的保证或资助	依法行使职权，开展工作，运用自己的知识和能力向外界提供自己的劳动，即运用和输出。要求结合实际创造性地发挥水平，并在履行义务的同时取得报酬
面对的环境不同	寝室—教室—图书馆—食堂四点一线的简单而安静的生活方式，单纯的校园文化气氛。学习时间可弹性安排，有较长的节假休息日；教学大纲提供清晰的学习目标，学术上多鼓励师生讨论甚至争论；布置的作业或工作要在规定时间完成	面临的社会环境是快速的生活节奏、紧张的工作和加班。在单位里，不能迟到早退，经常加班加点，节假日很少，工作任务急又重；老板比较独断，待职工不一定很公平；一切以经济利益为导向；要完成上司或老板交给的具体实在的工作任务等

(二) 大学生职业生涯规划与职业人职业生涯规划的联系

尽管大学生职业生涯规划与职业人职业生涯规划存在着不同，但大学生学习的目的就是提升自己的职业能力、为就业做准备。不少学生大学毕业后即走向社会、参加工作。大学生的在校期间实际上就是就业准备阶段，是为自己能够更好地适应社会积累知识、提升能力的阶段。所以大学生应做好职业生涯规划与职业人生规划，好好利用大学期间宝贵的时光，为未来的职业发展奠定基础；毕业前夕则要做好自己的职业准备规划。

(三) 大学生职业生涯规划应该为就业做准备

大学期间的生涯规划要重视学习规划、成长规划和实践规划。学习规划首先要求学生学好自己的专业，其次要求学生要学好职业技能，最后还要掌握学习方法、科研方法、为人处世的方法等。成长规划帮助学生养成良好的习惯，包括思维习惯、理财习惯、时间管理习惯、建立人脉习惯、交友习惯，特别是形成世界观等。实践规划重视的是参加社团、社会活动、见习和实习等，其主要目的是帮助学生了解社会，并通过这些社会活动了解本专业在社会中的地位和作用，巩固学生的专业，帮助学生树立正确的就业观，找准自己的职业定位，顺利就业。

学生在毕业前夕要参照生涯规划的方法重新认知自我、认知环境，特别是对职业环境(包括对国家相关政策，欲就业的行业背景、发展趋势及企业)进行了解，然后做出职业决策，并根据自己确定的目标制订规划和行动方案，按照行动方案实施，在实施过程中及时总结、反馈行动结果，再根据行动结果修订目标和行动方案。

有了系统完整的规划并加以实施，大学生们则可以转变就业观念，按照社会需求学好自己的专业，提升自己的就业能力，这样也可以为就业做好充分的准备。

(四) 大学生活与职业生涯发展的关系

大学生涯是整个人生的重要阶段，是职业发展的准备期。在大学选择某一专业进行学习，是为今后做职业准备，因而大学生涯可称为职业准备阶段，是职业准备期。这是个人职业生涯的起步阶段，是决定能否赢在起点的重要阶段。

三、高职高专学生的特点及杰出学生代表

高职高专教育是按照职业分类，根据一定职业岗位实际要求，培养生产、建设、管理与社会服务第一线所需要的实用型(技术应用型和职业型)人才的一种新型高等教育。这种教育强调对职业的针对性和职业技能的培训，是以社会人才市场需求为导向的就业教育。

(一) 高职高专学生的特点

国家教育部高教【2002】2 号文件指出：高职高专教育的"目标"是培养拥护党的基本路线，适应生产、建设、管理、服务第一线需要的德、智、体、美等方面全面发展的高等技术应用型专门人才；学生应在具备基础理论和专门知识的基础上，重点掌握从事本专业领域实际工作的基本能力和基本技能，具有良好的职业道德和敬业精神。因此，对高职高专学生来说，诚实、可靠、能吃苦，有教养、懂礼貌，能动手、会做事，有爱好、有特长，专业基本功扎实，拥有多种技能等级证书是我们应该努力达到的规划目标。可归纳为以下人才公式：

高素质、高技能的专门人才 = 品格 + 知识 + 技能 + 才艺

【案例】富士康事件带给高职教育的沉思和选择

2010 年年初，深圳发生了震惊世界的富士康事件。7 月 26 日，中国职业技术教育学会副会长俞仲文在有关会议上针对富士康事件发表了一篇演讲，题目是"富士康事件带给高职教育的沉思和选择"。这篇文章对我国当前高职高专人才培养目标分析阐述得更深刻、全面、清晰。他在演讲中说："富士康公司青年职工连续自杀事件的影响，已远远超出了富士康公司本身，它不仅给政府、企业和国人极大震撼，也折射出我国作为世界工厂、准确地说是作为世界代工厂的悲哀和无奈。"这一件事充分反映了我国当前工业化的程度，及其在世界经济一体化中的地位。

为什么这样说呢？为了安抚员工的情绪，富士康公司做出了给员工加薪 66% 的决定。于是一股加薪潮从珠三角地区开始悄然而起。其结果是：不加薪将有更多的"民工荒"出现，使众多的代工企业难以为继；加薪则有更多的代工企业因为不堪重负而破产，或者迫使它们再转移到劳动力成本更加低廉的地方(包括东南亚各国)去另谋发展，其中包括我们河南郑州等地。

这种两难选择就充分说明了这样一种现状，即改革开放以来，尽管我国的工业化有了很大的进展，但基本上还处在世界产业链的低端。这种利用我国的廉价劳动力来生产世界

品牌、进而营销全世界，而我们只赚取一点代工费的生产方式，直至今天还比比皆是。

这一件事让我们深思：如何才能打破我国处在国际分工产业链中最低端的这一格局？高职院校尤其是国家示范高职对此应当承担何种责任？

(二) 高职高专学生的杰出代表

当前，我国现代化建设正处于重要时期，转变经济增长方式、调整产业结构和区域发展结构、强化中国制造是我国实现现代化和和平崛起的重要举措。因此，国家要求职业院校要通过本身的技术研发、技术革新多培养出像"袁隆平"、"李登海"这样的杰出科技人才，为中国甚至全球做出自己的杰出贡献。

世界杂交水稻之父袁隆平不是出自科学研究院系统，也不是出自普通本科大学，他是在湖南怀化职业技术学院这块土壤上连续奋斗了37年后才成长起来的。

李登海，山东莱州人。初中毕业后回到农村，后来就读于山东莱阳农校。1970年开始从事农业科研至今，研究玉米育种近37年，1989年创造了1096.29公斤/亩的世界夏玉米高产纪录，2005年再次将世界夏玉米高产纪录提高到1402.86公斤/亩，是全国当年玉米平均产量(352.49公斤/亩)的4倍。获得7项发明专利和38项植物新品种权，被称为"中国紧凑型杂交玉米之父"。与"杂交水稻之父"袁隆平齐名，被种业界誉为"南袁北李"。

四、高职高专学生生涯规划的特点

(一) 在学业规划方面

努力学习各种技能，提高自己的动手能力和创新能力；可以在实践中根据需求作出是否专升本的规划。

(二) 在成长规划方面

增加自己的思维能力、人际交往能力，努力提升自己的综合素质。在思想上，要充分认识到读高职也会有光明的前途。

(三) 在实践规划方面

注重知识和技能的社会实践。注重在校期间的职业体验，把自己塑造成为能够满足社会需求的新一代技术革新能手。

实践证明，人生并非只有一种可能，如果能以更加开放和务实的眼光去正确看待这些可能，也许你将因此成就自己的一生。

国家的建设急需高职人才，高职人才的就业前景很好，空间很广阔。很多高职专业实用性很强，岗位需求大，高职毕业生的岗位薪资甚至超过本科生，其原因包括：

一是高职人才培养目标面向生产一线，容易跟上市场需求的节拍。专业设置直接面向市场，注重岗位需求，人才培养目标和企业用人需求高度吻合。

二是高职院校舍得在实习实训设备上下工夫，加大投入，在培养目标方面重实践、强技能、讲实用，培养出的学生动手能力强，到企业工作岗位上能马上动手，企业对新员工培训投入少。

三是高职学生求职心态好，愿意从一线干起，"天之骄子"的架子比本科生少许多，较受企业欢迎。

五、大学期间生涯规划的主要步骤

由于职业生涯规划具有明显的个性化特征，不同学生在进行职业生涯规划时，所考虑的因素有所不同。一般而言，有一些因素是必须考虑的，例如：对自我的全面认识，对外部环境的合理评估，个人目标的抉择以及落实目标的措施安排等，这些因素就是大学生职业生涯规划的基本要素。我国学者罗双平用一个精辟的公式总结出了职业生涯规划的三大要素，即职业生涯规划=知己+知彼+抉择。所谓"知己"就是自我认识与自我了解，"知彼"就是观察和分析外界环境，"抉择"就是在获得内部、外部信息的基础上进行正确的选择。

对于我国当代大学生而言，要制订切实可行的职业生涯规划。首先必须"知己"，即全面了解自己的性格、爱好、特长、职业倾向；同时也要"知彼"，即客观分析外界环境，全面获取职业信息。在这二者的基础之上做出自己的"抉择"，进而制订学习目标，设计学习方案，并努力采取行动，以实现自己的职业生涯规划。

(一) 自我认知

自我认知是职业生涯规划的第一步，是指通过科学认知的方法和手段，对自己的职业兴趣、气质、性格、能力等进行全面认识。它的实质就是通过自我分析，认识并了解自己，明确自己的优势与特长、劣势与不足，诊断出个人问题所在。自我认知要客观、冷静，不能以点代面，既要看到自己的优点，又要面对自己的缺点。只有这样，才能避免设计中的盲目性，达到设计的高度适宜。

(二) 环境分析

人是社会的人，社会是人的社会，每个人都不可避免地生活在一定的社会背景下，通过对社会大环境的分析，了解所在国家或地区的政治、经济、科技、文化、法制、政策与发展方向，有助于寻求各种发展机会。环境分析包括三个方面：

一是行业环境分析。行业环境分析是指对即将从事的目标行业的环境进行分析，包括行业发展状况、国际国内重大事件对该行业的影响，目前该行业的优势与问题何在、发展趋势如何等。分析行业环境时，一定要结合社会大环境的发展趋势，将目标行业放到社会大环境的背景中进行综合分析。

二是职业环境分析。现代职业具有自身的区域性、行业性、岗位性等特性。职业区域可能是城市，也可能是农村，即可能是经济发达的特区，也可能是经济一般或贫困落后地区。做职业生涯规划时要考虑到职业区域的具体特点，比如该地区的特殊政策、环境特征。不同的职业对求职者自身素质和能力有着不同的要求，在设计职业生涯时，除了解所需要的非职业素质要求外，还要了解所需要的职业素质要求；除了解所需要的一般能力外，还要了解所需要的特殊职业能力。

三是企业环境分析。企业是从业者直接生存和发展的土壤。每个企业都有自己的发展目标、运作模式，了解企业的基本情况是进入企业的基础，有利于自己以后迅速适应新环境。企业环境分析包括企业在本行业中的地位、现状和发展前景等。一般主要从三个方面进行分析，即企业的实力、企业的领导人、企业的组织文化和制度。通过对企业环境的分析，可以衡量自己以后在该企业中的发展空间，以及自己的职业目标在该企业中得以实现的可能性。

(三) 确定目标

明确而坚定的目标是赢得成功、有所作为的基本前提。坚定目标的意义不仅在于抓住成功的契机，让梦想一步步变为现实，更重要的是面对种种挫折与困难时能百折不挠，身处逆境能产生巨大的奋进激情，使自己的潜能得到最大发掘与释放。成功的秘诀在于坚持目标。初入大学，大学生们往往缺乏明确的方向，对自己的发展规划并不明确，陷入一种无意识的混沌状态，这种状态持续愈久，对其大学生活及未来社会适应性产生的不良影响愈大。

曾听说过这样一则故事：很久以前，西撒哈拉沙漠中的旅游胜地——比赛尔是一个只能进不能出的贫瘠地方。在一望无际的沙漠里，一个人如果凭着感觉往前走，他只会走出许多大小不一的圆圈。后来，一位青年在北斗星的指引下，成功地走到了大漠边缘。这位青年成了比赛尔的开拓者，他的铜像被竖立在小城的中央，铜像的底座上刻着一行字：新生活是从选定方向开始的。

事实上，任何一段人生之旅都是从选定方向开始的。没有舵手的船永远只会随波逐流，没有方向的人生不可能取得进步。大学生应从大一开始就给自己大学生活定一个明确的方向。

确立目标是制订人生规划的关键，目标对人生有巨大的导向作用。一个人能否成就一番事业，很大程度上取决于有无正确而恰当的人生目标。大学时期是大学生人生观、价值观、世界观形成的关键时期，是为自己未来的事业和生活打基础的重要时期，为缩短进入大学后的适应期，尽快摆脱迷惘期，我们应根据自己的实际情况和社会环境等因素，选择适合自己的发展方向，去走一条适合自己的路。

确定大学目标，就是要依据明确的目标，去规划自己的大学学习与生活，为实现目标而进行积极准备，并付诸实际行动。大学目标可分为短期目标、中期目标及长期目标，在一定的时期内，可以依据客观环境的变化而进行必要的调整。

在校期间，应尽快确定自己的目标，并做到长期、中期、短期目标的有机结合，明确自己要在哪方面成才，在哪个领域成才，要朝哪个方向去努力，等等。

一个好的目标具有五个特征：

(1) 目标必须是具体的、清晰的，可产生行为导向的。比如，"我要成为一个优秀的教师"不是一个具体的目标，但"学生期末平均成绩在 80 分以上"则算得上是一个具体的目标了。

(2) 目标必须是可以衡量的，必须能够用指标量化表达。例如，上面这个"学生期末平均成绩在 80 分以上"的目标，它就对应着量化的指标"分数"。

(3) 目标必须是可以达到的。这里的"可达到"有两层意思：一是目标应该在能力范围内；二是目标应该有一定难度。一般人在这点上往往只注意前者，其实后者也相当重要。

目标经常达不到的确会让人沮丧，但同时须注意，太容易达到的目标也会让人失去斗志。

(4) 目标必须和其他目标具有相关性。这里的"相关性"是指与现实生活相关，而不是简单的"白日梦"。

(5) 目标必须具有明确的截止期限。不但要确定最终目标的完成时间，还要设立多个小时间段上的"时间里程碑"，以便进行工作进度的监控。

人生确立一个什么样的生涯目标，要根据主客观条件来加以设计。每个人的条件不同，目标也不可能相同，但确定目标仍然有一些基本原则：

第一，目标的确立要适合自身的特点。不同的人有不同的特点，这种特点就是你的性格、兴趣、特长等，是由大学期间生涯规划的第一步"自我认知"得出的结果。建立目标应充分考虑现实条件，将目标建立在你的最优性格、最大兴趣、最佳特长上。

第二，目标的确立要符合社会与组织的需求。职业生涯目标，也像一种"产品"，这种"产品"有市场，才有"生产"的必要。所以在确定职业生涯目标时，要考虑到内外环境的需要，也是职业生涯规划的第二个步骤"环境分析"的结果。

第三，目标的确立要高低恰到好处。远大的目标能起到激励的作用，但目标过高，脱离了实际，就会因好高骛远而导致失败；目标太低，不用努力就能实现，目标也就失去意义。

第四，目标的确立幅度不宜太宽。用相同的力量对不同的工作对象，专业面越窄，其作用越大，能够把全部精力投放进去，成功的几率也越高，特别是在确立短期目标和中期目标上。

第五，目标的确立要长短配合恰当。长期目标为人生指明方向，可鼓舞斗志，防止短期行为。短期目标是实现长期目标的保证，没有短期目标，长期目标也就不能实现。特别是在职业生涯发展过程中，通过短期目标的达成，能体验到达成目标的成就感和乐趣，鼓舞自己取得更大的成就，向更高的目标前进。但是，只有短期目标，看不到远大的理想，也会失去奋进的动力，还会使人生的发展左右摇摆，甚至偏离发展方向。

第六，同一时期目标不宜多。目标是追求的对象，你见过同时追逐五只兔子的猎手吗？别说五只，就是两只也追得费劲儿，而且几乎是不可能的事。所以，在确立目标时，最好把目标集中在一个点上。

第七，目标的确立要具体明确。目标就像射击的靶子一样，清清楚楚地摆在那里。如果目标含糊不清，就起不到目标的作用。有的同学常把"我决心干一番事业"挂在嘴上，可是问他具体干什么，他却回答不上来。这就是没有明确的目标，不过空谈而已。

第八，目标要留有余地。特别是在实现目标的时间安排上，不要过急、过满或过死。如果过急，比如需要五年才能达到的目标，订为三年或两年，就会"欲速则不达"，不是计划落空，就是影响工作质量；如果安排过满，在同一时间里既做这个，又做那个，结果则会顾此失彼、身心太累而无法坚持；如果安排过死，规定某一时间只能做某事，假如遇到某些干扰无法完成，又没有补做的时间，必然会落空。

(四) 制订计划、实施、反馈与调整

到此，同学们已经充分了解了自己和外界的环境，也基本明确了你的职业生涯目标。那么，就可以针对以上内容来制订一套具体的、行之有效的行动方案，包括学习、培训、

求职、工作、生活等方面的具体行动计划与措施。制订计划与确定目标的原则基本一致，如适合自身的特点、结合现实环境，具体明确、切实可行。

1. 目标分解

实现一个宏远的职业目标不可能一蹴而就，而需要根据自己的总体目标，采取链条分解法，逐层分解为若干个易于达到的阶段性目标。这就是目标分解的过程，也是目标清晰化、具体化、量化为可操作方案的有效手段。当你把大目标分解为一个个具体的中目标，再把中目标分解为一个个小目标时，你就能对自己有一个更为透彻的认识，也更能看清楚通往成功的笔直大道。每一种类型的目标的特点和要求大致如下：

(1) 长期目标。一般指时间为 5 年以上的目标，通常是不具体、比较模糊的，可以指明职业发展的大致方向，随着形势的变化而变化。长期目标是根据社会的需求做出的选择，有可能被实现，但是实现的时间不能确定。长期目标能够在相当长的时间里对个人职业的发展和奋斗提供强大的精神动力。

(2) 中期目标。一般指时间在 3～5 年之间的目标。它比短期目标难度更大，相对长期目标也更具体一些，基本与长期目标保持一致。要求根据自己的意向和组织的要求来制订中期目标。由于中期目标相对长期目标时间要短，因此，合适的中期目标应当难易适当，以增强自己的成就感。

(3) 短期目标。一般指时间在 1～2 年内的目标，是中期目标和长期目标的具体化，具有更强的可操作性。短期目标更加清晰、具体，明确规定了目标实现的时间和操作步骤。对于目标制订者来说，短期目标应该稍稍提高一点，不能太容易达到，需要经过一定的努力才能达到。

一般说来，短期目标服从于中期目标，中期目标服从于长期目标，长期目标又服从于人生目标。确定目标和制订计划，通常是从具体的、短期的目标开始的。对大学生来说，制订中期目标也就是在大学毕业后的目标，对实现自己的人生目标有至关重要的作用。高职高专学生三年后的目标分解应该分解到每一学年、每一学期，甚至每一月都有自己的小目标，然后再根据具体的小目标，采取相应的具体措施步步落实，并辅以考核措施以确保目标的实现。

2. 制订具体措施

再好的规划，如果没有措施来保证，也只能是空谈。要想获得成功，就要制订可行性措施，逐步实现自己的规划。只有在有力的、可行的措施的保障下，目标才能成为现实。具体措施主要有教育培训、实践锻炼两个方面：

(1) 教育培训。教育培训就是根据目标的分解，制订教育培训计划，它是提高就业竞争力、接近目标的重要策略。通常情况下，教育培训由确定培训需求、建立培训目标、选择培训技术和评价培训效果四个步骤构成。教育培训的内容主要包括基础和专业知识、专业工作技能等。通常情况下，为了提高自己的素质和修养，大学生还应该主动接受一些与工作没有直接联系，但是能够陶冶情操、提高自己修养的文化培训，比如书画、诗歌等。

(2) 实践锻炼。接受教育培训是十分重要的，但是教育培训往往受到实践性弱的限制，一定程度上脱离了现实工作。要真正实现知识的积累、技能的培养和素质的提高，还要靠平时的实践锻炼。实践锻炼能够在实际操作中强化和锻炼，人们在理论学习中得到的知识和技能。通过实践锻炼，能够让人了解实际工作的发展状况，能够让人认识到当今社会和职业需要什么样的人才，并启发自己，让人增强学习的动力。同时，在实践中获得的体会，将是自己宝贵的工作经验，对于今后的就业将是一项十分重要的优势。

在职业生涯规划的实施过程中，除了参加教育培训和实践锻炼之外，还有许多事情值得大学生去尝试，比如：注重与他人的沟通和交流，了解他人的想法和经验；也可以通过与他人建立人际交往关系，为自己储备良好的人际资源等方式，来实施自己的职业生涯规划。

3．实施、评估与调整

有了目标没有实际行动，计划始终还是计划，梦想也终究只是梦想。高尔基说过："要是我们只限于梦想，那么谁来使生活成为美丽的呢？"德国寓言大师克雷洛夫说："现实是此岸，理想是彼岸，中间隔着湍急的河流，行动则是架在河上的桥梁。"任何希望、任何计划最终必然要落实到行动上，只有行动才能缩短自己与目标之间的距离，只有行动才能把理想变为现实。

职业生涯规划的最后一步，是评估实施效果并做适时调整。科学家指出：航天飞机在飞向月球的过程中，97%都是偏离航道的。因此，不断地从反馈中修正航道是非常必要的。俗话说："计划赶不上变化。"影响职业生涯规划的因素众多，有的变化因素是可以预测的，而有的变化因素难以预测。在此状况下，要使职业生涯规划行之有效，就需要不断地对职业生涯规划进行评估与修订。

大学生最初制定的职业生涯目标往往都比较抽象，有时甚至是错误的。因此，应当学会在生涯管理的过程中不断反省自己，观察、分析问题，总结经验教训，虚心接受他人的职业生涯建议和辅导，及时诊断生涯规划各个环节出现的问题。除了采取自我评定的方式之外，也可以请老师、朋友、家人从各自的角度做出评价。通过认真分析阶段目标的完成情况，做出客观的评价，分析原因并找出相应对策。通过评估与修正，对生涯规划进行调整与完善。

评估时要注意以下几点：

第一，抓住核心。在评估的过程中，必须抓住一两个关键的目标，对最主要的职业生涯策略进行跟踪，而不必面面俱到，重点评估那些可能实现核心目标的主要策略的执行的效果。

第二，找到突破点。在职业生涯规划中，要全面分析各个职业生涯策略，了解哪些策略将对实现目标有重要的影响，并作为自己的重点去落实。

第三，关注薄弱点。在自己的职业生涯规划中，要关注那些薄弱的地方，发现自己的实际情况和目标之间的差距，再去克服或弥补这些薄弱点。

六、大学生职业生涯规划的几个关键问题

(一) 职业生涯规划必须与社会需要相结合

职业作为一种社会活动，必定受到一定的社会制约。任何人进行职业选择的自由都是相对的、有条件的。一个人只有将个人的成才与社会的需要紧密结合起来，满足社会需要，才能成为受社会欢迎的人。如果择业脱离社会需要，将很难被社会接纳。我们强调大学生

求职时坚持社会利益与个人利益的统一，坚持社会需要与个人愿望的有机结合。因此，大学生在进行职业生涯规划时，应把社会需要作为出发点和归宿，从社会理想的高度来认识上大学的意义，增强社会和历史责任感，既要看到眼前的利益，又要考虑长远的发展，努力使自己具有为人民、为社会服务的思想。

(二) 职业生涯规划必须与所学专业相结合

学习既是未来事业的准备，也是未来事业的开端。社会主义现代化建设需要知识面广、业务能力强、精通专业技术的人才。大学生都会经过一定的专业训练而具有某一专业的知识和技能，这是优势所在。大学生所学的专业都有一定的培养目标和就业方向，这就是大学生职业生涯设计的基本依据。用人单位对毕业生的需求，通常首先针对的也是大学生所学的专业。如果职业生涯设计离开了所学专业，无形当中增加了许多"补课"负担。但是调查表明，在工作若干年后，60%以上的人所从事的行业与所学专业关系不密切。因此，大学生对所学的专业知识要精深、广博，除了要掌握宽厚的基础知识和精深的专业知识外，还要拓宽专业知识面，掌握或了解与本专业相关、相近的若干专业知识和技术，全面提高自身素质，才可能在未来的事业中有所建树。

(三) 职业生涯规划必须与能力特长相结合

职业生涯规划要与自己的个人能力特长相结合，充分发挥自己的优势，扬长避短。按照自己的能力特长进行职业生涯规划，是大学生应当特别注意的问题，因为任何职业都需要相应的能力，不同职业有不同的能力要求。能力特长对职业的选择起着筛选作用，是求职、择业以及事业成功的重要保证。同时还应注意，大学生在刚参加工作时，不可能知道一切、会处理一切问题。因此，大学生要树立终身学习的观念，努力提高自己的能力，并在对自己的能力特长有一个正确自我认知和评价的基础上，根据自己的真才实学和能力特长进行职业生涯规划。

(四) 职业生涯规划必须与兴趣爱好相结合

兴趣是个体积极探究事物的认识倾向，这种倾向通常有稳定、主动、持久等特征。如果一个人对某种工作产生兴趣，他在工作中就会具有高度的自觉性和积极性，而更易做出成绩。反之，一个人对工作没有兴趣，就很难将自己的精力投入到工作中去，也就很难取得成功。但并不是说"兴趣万能"或只要找到兴趣就一定能成功，兴趣爱好并不是总起着正向的驱动作用。因此，大学生在进行职业生涯规划时，要对自己的兴趣有一个客观的分析，并针对实际情况对兴趣爱好进行适当的调整或重新培养。

【拓展练习】

活动目标：理清大学生职业生涯规划的八大问题。

活动内容：

(1) 现在企业没什么要什么，大学生没有经验，企业偏偏强调工作经验！

针对此，请思考：如何在学校学习期间就能接触社会、获得工作经验？

(2) 只有几十个招聘名额的人才招聘大会，非得让几千个大学生去挤，还没毕业都吓失业了！

针对此，请思考：如何能把就业市场引入校园，并使就业洽谈经常化？如何创办属于自己的人才市场？

(3) 有些大学生家里有钱，不想给人打长工，要创办自己的企业，这样更刺激，更有自尊！

针对此，请思考：如何发掘利用自己的长处开办企业，进行创业？

(4) 刚刚参加工作的大学生反映，参加工作第一天还没熟悉环境，经理就给派任务、下指标，因而压力大，很烦恼，担心月底被炒鱿鱼！

针对此，请思考：大学生如何能从容适应社会、适应企业环境，平稳地度过试用期？

(5) 毕业后，同学们每次聚会，都要比成就，比职位，比收入，我不知道比什么更能显示自己的价值！

针对此，请思考：以什么指标来衡量自己事业的成败？什么是初入社会的年轻人最重要的价值？

(6) 现在几乎全部的企业岗位都被早些毕业的大学生占有了，与他们竞争，我有天然劣势，什么时候能轮到我出头？

(7) 大学生最关心自己的职业定位，上学时的抢手职业，毕业时却成了快过时的职业。

针对此，请思考：立足长远准备，现在选什么职业最有发展前途？

(8) 很多大学生的人生理想是成为"知本家"，但他们信心都不太足，文科生担心自己技术能力不够，理科生担心自己管理能力不足。

针对此，请思考：如何成长为知识型老板？

模块二 "贵"在知己，自我认知

【人生箴言】

知人者智，自知者明。 ——老子

人，认识你自己。 ——苏格拉底

青年初期最有价值的心理成果就是发现自己的内部世界，对于青年来说，这种发现与哥白尼当时的革命同等重要。

——20 世纪著名心理学家科恩[美]

【模块导读】

(1) 自我探索是达到了解自我的必经过程，自我认知对个人职业生涯发展具有重要意义。

(2) 职业自我包括生理我、心理我和社会我、道德我、家庭我、优势我等多个维度。其中心理我中的价值观、兴趣、性格、能力倾向是自我探索的四个重要领域。

(3) 认识职业自我的方法有：自我分析、他人评价、专家咨询、职业测评。

 【案例播放】

小文：我真的没什么出息吗？

小文是山东某职业技术学院一年级汽车商务专业大一学生。他对自己明显自信不足：

我觉得自己挺没出息的。读书，读书不行；交际，交际也不行。我爸妈也老说我没出息，说读了职业学校了以后连个好工作都找不着。不过我也不拿自己和那些读普通大学的学生比。就这样吧，反正怎么样大家不都是在混吗？现在班上也没几个人读书，就算真读也不过是装装样子。真会读书的人不会在我们学校。我对自己没什么打算，有打算也没用啊，我还想上复旦大学、交通大学呢，有用吗？没用的呀。不过，我觉得自己现在挺好的，没什么想法就没什么烦恼，反正混完这几年，毕业随便找个工作能养活自己就行。家里人是早就不管我了，随我怎么样。

我也做过一些测试，好像说我的性格是那种不喜欢受拘束的，好像挺像的。我不喜欢现在的专业。从前我想去做设计师，现在想想，离自己越来越远了。

小武：我很清楚未来的路

小武是云南某职业技术学院学生，他认为进了高职不应该抱怨，是金子到哪里都发光：

我这人很独立，家里在上学方面就没怎么管过我。

高考发挥得一般，我知道自己上本科没戏，就上高职吧。虽然家里人也想过让我去复读，但我不愿意。我觉得上大学不只是看读什么学校，还是要看个人的努力，哪个学校也有优秀的人。我就是要到高职学校去学本事，学适合社会的能力。

我是北方人，心里有个想法，一直很想到南方去。我就自己去查南方的学校，专业也是我自己选的，没和家里商量，自己到网上去查一些专业的介绍。我的性格比较开朗，喜欢管理类，可比较下来觉得有些管理专业都老化了。后来看有个物流专业比较新，物流也属于管理，觉得这个专业前景不错，就报了。其实刚来到这个学校的时候，看看学校的环境，也感觉和自己想象的学校差距太远。后来我还是很快就适应了。我觉得还是要看自己。平时，老听到我的很多同学在抱怨，都表示自己不甘心。我想，这有什么用呢？努力总比抱怨要实在。

对自己的专业我是有兴趣的，要追求一样东西首先要深入去了解它。虽然我们现在还没开专业课，但是我也在慢慢了解专业。二、三年级的培训我也去听，还去外面的物流公司看了看，了解了一些这个行业的现状。相信对以后专业学习也会有帮助。

我现在的目标就是要在学校里把握好自己，能多学的东西要多学，能多考的证就要多考。大学的课余时间很多。学校有这么多专业，还有这么多选修课程，我要尽自己的爱好去学一些东西。我相信能在高职里学到有用的东西。

想一想

(1) 同是高职生，小文和小武的差异在哪里？

(2) 小文和小武之间的差异产生的根源是什么？

(3) 对于小文，你有什么好的建议？

友情提示："过去"、"现在"和"将来"。

小文对自己没有正确的认识，对于自己的过去、现在没有清晰的认识，更不知道如果规划自己未来的人生之路，由此导致了他的自卑；而小武则不同，他对自己所走的每一步都进行了独立、认真的思考，因此他不后悔过去，更珍惜现在，并努力为未来打好基础。

我们有些同学可能如文中的小文一样，为自己的过去寻找种种理由和借口，对自己的现在不抱期望，更不谈对未来的理想和期望；理想，固然也有，但却认为离现实太远，因此根本不付出努力。

殊不知，过去、现在和未来都是紧密联系的。为了看到"将来"，我们必须努力保持前进的速度，这当然有些累，而且有时还不免遇到一些磕碰，留下些"乌青"和"伤疤"之类的东西。但这一切与你所设想的"将来"相比，都显得是那么的微不足道和可以忍受；为了见到并进入将来，为了不回到过去，现在必须奋力前进，并且保持前进的速度。人们对"过去"的回顾，往往不是为了让"过去"重现，而大多是为了更好地从"现在"进入"将来"。

抛下过去的包袱，拾起现在的行囊，为了将来而努力奋斗，你终将找到一条属于自己的路。

小丁：什么才是我适合的职业呢？

小丁1999年毕业于某技术高等专科学校的电力专业。上大学以前，小丁对能源问题很感兴趣，也认为自己将来会进入电厂工作。毕业时，由于种种原因，小丁没能进入电厂。

最终只好回到家乡，找了一家广告公司，从此开始了和专业不相干的工作。

由于小丁聪明好学，对广告公司的工作也很快熟悉并有了成绩。几年下来，小丁已经从一个普通职员成为广告公司的中层管理者。但由于没有专业基础，他难以在设计方面有大发展。在广告公司主要承担了一些拓展市场和行政管理工作，收入稳定并逐渐攀升。可小丁始终觉得这不是自己感兴趣的工作。他一直希望自己还能有机会出去闯一闯，但是该进入什么领域，小丁却一直觉得困惑。这当中，曾经有过机会可以到某电厂，但艰苦的工作环境和长时间对专业的生疏令小丁犹豫了。

经过5年多在广告公司的工作后，小丁做出了令周围人都非常吃惊的决定，毅然辞职来到省会城市，希望重新开始他的生活。重新择业的过程对小丁来说也是个煎熬。他觉得自己一直很喜欢亲近自然，加之受到导游朋友高收入的诱惑，小丁很快就去考了一个导游证。他认为自己有能力做好一个导游。在考证准备期间，他逐渐接触了解这个行业，也帮助朋友完成了一些团队路线的设计及安排工作，取得不错的效果。但在开始做导游之后，小丁发现自己很难游刃有余地与游客打交道，没有得到预期的回报。这到底是不是小丁适合的职业呢？

小杨：当初的选择错了吗

小杨毕业于高职学院的市场营销专业，现在暂时处于无业状态。谈起职业的选择和经历，性格开朗的小杨流露出一些迷惘的神情。

小杨在学校的时候是学生会副主席，负责的就是外联工作，组织了很多和企业合作的学生活动，也拉了不少赞助。因为专业的关系，他在校期间做了很多兼职工作，市场调查、推销、大学生俱乐部等。做得最好的是在一家很知名的市场调查公司，从市场调查员一直做到了督导，还负责培训市场调查员。想要一直留在这家公司工作是很自然的事情，但他后来厌倦了每天要见大量陌生人并重复同样内容的工作，于是离开了。毕业前，他先去了一家汽车销售企业，他的业务做得还不错，但他在这家企业只待了一个月就辞职了。原因是老板对他的发型和服饰有异议。老板认为这样会让买车的高档顾客群有不好的印象，让他重新整理装束。年轻气傲的小杨没有和老板争论，选择了离开。

小杨一直是学生干部，有很多组织管理学生活动的经验，对教师职业也很感兴趣，最后在毕业时他应聘到一所高职院校做辅导员。年轻的小杨和学生相处得很好，学生工作也做得不错。但学校制度的严格和约束，让小杨置疑自己是不是要这样当教师一辈子。很快做出决定的他在工作半年之后离开了教师职业。

离开学校之后的小杨，到一家规模不大的医院从事业务拓展工作。主要针对一些集体客户，工作太平淡且很空闲，小杨三个月后又辞职了。希望能有更多机会的小杨和同学相约到北京去闯一闯，找到一份销售网络域名的工作，在北京的日子对小杨震动很大。机遇与挑战并存，每天奔波在京城，毕业之后的小杨第一次感到了很大的生存压力。他觉得自己还是很欠缺，需要补的东西还很多，而且一直在动荡的工作也让小杨觉得自己希望稳定下来。两个月后回到原来的城市，这时的小杨希望自己能好好找一份适合的工作稳定下来，在工作中充实自己。对于感兴趣的工作，经过毕业一年来工作的变动，小杨提起了做教师的经历，现在他还有些后悔当初离开的冲动。

想一想

(1) 判断自己适合的专业或职业的标准是什么呢？

(2) 你知道哪些可以帮助了解自己的方法和工具吗？

友情提示：未雨绸缪，避免错误择业的一大方法。

小丁所学的专业是电力，而他先后从事的两份工作都与专业毫不相干。从事第一份工作是由不可控的外界因素所决定的，从事第二份工作却是出于小丁自己的选择。然后，两份工作都没有令他满意。这是为什么呢？小丁到底想要什么样的工作呢？他的个性适合从事什么样的工作呢？

小杨毕业后最开始从事的是教师工作，后来又很快辞职从事了几份其他的工作，但到最后他还是隐约为当初离开教师岗位而感到后悔。这又是为什么呢？小杨是什么性格的人呢？什么样的工作才符合他的价值观念，能够实现他的职业理想呢？

其实，小丁和小杨最大的问题出在对自己和职业世界都不了解，他们对于职业的选择，很大程度上是外界因素中的一些偶然因素所决定的。他们并不知道自己的性格如何，想要什么样的职业。这种问题在我们学生身上同样也非常常见。

我们给小丁和小杨做了一些职业测验，并分析了他们的生涯故事，希望能帮助他们了解自己，了解自己适合的职业。通过一系列的沟通和交流，他们都觉得有所收获，对未来的职业规划清晰了许多。

亡羊补牢虽为时未晚，但对于尚未进入职场的学生来说，未雨绸缪，多方面尝试了解自己的性格，了解自己的职业价值观、职业兴趣和理想等等，才是更有助于我们顺利择业并从事自己喜欢的工作的方法。

 【行动指南】

在古希腊的阿波罗神庙前有一块石碑，上面赫然写着这样的大字——"认识你自己"，把"认识自己"看作人的最高智慧；中国传统文化也强调"知己知彼，百战不殆"的大智慧。大多数人在成长的过程中都有这样一个疑问："我是谁？""我从哪里来？""我要到哪里去？"每年栀子花开的时节，看着学长头戴学位帽和师长道别，走向心仪的工作岗位，很多学生又碰到了另一个困惑："我这一生到底喜欢干什么？""我能干什么？"有一则故事讲道：

从前有一只猴子，拿着一把豆，行走时不小心掉了一颗豆子在地上，它便将手中的其他豆子放在地上，回头去找掉落的那一颗。结果，非但没有找到那颗掉落的豆子，回头时那些放在地上的豆子，也都被鸡鸭吃光了。

猴子手中那把豆子，就像每个人能拥有的一切，例如：健康、金钱、声望、地位、面子、尊严、权力、爱情、学位等等。为了一颗豆子(学位、权力、爱情……)而把其他放弃，这样做到底是因小失大、愚昧无知，还是亦有可取之处呢？那么，你这一生到底想要什么，追求什么？你觉得什么对你来说是重要的？其实这都取决于你对自己的正确认识。

工作是我们走出大学之后必须面对的问题，大学阶段的职业生涯规划是莘莘学子获取心仪工作的必要跳板，而良好职业规划的前提是做好自我认知。

留一只眼睛看自己

日本历史上有两位伟大的剑手，一位是宫本武藏，另一位是柳生又寿郎。柳生是宫本的徒弟，也是宫本教过的最好的弟子。

柳生的父亲也是一名剑手，由于柳生少年荒嬉，不肯受父教专心练剑，被父亲逐出家门，柳生于是独自跑去见当时最负盛名的剑手宫本，发誓要成为一名伟大的剑手。

拜见了宫本，柳生热切地问道："假如我努力学习，需要多少年才能成为一流的剑手？"

宫本说："你全部的余年！"

"我不能等那么久，"柳生更急切地说，"只要你肯教我，我愿意下任何苦功去达到目的，甚至当你的仆人跟随你，那需要多久的时间？"

"那，也许需要十年。"宫本说。

柳生更着急了，"呀！家父年事已高，我要他生前看见我成为一流的剑手，十年太久了，如果我加倍努力学习，需时多久？"

"嗯，那也许要三十年。"宫本缓缓地说。

柳生急得都要哭出来了，说："如果我不惜任何苦工，夜以继日的练剑，需要多久的时间？"

"嗯，那也许要七十年。"说，"或者这辈子再没希望成为第一流剑手了。"

柳生的心里纠结着一个大的疑团，"这怎么说呀？为什么我愈努力，成为第一流剑手时间就愈长呢？"

"你的两个眼睛都盯着第一流的剑手，哪里还有眼睛看着自己呢？"平和地说，"第一流的剑手的先决条件，就是永远保留一只眼睛看自己。"

柳生于是拜在宫本门下，并做了师父的仆人。给他的第一个教导是：不但不准谈论剑术，连剑也不准碰一下。只要努力地做饭、洗碗、铺床、打扫庭院就好了。

三年的时光就这样过去了，他仍然做这些粗贱的苦役，对自己发愿要学习的剑艺一点开始的迹象都没有，他不禁对前途感到烦恼，做事也不能专心了。

三年后的一天，宫本悄悄蹑近他的背后，给他重重一击。

第二天，正当柳生忙着煮饭，又被出其不意地给了致命的一击。

从此以后，无论白天晚上，柳生都随时随地预防突如其来的袭击，二十四小时中若稍有不慎，便会被打得昏倒在地。

过了几年，柳生终于深悟"留一只眼睛看自己"的真谛，可以一边生活一边预防突来的剑击，这时，宫本开始教他剑术，不到十年，柳生成为全日本最精湛的剑手，也是历史上唯一与宫本齐名的一流武士。

柳生眼中的"第一流剑手"，对你而言代表什么？是权力？是金钱？还是哪些理想或目标？

是什么原因让柳生夜以继日拼命练剑，反而无法成为第一流剑手呢？而成为第一流剑手的先决条件，就是永远保留一只眼睛看自己，宫本说的是什么意思？是什么使你不惜任何苦功，夜以继日拼命地"练剑"？你保留了哪一只眼睛看自己？在终生学习的知识洪流中，积极地向外求取知识时，你又用哪一只眼睛看自己？如果只知道向外求取而忘记了向内学习，那你如何能成就自己生命的意义呢？

问题：用一只眼睛看自己，你看到了什么？

看自己，即自我认知。我们每个人都认为这个世界上除了自己，没有谁会更了解自己，但是当谈到"我是谁"的问题时，却好像是盲人照镜子，怎么也看不到自己的样子。"我是谁"这个问题，我们每个人都在思考，但是却始终不知道从何说起。这说明，我们对自我的认知还不够全面和深入。因此在做职业生涯规划前，需要运用相关方法与技术，全面客观地对自我进行评估，明确自我特质，认知不同方面的自我。

项目一　自我认知的内容

一、"生理我"——我的身体状况

生理我就是个人对自己的生理属性的意识，包括对自己的身体特征和生理状况的认识，如意识到自己的高矮、胖瘦、美丑、黑白、力量的大小、体质的强弱等内容。生理我使一个人把自我和非我区别开来，意识到自己的生存是寄托在自己的躯体上的。生理我是自我中最基本的内容，是其他自我内容的基础，它也是在自我形成过程中最早形成的内容，认识自我最早是从认识生理我开始的。

（一）性别

人的性别是出生时已经确定的事实，但不同的性别在职业发展中却面临不同的境遇。

虽然国家规定男女平等、同工同酬，但是在职业世界，性别的差异对个人的发展机遇的影响还是个无法回避的问题。劳动和社会保障部对 62 个定点城市的调查结果显示，有67%的用人单位提出了性别限制，或明文规定女性在聘用期不得怀孕。中国青年报社会调查中心与腾讯网新闻中心联合开展了一项调查，这项有 6106 人参与的调查显示，66.5%的人认为，在目前的就业市场上，性别歧视现象普遍存在。

企业认为在体力、出差、职业寿命、工资制度等方面，还是招用男性划算，所以很多企业在招聘、分配、晋升等方面重男轻女。男性的就业选择常常是高投入、高风险、高回报，而女性则倾向于低投入、高稳定。与此同时，在养育孩子和其他家务劳动的承担上，女性必然要投入更多的时间和精力，这自然会影响有成效地参与社会劳动。这是用人单位排斥女性的一般原因。此外，对成功的恐惧，竞争意识、进取意识的偏弱，则是用人单位聘用女性时存在的深层顾虑。值得一提的是，作为社会的竞争伙伴，许多男性也并不希望女性和他们抢饭碗。因此作为一名女性想取得职业的成功需要注意以下几点：

首先勇于接受自己的独特性。我们每个人都有自己的独特性，我们的独特性使我们成为重要的人，我们的独特性使得我们被需要。每一位女性应该找出自己的特性，勇于接受自己的特性。接受自己的性别特征、外表、性格、气质以及作为女性身上所承担的责任，包括接受自己的不完美。

其次，勇敢挑战自我，迎接机遇。不管男性和女性，在这样一个时代都拥有前所未有的发展空间，女性职业发展也是海阔天空。职业女性要勇于挑战自我，勇于坚持自己的价值观，达到自己的理想，实现自我价值。

最后，规划职业和生活，追求平衡之美。在重大的社会压力和激烈的职业竞争中，职业女性必定会承受更多的压力和负担，想在职场上更好地顶半边天，女性更需要完美的、适合自己的职业规划。同时，要善于平衡职业和生活，有的时候还要学会放弃，有舍才有得。

(二) 年龄

除了极少数杰出的人以外，每个人的职业生涯都受年龄因素影响。

一个人一生的工作生活大致可以分为三个阶段：初步学习阶段、操作阶段以及休闲阶段。这三个阶段没有绝对的前后关系。设计职业生涯时，把这三个阶段联系起来会更客观。

事实上，有少数人到一定的年龄之后，才开始事业的重要新阶段。比如丘吉尔，他在40岁之后才开始把绘画当作有益的消遣，里根则到70岁才当上总统。但是大多数人的事业又不能与这极少数的例外者相提并论。年龄对于年长的人，重要性更大。对于高龄的人来说，年龄因素就是一切了。举一个简单的例子，一个不具备任何医学背景的人到了中年，实在不可能再接受培训成为一个医生——尽管测试结果发现他喜欢也适合做一个医生。表2-1-1是对人的年龄分析。

表 2-1-1　人的年龄分析

年龄类型	特　　征
生命年龄	从父亲、母亲的精子、卵子结合的一刹那，我们的生命年龄就开始了
生日年龄	从我们的出生日期开始计算
生理年龄	生理年龄是以生理器官的发育成长情况为特征的
容貌年龄	一个人的外表所显示的年龄
社会(心理)年龄	以在家庭或各种社会组织中担任角色的能力为标志

我们经常听到有人说"30岁之前，你的成功有70%来自勤奋和努力；而30岁之后，你的成功只有30%来自于努力，另外70%来自机遇"。这就是我们无法改变的年龄问题。皮拉特说："这就好比站在一个移动的通道上，你可以稍微离开一下，但再回头时，机会已经跑掉了。如果你是幸运的，可能碰上一个新机会，但机会终究会终结。"所以，越早给自己做职业生涯规划，就意味着你拥有更多的选择和时间来实现你的梦想。

(三) 外貌

外貌是人与人之间相互区别的外显特征。我们的外貌主要是由遗传基因决定的，父母身材矮小，孩子再怎么补钙锻炼也很难身材修长；父母有少白头，孩子往往也难以避免；父母都是相貌出众的电影明星，孩子也丑不到哪去。爱美之心人皆有之，所以靓男美女往往更加受到人们的关注和喜欢，中央电视台举办的全国模特大赛收视率总是很高。

外貌出众的人在择偶、就业方面往往具有明显的优势，特别是在供大于求的就业市场上，身高、长相的显性和隐性条件比比皆是，女性的长相更成为启用与否的重要条件。所以就业前先整容成了很多人的想法，通过手术来增加身高的风险和痛苦也有很多人愿意承受，瘦身减肥更是成为全世界的流行趋势，甚至已经探索出了设计人的健康、外貌、智力的基因设计技术。

外貌虽然给人的印象如此重要，但却不由自己决定，对于相貌平平的人来说，要在激烈的市场竞争中取胜，提高个人专业技能和综合素质则是可以主动采取的措施。外貌出众的人往往因先天的条件而受宠，也往往因自己的优势而失去向上的动力。

(四) 健康

我的健康状况如何？身体是否有病痛？是否有不良的生活习惯？是否有影响健康的活动?生活是否正常？有没有养生之道？是否有固定的休闲活动？有助于身心和工作吗？是否有休闲计划？

健康也是我们的职业生涯中最具有影响力的一项。如果一个人自小患有肌肉无力症，不能做任何需要体力的工作，那么他的职业生涯选择范围就会非常狭窄，而且视野受到不能自由活动的限制。人不管遇到哪方面的疾病，他的行动或多或少都要受到限制。

好在大部分人都比较健康。健康对于职业生涯的选择特别重要，几乎所有的职业生涯都需要健康的身体。比如从事市场工作的人要在各个城市间奔波，因此需要健康的身体；而一个国际新闻采访记者则要面对世界各地发生的各种意外事件，比如战争的爆发等等，因此这就需要有强健的身体和超常的勇气。

有的人经历过重大的健康衰退，但回想起来，倒觉得由于遭遇病痛，可以因此对于生命中何者重要重新定位。例如中年人心脏病发作，往往会影响此后的整个职业生涯。因此发病者通常会日益警觉人生的宝贵，对成功的定义和自己的职业生涯设计也因此而改变。一位企业家一直都是个非常好胜要强的职业经理人，他的目标只是扩大企业的规模，获取更多的收益。可 3 年前一场意外的车祸让他几乎失去一切，甚至生命。病愈后，他整个人的观点和对今后的规划都改变了，他开始更加关心员工在自己企业的快乐指数。

一些人认为，对身心健康的关切与有效的职业生涯的把握直接相关。凡是积极追求健康的人，大多数满意他们过去的职业经历。他们看重生命，关心健康，执著于追求安适与现实。不过，紧张忙碌的职业生涯会导致压力，因此，要掌握一些技巧，保持适度的压力激励自己，但又不至于伤害身体。

二、"心理我"——我的内心世界

心理我是指一个人对自己的心理属性的意识，包括对自己的感知、记忆、思维、价值观、性格、能力、兴趣、需要等方面的意识，它使人认识到自己的心理特征和心理倾向。意识到自己的观察力强不强、记忆力好不好、自己的思维是敏捷还是迟钝、自己的情绪是容易激动还是比较稳定、自己的性格是内向还是外向、自己对什么事感兴趣、自己的信念理想是什么、自己的能力优势等等，都是心理我的内容。心理我是职业自我的核心内容，也是自我探索的重点领域，它对一个人的职业选择和职业发展都起着至关重要的作用。其中兴趣、性格与气质、能力、价值观是最为重要的四个部分。

(一) 兴趣

1. 兴趣的概述

兴趣是指建立在需要基础上，带有积极情绪色彩的认知和活动倾向，是个人对其环境中的人、事、物所产生的喜爱程度，是个人力求认识、掌握某事物，并经常参与该种活动的心理倾向。当个人对某事物有兴趣时，会对它产生特别的注意力，对该事物感知敏锐、记忆牢固、思维活跃、情感浓厚、意志坚强；兴趣是人们活动的重要动力之一，是活动成功的重要条件。

从兴趣的发生和发展来看，一般要经历这样一个过程：有趣—乐趣—志趣，这也是兴趣的三个发展阶段。

第一阶段为有趣。有趣也是兴趣发展的低级水平，它往往易起易落，转瞬即逝，非常不稳定。处于这一阶段的兴趣常常与人们对某一事物的新奇感相联系，随着这种新奇感的消失，兴趣也会自然逝去。

第二阶段为乐趣。乐趣又称之为爱好。它是在有趣定向发展的基础上形成的，是兴趣发展的中级水平。在这一阶段或水平上，人们的兴趣会向专一的、深入的方向发展。如一个人对无线电很有乐趣，他不但会学习这方面的知识，还会亲自装配和修理，并参加有关的兴趣小组活动。

第三阶段为志趣。当乐趣同一个人的社会责任感、理想、奋斗目标结合起来时，乐趣便转化为志趣，它是兴趣发展的高级水平。志趣是取得成就的根本动力，是成功的重要保证，具有社会性、自觉性和方向性三个特点。

2. 兴趣与职业选择

由兴趣的发展阶段，我们可以看出，个体对于职业活动的选择，往往从有趣的选择，逐渐产生工作乐趣，进而与奋斗目标和工作志向相结合，发展成为志趣，表现出方向性和意志性的特点，使人坚定地追求某种职业，并为之尽心尽力。

英国戏剧大师莎士比亚小时候在家乡看过几次演出，对戏剧产生了浓厚的兴趣，经常和小伙伴一起演戏玩。后因父亲经商破产，莎士比亚只读了五年书就离开了学校。但是他太热爱戏剧了，非常想在戏剧界发展，所以，当他听说当戏剧家要有丰富的知识，就刻苦自修，读了许多文学、哲学、历史书籍，还学习了希腊文和拉丁文。为了走近戏剧界，他22岁从家乡来到伦敦，先在一家剧院当侍者，给乘车来看戏的有钱人照料马匹，有空他就偷看演出，细心琢磨剧情和角色。后来，他当了一个配角演员，向着那个渴望的目标步步靠近。莎士比亚从36岁开始写剧本，他勤奋学习，坚持不懈进行创作，一生创作了27个剧本，其中《罗密欧与朱丽叶》、《哈姆雷特》等成了不朽的世界名作，他也成了世界上最伟大的作家之一。

莎士比亚的成功之路，就是依据兴趣而选择，体现了兴趣发展的三阶段。由此可见，通过对兴趣的认知，把自己有能力做的、感兴趣的事作为成功的目标，将会唤起人的主体意识，激发出巨大潜能，使之一步一步向目标靠近，最终不可阻挡地驶入成功者的行列。

3. 兴趣与大学生职业生涯规划

兴趣对大学生职业生涯规划的影响主要体现在以下三个方面：

其一，兴趣是大学生职业生涯选择的重要依据。兴趣可以使人集中精力去获取自己所喜欢的职业的相关知识，并创造性地开展工作。当一个人对某种职业感兴趣时，他就会积极地去关注该职业领域的知识、发展动态，并且积极思考大胆探索，增强克服困难的意志等。反之，"强按牛头去喝水"，是不会取得良好效果的，当然也就很难在该职业领域发挥个人的优势、做出巨大贡献。

　　其二，兴趣可以提高个体的工作效率，充分发挥个体的才能——一个人对某一方面的工作产生兴趣时，枯燥的工作也会变得丰富多彩、趣味无穷。兴趣使工作不再是一种负担，而是一种享受。它可以调动人的全部精力，使人以敏锐的观察力、高度的注意力、深刻的思维能力和丰富的想象力投入工作之中，促进个体能力的超水平发挥。兴趣和能力的合理结合，更会大大提高个人的工作效率。曾有人进行过研究：如果一个人从事自己感兴趣的职业，则能发挥其全部才能的 80%～90%，而且能长时间保持高效率而不感到疲劳；如果一个人对所从事的工作没有兴趣，则只能发挥其全部才能的 20%～30%。

　　其三，兴趣是保证职业稳定、职场成功的重要因素。对某一职业有浓厚的兴趣，是个人智力开发的"孵化器"。对于一个人来说，对自己所从事的工作感兴趣，就愿意钻研，就容易出成果。

　　因此，大学生在规划自己的职业生涯时，需要知道自己对哪类工作感兴趣。兴趣类型与职业匹配参照表 2-1-2。

表 2-1-2　兴趣类型与职业匹配

兴趣类型	概念与特点	相应职业
愿与事物打交道型	喜欢同事物打交道，而且不喜欢与人打交道	制图、勘测、工程技术、建筑、机器制造、出纳、会计等
愿与人接触	喜欢与人交往，对销售、采访、传递信息一类的活动感兴趣	记者、推销员、服务员、老师、行政管理人员、外交联络等
愿干有规律的工作	喜欢常规的、有规律的活动，习惯于在预先安排好的程序下工作	邮件分类、图书管理、档案管理、办公室工作、打字、统计等
喜欢从事社会福利和助人工作	乐意帮助人，试图改善他人的状况，帮助他人排忧解难	律师、咨询人员、科技推广人员、医生、护士等
愿做领导和组织工作	喜欢掌管一些事情，希望受到众人尊重和获得声望，他们在企事业单位中起着重要作用	行政人员、企业管理干部、学校领导和辅导员等
喜欢研究人的行为	对人的行为举止和心理状态感兴趣，喜欢谈论人的问题	心理学、政治学、人类学、人事管理、思想政治教育等研究工作以及教育、行为管理工作
喜欢从事科学技术事业	对分析、推理、测试等活动感兴趣，长于理论分析，喜欢独立地解决问题，也喜欢通过实验有新发现	生物、化学、工程学、物理学、地质学等工作
喜欢抽象和创造性的工作	对需要想象力和创造力的工作感兴趣，喜欢独立地工作，对自己的学识和才能颇为自信。乐于解决抽象问题，而且急于了解周围的世界	社会调查、经济分析、各类科学研究工作、化验、新产品开发等
喜欢操作机器的技术工作	对运用一定技术、操作各种机械、制造新产品或完成其他任务感兴趣。喜欢使用工具，特别是喜欢大型的、功率大的先进的机器，喜欢具体的东西	飞行员、驾驶员、机械制造、建筑、石油、煤炭开采等
喜欢具体的工作	希望能很快看到自己的劳动成果，愿从事制作能看得见、摸得着的产品的工作，并从完成的产品中得到满足	室内装饰、园林、美容、理发、手工制作、机械维修、厨师等

(二) 气质与性格

中国古代教育家孔子非常重视性格与气质类型在一个人事业发展中的作用。鲁国大夫季康子曾向孔子打听他几个得意门生的才干。季康子问子路可否从政，孔子说，子路的个性相当果敢，如果从政，恐怕他过刚易折；季康子又问子贡可否从政，孔子说子贡把事情看得太清楚，如果从政，恐怕他是非太明；季康子又问冉求是否可以从政，孔子说冉求名士气太浓，也不适合从政。可见一生仕途坎坷的孔子，已经对个人性格对事业发展带来的影响有了深刻的认识。

近年来，国外用人单位在选拔人才时提出了一种新的理念：性格比能力更重要。因为一个人如果能力不足，可以通过培训提高，但其性格如果与职业不匹配，要改变起来，就相当困难。所以，他们在招聘新人时，将性格测试放在首位，当性格与职业匹配时，才对其能力进行测试检查。

1. 气质

1) 气质的含义与类型

气质是指人们心理活动的速度、强度、稳定性和灵活性等方面的心理特征，也就是我们日常生活中常说的"脾气"、"秉性"、"性情"等，主要受先天遗传因素影响，无好坏之分。

气质类型是指某一类人共有的各种特征的组合，具有一定的规律性。古今中外的学者对于气质按不同的标准有着众多的解释，比如我国古代的阴阳五行说，古希腊的体液说，现代学者提出的血型说、体型说、激素说、高级神经活动类型等。随着科学的发展，研究者逐渐简化、归纳了四种典型的气质类型，即多血质、胆汁质、黏液质和抑郁质，沿用至今(参见表2-1-3)。

表 2-1-3　四种典型气质类型的表现

气质名称	类　型	特　征	在职业上的表现
多血质	活泼、好动、机敏、热情	情绪兴奋性高，外部表现明显，反应速度快而灵活。	热情，有能力，适应性强，喜交际，精神愉快，机智灵活，注意力易转移，情绪易变；办事重兴趣，富于幻想，肯动脑筋，办事效率高，但不安于循规蹈矩的工作，时有轻诺寡信的表现
胆汁质	热烈、直率、外露、急躁	情绪兴奋性高，抑制力差，反应速度快而不灵活，情绪体验强烈而持久	兴奋性高，性情直率，精力旺盛，以很高的热情埋头事业，勇于担当、果断执著，决心克服一切困难；精力耗尽时，情绪沮丧
黏液质	稳重、自制、缄默、安静	情绪兴奋性低，内倾性明显，外部表现少，反应速度慢但稳定性强	平静，善于克制忍让，生活有条不紊，严格恪守工作纪律，埋头苦干，有耐久力，态度持重，不卑不亢，不爱空谈；凡事力求稳妥、深思熟虑；但不够灵活，有时过于拘谨，常常墨守成规
抑郁质	好静、呆板、羞涩、认真	情绪兴奋性低，反应速度慢而不灵活，内倾性明显	沉静，易相处，人缘好；办事稳妥可靠，做事坚决，能克服困难，但较敏感，易受挫折，孤僻；有时在困难前却步，行动迟缓，自我放弃
资料来源：根据高桥、王辉《大学生职业发展与就业指导教学指南》等整理归纳表			

在现实生活中，绝大多数人均不能划归为某一种气质类型，往往是具有某一类型的较多特点，同时兼具其他类型的一些特点，基本介于混合型或中间状态。

2) 气质与职业选择

不同的气质类型拥有各自的特征，而不同的工作需要对应不同气质类型的人。气质对于我们的职业生涯规划与发展有一定的影响，主要有以下几方面：

首先，气质为自然属性，择业时需扬长避短。气质是与生俱来的，无好坏、善恶之分，故在职业生涯中要扬长避短，任何一种气质类型的人都可以实现自我价值，拥有成功的职业生涯。

其次，气质需作为生涯决策依据之一。为提升职业适应性，个人进行生涯决策时，除考虑兴趣、能力、性格外，也应将气质作为参考依据。

2. 性格

性格是每个人在成长过程中所形成的，在大学阶段自我探索及进行职业生涯规划时，我们要尽可能了解自己的性格特点，并予以完善。

1) 性格的含义与类型

这里性格的含义是指人对现实的态度和行为方式中表现出的心理特征。和气质的先天自然属性不同，性格主要是在后天环境中形成的，较大程度上反映出了人的社会特征。

性格的基本特征有以下几种：

态度特征。即体现在个体对社会、他人与自己的态度方面，如乐群/冷漠、谦虚/骄傲、自信/自卑等；对待学习、工作、生活方面，勤劳/懒惰、仔细/粗心等。

意志特征。即体现于对自己行为的自觉调节方式和水平方面，如果断性、自制性、坚毅性等。

情绪特征。即体现在个体依客观事物对人的不同意义而对待该事物的态度方面，如乐观、坚定。

理智特征。即个体在感知、记忆、思维和想象等方面的特征。

2) 性格与职业的关系

性格与职业的匹配度，影响着个人职业的发展。一般说来，如果一个人的性格与职业的要求一致，会令其在岗位上游刃有余，也易取得较高成就并获得满足感，反之，会使其在工作中束手束脚，勉强为之而心情郁闷。如性格与职业错位．要么通过跳槽再度进行匹配，要么通过实践活动和自我修养提升等途径来改变自己的性格，努力适应工作要求。

根据心理学相关研究、虽然性格的个体差异大，但仍可以按某种特征加以分类。我们在选择职业时，依据各自性格特点，尽可能进行"性格与职业"的匹配。

天生我材必有用

小邱今年刚过 30 岁，但已经是一个意气风发的女老板了。她递上的名片表明她是当地一所民办聋哑学校的校长，同时还是全省最大的民营残疾人用品连锁经营公司的董事长。

回顾自己的职业生涯，小邱感叹受益最深的是母亲的一席朴素却深刻的话：

一块地，不适合种麦子，可以试试种豆子；豆子也长不好的话，可以种瓜果；瓜果也不济的时候，撒上些荞麦种子一定能开花。因为一块地，总有一粒种子适合它，也终会有属于它的一片收成……因为这席话，小邱在跌跌撞撞的生涯路上总是能够保持信心，并不懈地深入思索，发现自己是这样的"一块地"。不断寻觅、尝试适合自己的"种子"，终于走出了自己的康庄大道。

小邱高中毕业后她没有考上大学，复读一年仍然没有考上。再次落榜的小邱决定还是先工作再说。她的第一份工作是去村子里做代课教师，但是不久，小邱就觉得做这份工作非常吃力，因为自己不善言辞。一个学期结束后，她辞去了代课老师的工作。不久，随着自己的邻居一起到制衣厂做女工。小邱觉得自己很能吃苦，做事也认真，应该很快就能适应。但糟糕的是，没过几个礼拜，她就被老板炒了鱿鱼，原因是她的动作太慢了。

在家人的安慰与鼓励下，小邱没有泄气。她先后到过几家工厂、店铺，当过记账员、服务员、售货员。性格内向的小邱是一个有心人，在工作的过程中不断地思考，我的特长在哪里？我为什么不适合那里？为什么那份工作虽然我能做，但总是提不起劲？渐渐地，她对自己有了越来越清晰、越来越准确的认识和定位。

小邱的生涯转折是去聋哑学校做辅导员，主要照顾生活起居，以及提供一些学习的帮助。在工作过程中，她发现适合聋哑儿童的生活用品还是太少，购买渠道也不多，于是萌生了开办残障人士用品专卖店的念头。28岁那一年，她终于实现了这个梦想。生意越做越大，发展成为连锁经营的公司。有了一定的资本积累，小邱又做出了一个决定：开办一所残障学校。

现在又做校长、又做董事长的小邱生活得格外充实。她感谢母亲给她的那段话。是的，自己有很多的缺点和劣势，但是也有优点和长处，关键是能不能很好地认识自我，找到最适合自己的生涯舞台。

3) MBTI 性格测试

MBTI(Myer-Briggs Type Indicator)用于衡量和描述人们在获取信息、做出决策、对待生活等方面的心理活动规律和不同的人格类型表现。它是以瑞士著名的心理分析学家荣格的心理类型理论为基础,由美国的心理学家母女凯瑟琳(Katherine Cook Briggs)与伊莎贝尔(Isabel Briggs Myers)和一批心理学家、心理测量学家，对人类性格差异的长期观察和研究而编制的。经过长达50多年的研究和发展，MBTI性格测试已经成为当今全球最为著名和权威的性格测试。

该测试广泛运用于自我探索、职业发展、人才选拔、团队建设、管理培训等领域，具有很高的效度和信度。对于我们高校学生而言，最重要的是通过它来了解自己的性格及 MBTI 与职业之间的匹配关系，促进自我理解、自我发展，找到适合自己的职业类型。

MBTI 衡量的是个人的类型偏好即天生的倾向性，用四维度偏好二分法来评估鉴别一个人的类型偏好，每个维度偏好二分法均由两级组成。汇总相关资料，见表 2-1-4 所示。

MBTI 测试可以帮助我们了解自我的性格及自身优势，在进行职业生涯规划时扬长避短，找到符合自己的性格特征所预测的行为的职业，从而最大限度上实现自身价值。

表 2-1-4　MBTI 性格测试的人格类型表现

维　度	偏　好	指向的优势能力	喜欢和擅长的工作
精力能量指向	外倾性 (Extraversion)	行动迅速、反应灵敏 善于与人交往 善于表达、沟通 通过讨论和实践学习	能不断地和人互动，喜欢户外或可以到处走动的工作环境
	内倾型 (Introversion)	深思熟虑而后行动 专注于事及其深度 善于写作 通过阅读和思考学习	喜欢有一个安静的时间和空间，能集中精力的工作环境
接受信息方式	感觉型 (Sensing)	专注于目前的事情 关注细节 通过改进，完善做事的方法 善于通过收集资料去说服或得出结论	需要仔细观察、关注细节的工作
	直觉型 (Intuition)	直觉和灵感 整体观强 创造新的方法、提出新的见解 善于解决全新的而且复杂的问题 善于建立理论、模型和框架	能经常去解决新问题的工作
处理信息、决策方式	思考型 (Thinking)	专注于任务 运用逻辑分析、了解问题和决策 大公无私，要求同事之间公平和尊重 执行力强，敢于批评 坚持原则	对数字、具体事物等运用逻辑分析能力的工作
	感情型 (Feeling)	专注于人际互动 以团队价值观角度思考和决策 要求同事之间和谐相处，相互支持 注重换位思考 关注维护团队的价值观和文化	服务他人，喜欢和谐、互助、宽容的工作环境
应对外界、生活态度取向	判断型 (Judging)	制订计划，设定时间表 设定目标，稳步推进 果断，迅速作出决定 严格执行计划，按时完成	有严格的系统和秩序的工作
	感知型 (Perceiving)	适应变化 随机应变，灵活调整 做事留有余地，富有弹性 紧急时刻表现出色	不断变化的工作或环境

(三) 能力

　　能力是职业选择与发展中最为现实的方面，从价值观、性格与兴趣角度，我们寻找的都是理想中的职业，而能力使得理想落到实处，使得我们可以将理想的美好与现实的可能性有机结合起来。大学生正处于能力的提升期，可塑性比较强。因此，我们应该根据自己的能力倾向特点加强学习，努力提升自己的能力。

1. 能力的类型

通常我们将能力分为一般能力和特殊能力。一般能力是指，在许多基本活动中都表现出来的且各种活动都必须具备的能力，比如，观察力、记忆力、思维能力、想象力等。特殊能力是指，在特殊专业活动中表现出来的能力，比如，数学能力、音乐能力、绘画能力、机械能力等。另一种比较常见的分类是将能力分为实际能力和潜能。实际能力是指个人在行为上已经表现出来的成就，即所能为者。潜能是指个人如果有机会学习，可在行为上表现出来的成就，即可能为者。也许你具有写作、演讲的"能力倾向"，但是没有经过大量地发掘、学习和练习，你可能还没有培养起完成这些活动的本领。

2. 能力对职业生涯的影响

在职业生涯选择与发展时我们需充分考虑自己的职业能力。能力是职业选择的重要依据。一个人在考虑未来所要从事的职业时，不应只关注自己的职业兴趣，更要考虑自己是否胜任。只有将自己的能力作为择业的依据，才能科学地进行人职匹配。能力是职业发展的基本条件。一个人在职场需要找到自己合适的位置，并非所有的岗位都适合自己发展。否则既影响了单位工作任务的推进，也阻碍了个人的职业发展。

3. 择业与能力匹配的原则

正因为个体在能力方面的差异，所以我们在择业时，要考量不同职业、岗位，需本着适配原则进行，具体而言：

第一，注意扬长避短、集中优势。根据职业能力倾向，我们在进行职业生涯设计时，不仅考虑自己的优势、长处，还要考虑各种能力的组合以及这种组合与职业需求之间的适宜性，才能事半功倍。

第二，考虑职业层次与能力程度的契合。即使是同一职业，根据其所承担责任的大小会有不同的层次区分，对能力的要求也是不同的。

第三，加强能力提升，注意持续发展。我们在择业时，不仅要依据现有知识、技能，还要不断学习和锻炼，提升能力。

(四) 价值观

价值观能够体现个人想从事什么职业、喜欢什么职业，是个体自我探索中非常重要的内容，是人们从事职业活动的基本动力。

1. 价值观的概述

价值观是人们用于区别好坏、分辨是非及重要程度的心理倾向体系，它反映人对客观事物的是非及重要性的评价。人们对各种事物在心目中存有主次之分，对这些事物的轻重、好坏排序则构成一个人的价值观体系，价值观体系是决定人们态度和行为的基础。

价值观具有以下特性：首先，价值观是因人而异的。一个人的价值观是从其出生，经后天家庭、社会环境的影响而逐渐形成的，由于人生经历不同，每个人的价值观也有差异。其次，价值观具有相对稳定性。价值观是随人们认知能力的发展，在环境、教育的影响下逐步养成的，一旦形成便相对持久稳定，在一定条件下也会发生变化。

价值观是人精神心理活动的中枢系统，对人的信念、理想等起着支配作用，是一个人人生与职业中最重要的精神追求、寄托、支柱和动力所在。价值观的作用表现为：对一个人自身行为起着定向作用；对一个人的行为起着调节作用；对一个人的行为动机有引导作用。

2. 职业价值观

职业价值观(work values) 是关于职业选择、职业生活的意义和职业等级等问题的价值评判，主要表现为职业价值取向、职业选择原则、职业活动报酬的期望。

人们在择业时总希望选择能满足自己的某种物质和精神需要的职业。价值观影响着择业方向与岗位选择。人们一般是按照自己的需要、内在尺度对各种职业进行丈量、排序并形成不同的评价和取向，这就是择业观，它影响着个人的职业方向和具体岗位的取舍。

价值观影响着人们的职业生涯发展水平。价值观是人们从事职业的动力因素，个人愿意从事某一职业和岗位与否，是否全身心的投入，这关系到最终的职业成就。

大学阶段要积极进行职业价值观的探索。对于大学生来说，正处于职业价值观形成阶段，做好自我探索，对个人成长意义深远。同时要依据个人特质，处理好自我价值与社会价值的关系、长远发展与短期利益的关系。这是我们每一个人在走向社会时难以回避的一个问题。在毕业阶段，我们面对具体岗位可能会遇到左右为难的选择困境，要审视职业价值观，理性决策。

项目二　自我认知的方法

《荀子·劝学》中说到"君子博学而日参省乎己，则知明而行无过矣。"大学生要做好个人的职业生涯规划，要了解自我认知的方法，从而客观地认识自我，分析自我。世界上没有两片完全相同的树叶，同样也不会有两个完全相同的人。职业生涯规划必须考虑到个人的独特之处，在充分了解自己的基础上做出合适的岗位选择，实现最大的自我价值。

实现价值最大化是需要方法的，方法是有层次的，层次不同彰显方法优劣。"四个营销员到庙里向和尚推销梳子"的故事很好地注释了这个问题。故事中第一个营销员空手而归，一把梳子也没卖掉。第二个营销员卖掉了十多把梳子。第二个营销员回来，销售了百十把梳子。第四个营销员销售了几千把梳子，他说：我到庙里跟老和尚说，庙里经常接受人家的捐赠，得有回报给人家，买梳子送给他们是最便宜的礼品。您在梳子上写上庙的名字，再写上积善梳，说保佑对方，这样可以作为礼品储备在那里，香客来了就送，保证庙里香火更旺，这一下就推销掉了好几千把梳子。

因此，方法是重要的，同样地，职业生涯规划中的自我认知也是需要方法的。

一、自我分析

自我分析即对自己进行全面而系统的认知，忌以偏概全、一叶障目。橱窗分析法也是进行自我分析与认知的一种常用方法。所谓橱窗分析法，是心理学家们就将对个人的了解比作橱窗一样，根据自己知道—不知道和别人知道—不知道两个维度，将自我分为四个橱窗，即公开我、隐藏我、潜在我和背脊我见图 2-2-1。

图 2-2-1　橱窗分析图

公开我：属于众所周知的部分。(自己知道、别人也知道的部分，其特点是个人展现在外、无所隐藏，比如身高、年龄、学历、婚姻状况等)。

隐藏我：属于个人私密。(自己知道、别人不知道的部分，其特点是属于个人秘密，不外显，比如自私、嫉妒等平常自己不愿袒露的缺点，以及心中的愿望、雄心、优点等不敢告诉他人的部分。可以采取撰写自传或日记的方式来了解自我，了解自身成长的大致经历和自我计划情况等)。

潜在我：无从知晓，但蕴藏着无限潜能。(自己不知道、别人也不知道的部分，其特点是开发潜力巨大，但通常别人和自己都不容易发觉。可以通过人才测评才发现自己平时注意不到的潜力，也可以在学习和生活过程中，多做尝试来发现自己的优势。)

背脊我：自己不知道，别人却一目了然。(自己不知道、别人知道的部分，其特点是自己看不到，别人却看得清清楚楚。可以采取同自己的家人、朋友等交流的方式，也可以借助录音、录像设备，要做到尽量开诚布公，对别人提出的意见有则改之，无则加勉)。

一般而言，我们探索公开我和隐藏我比较容易，但背脊我和潜在我往往是盲点，需要重点探索。

据科学家研究发现，每个人都有巨大的潜能，人类平常只发挥了极小部分的大脑功能。如果一个人能发挥一半的大脑功能，将轻易地学会 40 种语言，背整套百科全书，拿 12 个博士学位。著名心理学家奥托指出，一个人一生所发挥出来的能力，只占他全部能力的 4%，也就是说一个人 96%的能力还未开发。赫赫有名的控制论奠基人维纳说："可以完全有把握地说，每个人即使他是做出了辉煌成就的人，在他的一生中利用他自己的大脑潜能还不到百亿分之一。"由此可见，认识、了解"潜在我"，是自我认识的重点之一，把个人潜能开发出来，也是职场新人的头等大事。

二、他人评价

"不识庐山真面目，只缘身在此山中。"人认识自己有一定的局限，因而，我们有必要通过师长、同学、朋友等周围人对自己的分析评价，来帮助我们认识自我。其中，常用的360 度评估可以对大学生进行全方位评价。

(一) 360 度评估的概念

360 度评估又称"360 度绩效反馈"或"全方位评估"，最早由被誉"美国力量象征"的典范企业英特尔首先提出并加以实施，运用于对企业员工的自我认识，是由员工自己、上司、直接部属、同仁同事甚至顾客等全方位的各个角度来了解个人的绩效。被评估者从这些不同的反馈清楚地知道自己的不足、长处与发展需求，使以后的职业发展更为顺畅。后来，这种方法逐渐应用于各领域，对于大学生，就是来自于自己、家人、朋友、老师、同学、实习同事等各角度全方位的评价。

(二) 360 度评估过程

(1) 评估准备阶段。一般包括评估项目的设计、内容的确定，还有参与评估人员的选择。评估人员的选择要坚持对被评估者充分了解的原则。

(2) 评估前的宣导。评估前，必须要向所有参与者说明本次评估的目的，培养参与者进行评估的技能，对他们的疑问给予解答，这样，才能消除参与者的顾虑. 提高评估的质量。

(3) 评估阶段。评估阶段除了保证保密和公正的环境外，组织者要积极引导，保证评估者的参与率，这样，结果才能反映更加真实的情况。

(4) 结果分析。结果分析是一个相对专业化的过程，它绝不是简单的数据的罗列，而是要找出被评估者的特点，并通过文字予以说明。

(5) 反馈面谈。反馈过程中要注意沟通的技巧. 使被评估者能够真诚地接受。

(三) 360 度评估优点

通过评估反馈，受评者可以获得来自多层面的人员对自己素质能力等的评估意见，较全面、客观地了解有关自己优缺点的信息，并以此作为制定目标、改善计划、个人未来职业生涯及能力发展的参考。并通过反馈信息与自评结果的比较可以让受评者认识到差距所在。

某同学的 360 度评估如图 2-2-2 所示。

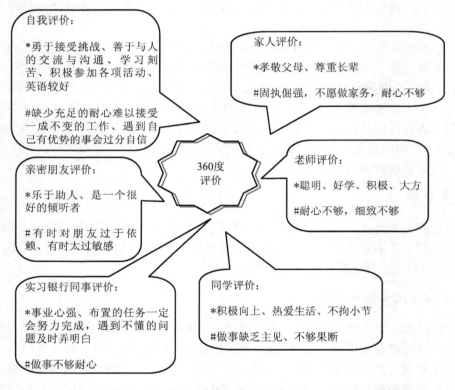

图 2-2-2　某同学的 360 度评估

三、职业测评

(一) 心理测评与自我认知

心理测评就是帮助人们客观准确地测量行为表现的工具。心理测评可以是由一系列题目组成的量表(要求受测者直接回答)，也可以是一整套器械和设备(要求受测者操作)；可以是针对某个方面和领域的特殊测量，也可以是针对多个方面和领域的系列测量。在大学生职业生涯设计中，可以通过能力、气质与性格、职业兴趣等的测试，帮助学生认识自我。

(二) 职业测评

1. 职业测评概述

职业测评是心理测验在职业心理测评上的具体运用。凡是经过测验编制程序完成标准化用以测量心理特征的工具均称心理测验。心理测验的基本原理是，通过一个人对问题情境的反应来推论他的心理特征. 也就是从个体的外在行为模式来推知其内在心理特征。因而，心理测验是间接地而不是直接地测量人的心理特征。通过职业测评可以深入地分析和评价自己不知道且别人也不知道的一面——潜在我。

2. 职业测评的种类

1) 兴趣量表

兴趣测评是帮助回答"我到底想要干什么"，"我到这里来到底为了什么"这一类问题。兴趣是指任何能唤起注意、好奇心或者令人投入的事物。兴趣量表包括霍兰德兴趣量表和斯特朗兴趣量表。

2) 价值观测量

目前，国内的价值观测评较多，但良莠不齐。使用最多的是施恩的职业锚和舒伯的工作价值观测评。

3) 人格测量

应用最广泛的职业发展量表是以霍兰德和荣格的心理类型理论为基础的，主要有梅尔斯-布瑞格斯类型指标(简称 MBTI)和北森朗达职业规划测评。

4) 技能测评

现在常用的技能测评是 EUREKA 技能问卷，是为帮助个人确定现在具备的技能，并弄清个人工作中喜欢使用的技能而设计的。

3. 职业测评的功能

职业测评的目的是实现人适其职，职得其人，人尽其才，才尽其用。它在研究、咨询、辅导和组织对员工的职业生涯开发中都占据重要的地位，是不可或缺的工具。具体来说，职业测评的功能包括以下几个方面：

1) 预测功能

预测个体在教育训练、职业训练以及未来工作中的表现。

2) 诊断功能

评估个体的长处和短处、优势和劣势，并诊断个体在兴趣、生涯决策等方面的特质。

3) 区别功能

区别出个体的某些特质最类似于哪一类的职业群体。

4) 比较功能

依据测量学指标，将个体素质(能力倾向、兴趣、价值观等)与某些效标团体相比较，从而观察两者之间的匹配程度。

5）探测功能

了解个体在职业生涯发展的连续过程中，其职业决策、职业适应性的行为、态度，以及能力方面的一般状况，以便提供必要的职业辅导。

6）评估功能

对职业生涯咨询或辅导的进展情况和效果进行评估。

4. 正确运用职业测评

为了最大限度地发挥职业测评的效用，首先，应该选用一个权威性比较高的心理测量工具；其次，在做测验的过程中，一定要按自己的真实想法作答；最后，要选择一个安静、没有外界干扰的环境。

由于国内对职业测评工具的本土化开发还在不断完善中，同时测评结果的准确性会受到很多因素的影响，因此，我们要在认认真真地做测评的同时运用经验法对自己做出更多评价，再统合出一个客观的自我。

【拓展练习】

一、自我兴趣初步探索——兴趣岛游戏

（一）提示语

我们乘船旅行，忽然轮船发生了故障必须搁浅，短期之内不可能有救助的船只过来，只能登上附近的几个岛屿，假设我们要在某个岛上待一辈子或者较长的时间，你将如何选择？

（二）游戏内容

A 岛——美丽浪漫岛。岛上遍布着美术馆、音乐厅、小剧场，街头竖立着雕塑，具有浓郁的文化艺术气息。当地的原住民还保留了传统的舞蹈、音乐与绘画，许多文艺界的朋友都喜欢来此寻梦。

I 岛——深思冥想岛。岛上人烟稀少，适合夜观星象。岛上有多处天文馆、科博馆以及科技图书馆等，经常可以与来自各地的哲学家、科学家、心理学家交流碰撞。平畴绿野，适合居民沉思、求真。

C 岛——现代井然岛。岛上建筑现代化，是标准的进步的都市形态，以完善的户政管理、地政管理、金融管理见长。居民个性冷静保守，处事有条不紊，善于组织规划。

R 岛——自然原始岛。岛上保留有热带的原始植物森林，原生态化，遍布了动物园、植物园、水族馆。岛民以手工见长，自己种植花草蔬菜、修缮房屋、打造器物、制作工具。

S 岛——温暖友善岛。岛上居民温良和善、乐于助人，社区大多自成一个密切互动的服务网络，人们重视教育，弦歌不断，充满人文气息。

E 岛——显赫富饶岛。岛民热情豪爽，能言善辩，善于企业经营和贸易。岛上的经济高度发展，矗立着星级酒店、俱乐部、高尔夫球场。来往者多为企业家、经理人、政治家、律师等，衣香鬓影，夜夜笙歌。

表 2-2-1　岛屿类型与职业兴趣

岛屿	类　型	喜欢的活动	喜欢的职业
R 岛	实用型 (Realistic Type)	愿意从事事务性的工作，喜欢户外活动，擅操作机器	制造业、渔业、野外生活管理业、技术贸易业、机械业、农业、技术、林业、特种工程师和军事工作
I 岛	研究型 (Investigative Type)	善于进行观点、理论处理，喜欢探索和理解、研究那些需要分析、思考的抽象问题，喜欢独立工作	实验室工作人员、生物学家、化学家、社会学家、工程设计师、物理学家和程序设计员
A 岛	艺术型 (Artistic Type)	乐于创造，喜欢自我表达，喜欢写作、音乐、艺术和戏剧等	作家、诗人、漫画家、演员、戏剧导演、音乐家、作曲家、乐队指挥和室内装潢师
S 岛	社会型 (Social Type)	乐于助人，喜欢团队合作，关注他人幸福，愿意帮助别人解决困难	牧师、教师、社会工作者、心理咨询员、服务性行业人员
E 岛	企业型(Enterprising Type)	喜欢领导和影响别人，或为了达到个人或组织的目的而善于说服别人，希望成就一番事业	商业管理、律师、政治领袖、营销人员、市场或销售经理、公关人员、采购员、投资商、电视制片人和保险代理
C 岛	常规型 (Conventional Type)	组织和处理数据，喜欢有固定标准要求的、有秩序的工作或活动，愿在一个大的机构中处于从属地位	会计师、银行出纳、书记员、行政助理、秘书、档案文书、税务专家和计算机操作员

资料来源：根据高桥、王辉《大学生职业发展与就业指导教学指南》略作整理

请回答以下问题并与表 2-2-1 结果进行比对。

若你必须在上述 6 个岛中的某一岛从此生活一生，你第一会选择哪一个岛？第二选择哪一个岛？第三选择哪一个岛？你宁死都不会选择哪一个岛？

(三) 游戏说明

兴趣六岛探索游戏有助于我们了解自己的职业兴趣特点，选择与志趣相吻合的工作，其中的每一个岛屿对应了某一种典型的职业生涯类型。根据选择结果，需要注意第一个为主要兴趣，第二、三个为辅助兴趣。这个游戏的依据是霍兰德的六种人格类型，他认为职业选择是人格的一种表现，而个人的兴趣类型也就是人格类型。人格的六种类型可以代表大多数人的特质，职业环境、氛围也分为此六种类型，两者之间的对应及适配程度，有助于我们加强对职业的归属感、工作的满意度及人生成就感。

二、自我价值观探索——"晒晒"你的价值观

为了帮助你"计算"出你的价值观，给你 8 万块钱(当然是假想的)以及 34 个购买项目，见表 2-2-2。请你仔细地看一看这 34 个项目，然后在每一个项目后面，写下你愿意花多少钱。你只能在你真心想拥有的项目上花钱，把 8 万块钱花光，太少或太多都不行。

表 2-2-2　价值观计算表

序号	购买的项目	花费的金额(自填)
1	清除世界上现有的偏见。	
2	帮助病人与穷人。	
3	成为有名的人物(如电影明星、政治家、太空人)。	
4	一个能使你的公司多赚 3 倍钱的企划案。	
5	天天按摩并吃世界上最好的厨师烧的菜。	
6	了解生活的意义。	
7	一种能使大家不再贫穷或说谎的疫苗。	
8	布置你工作的环境。	
9	成为世界上最富有的人。	
10	当国家主席。	
11	一次最完美的恋爱。	
12	一栋房子，有着你喜爱的艺术品，室内室外有着全世界最美的风景。	
13	成为全世界最有吸引力的人。	
14	活到 100 岁而不曾生病。	
15	接受一个天才精神分析家的精神分析。	
16	一个为你私人所用的，收集名作最完备的图书馆。	
17	送些礼物给父母、妻子(或丈夫)、子女。	
18	清除世界上不公平的事。	
19	发现蕴藏 100 万盎司的金矿，把它送给你最关心的慈善机构。	
20	被选为今年的杰出人物，受全世界报纸的赞扬。	
21	精通你本行的事情。	
22	除了享受外，什么事都不必做，一切的需要和欲望都自动地得到满足。	
23	成为世界上最聪明的人。	
24	一种把"真诚的血浆"渗入全世界每一个水源的设备。	
25	能轻轻松松地做你想做的事情，一点儿也不匆忙。	
26	一个充满着金币的大房子。	
27	控制 500 万人的命运。	
28	受到全世界人的热爱与崇拜。	
29	有着无限的车票、戏票，使你能观赏各地音乐、舞蹈和戏剧的演出。	
30	新的发型、任你选设计师裁制你的衣服，再给你两星期的时间能到美丽的温泉去洗温泉。	
31	成为世界上最好的健康俱乐部的会员。	
32	能免除心理困扰的药物。	
33	拥有一台全能的电脑，要什么情报就有什么情报。	
34	和你的家人一块去旅游。	

请记住这个表所显出的价值观是你现在的价值观。5 年前，你做的结果和现在做的结

果可能大不相同，有时还会完全相反；5 年后，你所填的表想必也和现在的不同，这正反映出这些年来成长的情形。

在你做完这个"预算"后，我们也就能来计算你的价值观了。这 34 个项目中的每一个项目都和某一个价值观关联，如下面所示：

1 和 18——公平；   2 和 19——人道主义；
3 和 20——认可；   4 和 21——成就；
5 和 22——快乐；   6 和 23——智慧；
7 和 24——诚实；   8 和 25——自主；
9 和 26——经济；   10 和 27——权力；
11 和 28——爱；   12 和 29——美感；
13 和 30——外表的吸引力； 14 和 31——健康；
15 和 32——情绪方面的圆满； 16 和 33——知识；
17 和 34——热爱家庭。

假如你在项目 8 上花了最多的钱，那么最重视的价值观为自主；假如你在项目 29 上花了次多的钱，美感就是第二重要的价值观。

请把你要花钱的项目写下，记下项目的号码，花费的金额，以及关联到的价值观。你在哪 3 个价值观上花了最多的钱呢？

现在再请你完成底下的两个表。

在单个项目上你花了最多钱的 3 个项目是：

     项目号码   价值观

1. _____   _____
2. _____   _____
3. _____   _____

就单个价值观来看，你在哪 3 种互相组合的项目上花了最多的钱？

     项目号码   价值观

1. _____   _____
2. _____   _____
3. _____   _____

下面是我们所提到的价值观的定义。相信在你做完价值观预算表后，会很愿意看一看这些定义的。

公平——不偏不倚的。

人道主义——关心别人的利益。

认可——能使人自己觉得重要。

成就——完成事情。

快乐——满足、喜悦。

智慧——良好的品味和判断。

诚实——坦白、廉正。

自主——独立的能力。

经济——物质的占有；财富。

权力——对别人的控制权、影响力；权威。

爱——温情；温暖地相处。

美感——为了美的缘故而欣赏美。

外表的吸引力——关心个人身体的外观。

健康——关心个人身体的健康。

情绪方面的美满——免于焦虑，心灵平静。

知识——真实或情报的追求。

热爱家庭——乐于为家庭奉献，孝敬父母，深爱妻子，热爱子女。

三、自我认知综合探索

通过游戏，做自我探索：

(一) 我的生命线

Q：为什么要写生命线？

A：生命线简单来说就是给自己的寿命定个期限，然后按照时间顺序来自由确定人生的大事件。写生命线的目的是让对自己的人生有所展望和安排，以增加人生的目的性和规划性，为创造理想人生打下基础。

Q：怎样写生命线？

A：生命线的时间确定于你给自己确定的生命年限，最好以一段时间为一个单位，便于达成目标；但一定要有一条事业主线，否则就没有意义了。如你现在 20 岁，给自己的生命线的终点定为 70 岁，那么你就有 50 年的自由支配时间。你可以将 20～24 岁定为大学学习期间，24～27 岁积累期间，28～30 岁去××公司工作，35 岁自己办管理咨询公司……

(二) 我的墓志铭

Q：为什么要现在写墓志铭，并且还要自己来写？

A：我们都知道"雁过留声，人过留名"这个俗语，可墓志铭却是由别人来为我们书写的，因为我们是在发现自己价值观和定义人生的现阶段，所以干脆就由我们自己来写，通过写墓志铭可以促使你展望自己的人生并在一定程度上树立目标，所以这个游戏重在发现自己和树立目标，也就是说如果自己一生是那样的，那你现在就应该着手去达成那个样子。

Q：怎么给自己写墓志铭？

A：我们现在写自己的墓志铭可以有无限的展望，因为你有很多时间去实现你所希望的，直到你真地用上了墓志铭，所以畅想性是第一原则；还要从各个角度去写，如社会活动、个人修为、家庭友人、工作事业等，全面性是第二原则；第三原则是成就性，就是说你要给自己定义一些成就，最好集中在一个领域，正因为专注你才会产生很多成就；概要性是第四原则，简单概括在 500 字以内最好。

(三) 我的一生计划

Q：为什么会写一生计划，和我的生命线有区别吗？

A：我们相信人的一生是可以预演和改变的，也就是说有意义的人生是可以定义的。

当然每个人的过法不一样，但想建功立业有一番抱负的人都是有计划的，所以在这个栏目我们希望大家可以先写下自己一生的 51 个目标，方方面面的都可以，就是让你思考起自己的人生，目标是可变化的，是可转移的，但这个目标的集合是有助于你发现和定义的，有目标总是好的，所以在这里写下人生的 51 个目标吧。这里的一生计划不是很注重时间年限上的确定，可以随意地罗列你的计划、想法，但要想将计划转化为目标就会结合时间了，所以这两个活动可以结合着做，以增加可操作性。

Q：怎么去写一生计划，有哪些要注意的？

A：首先这是你一生的计划，它是目标的集合，所以要全面，要从生活、个人、家庭、职业、社会等各个方面来树立目标；第二个是时间性，光有想法是不够的，最好要有个预期实现的时间，当然不是有明确的时间就能够实现，但从计划的现实性来说最好还是要有所限制；第三个是要量化，目标不可以概括，要量化具体，这样才会明确。

(四) 我的表彰大会

Q：为什么要给自己写表彰大会？

A：目的是通过分析发现和展望你自己的优势与特长，便于你发现和培养自己的核心竞争力。你可以海阔天空地去表扬，也可以脚踏实地地去表彰，总之本活动就是给你一个实现自我的机会，快来参加游戏吧！

Q：怎样写表彰大会，要求有哪些？

A：第一是具体，因为要发现你的特长，所以表彰的内容应具体；第二要权威，是专业性、政府性的表彰；第三是人物，参加表彰大会的都有谁；第四是奖品，你所希望要的奖励是什么要明确。

(五) 我的三个愿望

Q：为什么要许下三个愿望？

A：我们给大家很多游戏的目的是为了促使你发现自己的核心价值观和人生追求，所以澄清价值是很重要的，因为你认为什么是你最在乎的会直接影响你的下一步行为，到了这一步我们希望你能够简单而明确地说出自己最想实现的三件事，好给你的下一步行动带来明确的指引。

Q：怎么写下三个愿望？

A：时间、地点、事件等具体的因素是一定要具备的，我们就假设你所希望的日后都可以实现吧，游戏开始了。

(六) 我的最后三天

Q：为什么要写我的最后三天？

A：用三天，即 72 小时整合你的所有生活，一生化为三天，三天浓缩一生，你会怎么过呢？这个游戏有三个目的：一是将一生简化为三天来过，将一生的所有层面和生活都简化；二是用以终为始的态度来安排你的时间，促使你珍惜时间；三是通过安排三天生活来澄清你的价值观，明确你最在乎的东西。

Q：怎么写我的最后三天？

A：要将 72 小时有序安排，生活、工作、娱乐，你要按照每天 24 小时来筹划生活。

(七) 十年后的我

Q：为什么要写十年后的自己？

A：十年，是一个很重要的阶段，青年中的十年是很重要的，对改变自我命运起关键性的作用。所以从现在开始展望一下十年后的自己是很有必要的！

Q：怎样写十年后的自己？

A：十年，对于自我的工作事业是有一个阶段性的成就的，那么更重要的是要从事业、生活、家庭、社会等层面展望一下自我，在身份和地位上着手。

(八) 我理想中的生活

Q：为什么要写理想中的生活？

A：理想中的生活是我们每个人的终极追求，因为我们活在人世间，其实工作在很大层面上是一个手段，是一个谋取理想生活的手段，当然工作还可以满足我们其他层面的需求，但更多的人工作的目的就是为了能过理想中的生活，所以我们在承认大家都是俗人的前提下畅想一下各自的理想生活，然后结合未来的理想生活再考虑现在的工作，就是说从理想生活中反推到现实的工作上来，也可以说判定职业是否适合自己的一个方法是结合自己想过的生活！因为工作是影响生活的，所以如果你着眼于生活，那选择工作时就要做一定的舍弃了。

Q：怎么写理想中的生活？

A：应该将你对物质的需求，对亲人的帮助，对自己的享受等层面都涉及，并在罗列之后将之换算为大概的货币，当然这时你理想中的生活要有一定的现实性，最起码不能超过目前世界首富拥有的金钱，如比尔·盖茨的 500 亿美元，假设就这么多，那就可以大胆地去畅想了！

(九) 我理想中的工作

Q：为什么要写理想中的工作？

A：畅想一下你理想中的工作，作为选择工作的一个评判依据，工作是要由自己来做的，所以合乎自己的想法是最为关键的。

Q：怎么写理想中的工作？

A：要从你希望的工作环境、工作氛围、工作内容、工作强度、工资福利等方面去写你理想中的工作，越详细越好，你越明确自己所想要的，你就越容易做选择，从而也就比较容易得到你所想要的。

(十) 我的得意之举

Q：为什么要写得意之举？

A：你的得意之举证明了你的能力，所以请你写下从小到现在的十件你认为最成功、最超越自我、最得意的事情，这些事可以是生活、学习、交际中的事，只要是由你独立或起主要作用的事情就可以。

Q：怎么写得意之举?

A：时间、地点、事件、结果、关键因素，尤其你要把解决事情的关键因素和自己的独特能力和手段写出来，这样便于发现你的核心竞争力!建议采用倒叙的方式来想，从现在推到童年，只要够十件就可以了。

做完这十个游戏，你是否对自己有了清晰的了解?

四、360 度评估

用 360 度评估方法做个自我了解。

	优　点	缺　点
自我评价		
家人评价		
老师评价		
亲密朋友评价		
同学评价		
其他社会关系评价		

模块三　　"精"在知彼，环境认知

【人生箴言】

　　机遇总是喜欢强者，因为强者做好了一切准备，单等机遇的光临；机遇总是躲避弱者，因为他们无法忍受弱者那呆滞的眼神。——苏格拉底

　　每条河流都有一个梦想：奔向大海。长江、黄河都奔向了大海，方式不一样。长江劈山开路，黄河迂回曲折，轨迹不一样，但都有一种水的精神。水在奔流的过程中，如果像泥沙般沉淀，就永远见不到阳光了。——俞敏洪

　　选你所爱，爱你所选。——王广亚

【模块导读】

　　(1) 环境认知是职业生涯规划认知环节的两个重要前提之一，它作为一个外部条件在很大程度上影响人们一生的发展。

　　(2) 环境分析和认知的内容包括四个方面：社会环境分析、行业环境分析、组织环境(包括校园环境、家庭环境、企业环境)分析和岗位环境分析。

　　(3) 环境分析和认知的方法有：静态资料的接触、动态资料的接受、参与模拟情境和参与真实情境。

　　(4) 新生期、低年级、高年级不同大学阶段的环境认知各有侧重。

 ## 【案例播放】

"体面风光"职业背后的酸甜苦辣

　　刘明从某高校英语系毕业后，被一知名的国际旅行社录用从事国外旅游导游工作。在同学眼里，刘明的职业既风光，又有较高的薪酬，委实让人羡慕。李强是刘明的师弟，对师兄的职业很感兴趣，为进一步了解导游职业的内容和特点，他拨通了刘明的电话。

　　"师兄，你们做导游真让人羡慕，收入高，又可以游览世界各国的大好河山，还能认识很多人，生活丰富多彩啊！"

　　"哎，师弟，你是在外面看热闹。也许比起毕业后在写字楼和机关上班的同学，我挣的钱是多一点，见的世面也广一点，好像工作也不枯燥，可是我们这一行的辛苦程度也是你想不到的。比如说，一年到头，我们大部分时间都在外边跑，很多景点都去过很多次了，早就没什么新鲜感了，并且这一行对体力的要求比较高，生活也不规律，有时候忙得连吃饭的时间都没有。工作压力也比较大，经常会遇到突发的问题要解决，特别是遇到不通情

达理的游客，老是给你挑刺，如果心理承受能力差一点的话，真是觉得要崩溃了。"

"不好意思，师兄。原来当导游风光的背后还有这么多辛苦啊，难怪老师说，一份工作，远远不是从表面一眼就能够看透的。"

"是的，工作对一个人生活的各方面影响真是很大呢，所以你在找一份工作的时候，一定要好好分析工作的各个方面，了解得更全面一些！"

想一想：你理想的职业是什么？你对这个职业了解得充分吗？

 【行动指南】

当我们对自身有了较为客观、准确的认识之后，有很多人往往还是不能确定真正适合自己的职业是什么？有的仅凭肤浅的了解就做出了职业选择，而最终发现不适合自己。这样不仅造成了时间、精力、金钱、机会等成本的浪费，更直接影响了个人整个职业生涯的发展。所以，要做出适合自己的职业选择和职业生涯规划，不仅要对自身有一个全面客观的了解，还必须在"知己"的基础上进行"知彼"，即要进行全面的环境认知。只有真正做到"知己知彼"，才能给自己一个准确的职业定位，从而求职成功，走上健康发展的职业道路。环境认知作为职业生涯规划认知环节的两个重要前提之一，虽是一个外部条件，但却在很大程度上影响人们一生的发展。环境认知的内容既包括外部生存的城市、工作单位等硬性条件，也包括生存的时代、制度、政策、人脉圈等软性条件。例如，我们每个大学生所处的家庭环境不同，不同的大学其校园环境也不同；生活的不同城市有不同的城市文化、传统和政治经济环境；所处的时代有其明显的时代特征，其中的行业、企业和职业也在不断地发生变化，这些都是我们在进行自我规划之前必须了解的。通过外部环境分析弄清环境对职业发展的要求、影响及作用，对各种影响因素加以衡量、评估，并做出反应。

项目一 环境认知的内容

职业环境可以从地区、内容、时间等不同的维度来进行分析。从地区上来讲，可以从职业的国际环境、国内环境和本地区环境等方面进行分析；从内容上来讲，可以从社会环境、行业环境、企业环境、校园环境、家庭环境、岗位环境等方面进行分析；从时间上来讲，可以从过去的历史、目前的现状和未来的发展趋势等方面进行分析。与自我认知和分析一样，环境认知也需要分阶段进行，同学们可以按照环境认知和分析的方法，根据不同阶段的认知需求，补充各自所需的环境认知和分析的内容。下面主要从内容方面来介绍职业环境分析的一般方法。

一、社会环境分析

人是社会环境的产物，我们每一个人都生活在社会之中，我们的各种行为必然会受到社会因素的制约与影响。社会因素不是个人所能左右和控制的，无论是职业生涯规划还是人生的整体规划都会受到所处的社会环境的影响和制约。所谓社会环境分析，就是对我们所处的社会大环境中经济环境、法制政策环境、科技环境、文化环境等宏观因素的分析。

社会环境中流行的工作价值观、政治经济形势、社会产业结构的调整与变动、人事管理体制的变化、社会劳动力市场人才的需求与变化等因素，无疑都会在个人的职业选择上留下深深的烙印。所以，作为青年学生，应该通过对社会大环境包括国际、国内与所在地区三个层次的分析，了解和认清其政治、经济、科技、文化、法制建设、政策要求及发展方向等，以便更好地寻求各种发展机会。

(一) 经济环境分析

经济环境在这里主要指宏观经济环境。宏观经济环境是指一个国家的总体经济状况，它包括：经济的发展阶段和发展水平、经济制度与市场体系、收入水平、财政预算规模和财政收支平衡状况、贸易和国际收支状况等。宏观经济状况可以通过宏观经济指标来体现，如国民生产总值(GNP)及其变化情况、国内生产总值(GDP)及其变化情况、总投资与总消费、利率、物价指数、失业率、人口数量及其增长趋势、国民收入状况、货币供给量与需求量、国际收支、汇率等。宏观经济环境在不断地变化中，如经济模式变化、经济增长率变化、经济景气度变化、经济建设方针变化、国际经营环境、经济一体化进程等，同时宏观经济也表现出一定的周期性。

经济环境变化影响着每个人的生活，影响着行业的发展，甚至影响国家的政策，当然也影响每个大学生及其职业生涯规划。当经济振兴时，百业待举，新行业不断出现，新组织不断诞生，机构增加，需求增加，为人的就业和晋升创造了条件。在宏观经济变化的影响中，经济模式变化的影响是根本性的。在工业经济向知识经济转化的过程中，拥有高新知识和技能的人在经济发展中的主体作用更加明显。因此，人的创新性、个性化、复合型、合作性成为迫切需要。同时，随着经济全球化和经济一体化进程的加快，国际贸易发展迅速，对人才素质提出了更高的要求。它要求我们不仅要精通专业技术知识和技能，还要精通外语、计算机，熟悉国际贸易法则以及外国风俗习惯等。

宏观经济环境的变化是根本性的，是不以人的意志为转移的。大学生只有适应这种变化，认清这种变化的趋势，认真联系自身情况，认识经济社会对人才的新要求，全面学习社会需要的知识，培养社会所要求的能力，把它纳入职业生涯规划的范畴，并认真执行，才不会落后于时代，不会被社会抛弃。

(二) 法律政策环境分析

大学生在进行职业生涯规划时，要注意国家和地区的法律规定与政策。法律规定与政策包括法律、法规、方针、政策、管理体制、人才培养开发政策、人才流动有关规定等。法规与政策，是一个比较刚性的因素，尤其是法律，其制定和修改都有明确的规定，变动小、影响大，是我们进行职业生涯规划时必须认真学习和思考的。

在法律、法规方面，要多关注民事、行政等法律、法规。例如，我国的《民法通则》、《合同法》、《劳动合同法》、《就业促进法》、《著作权法》、《专利法》、《公务员法》等，特别是对自己将要从事的行业的特别法律规定更要钻研、熟悉和理解。

要随时了解国家和地方的政策，因为它有一定的变化性。从国家政策层面看，2013年11月召开的中共中央十八届三中全会，十八届三中全会《决定》对促进大学生就业创业提出了更加清晰的政策规定：促进以高校毕业生为重点的青年就业和农村转移劳动力、城镇困难人员、退役军人就业。结合产业升级开发更多适合高校毕业生的就业岗位。政府购买基层公共管理和社会服务岗位更多用于吸纳高校毕业生就业。健全、鼓励高校毕业生到基层工作的服务保障机制，提高公务员定向招录和事业单位优先招聘比例。实行激励高校毕业生自主创业政策，整合发展国家和省级高校毕业生就业创业基金。实施离校未就业高校毕业生就业促进计划，把未就业的纳入就业见习、技能培训等就业准备活动之中，对有特殊困难的实行全程就业服务。一些重要的城市如上海、深圳、北京、广州、天津，以及一些重要的国家开发区，都有自己吸引人才的各项优惠政策，大学生在进行职业规划时要认真研究。

在行业发展上，要了解国家提倡、优先发展的产业、行业是什么，很多行业的未来发展趋势和政府导向是密切相关的。每年的政府工作报告，每个部委的文件，行业协会所倡导的产业等都是把握行业发展趋势的途径。尤其要注意政府所支持、倡导的民生、大众产业，在新的发展形势下，一般都会有政策方面的支持甚至扶持。特别是一些关系切身利益的规定，如子女上学、家属就业、社会保障、科研项目经费使用、政府工作观念与效率、人才流动政策等，都是需要我们多加注意的。

(三) 科技环境分析

作为推动人类经济发展的一双大手——科学技术，它对职业的发展起着重要的促进作用。每一次科学技术的发展和广泛应用，都会带来职业结构突破性的变化和发展。人类历史上新职业大规模的产生，开始于18世纪的第一次工业革命。蒸汽机和其他各种机器的发明与使用，从纺织业开始的产业革命，很快推动了机械制造业、煤炭业、冶金业、交通运输业的大发展，产生了成百上千的职业，从而引起了职业结构革命性的变化。19世纪发生的以电力广泛应用为特点的第二次工业革命，使世界跨入了电器时代，发电机、电动机、电灯、电话、电焊、电车等蜂拥而出。而随着电器种类越来越丰富，其在运营上需要大量专业化的人才，于是从生产到应用、推广，也逐渐形成了稳定的职业体系，职业分类更加纷繁。从20世纪中叶至今，人类开始了另一场工业革命，亦称为第三次科技革命。第三次科技革命以原子能、电子计算机和空间技术的广泛应用为主要标志，涉及信息技术、新能源技术、新材料技术、生物技术和海洋技术等诸多领域，是人类历史上规模最大，影响最为深远的一次科技革命，它直接引起了劳动方式和生产方式的变革，触发了人类生产、生活方式的大改变，促使新职业的大量涌现。

随着科学技术的进步和社会经济的发展，我国的职业结构也在不断地自我调整和更新。一些新的职业崭露头角，虽然尚未形成一定规模，但是很有发展前景。还有一些已经发展到相当的规模、正稳步上升的职业，如人力资源管理师、理财规划师、企业培训师、模具设计师、公共营养师、商务策划人员、项目管理员等。伴随着这些新职业的产生，一些曾经如日中天的职业也渐渐退出了历史舞台，有的已经彻底销声匿迹。据统计，我国的旧职业已经消失了约3000个。例如：在寻呼机盛行时代，寻呼小姐这一职业以其不错的待遇和工作环境成为许多年轻女孩所向往的热门职业。但是在火爆了十几年后，便迅速淡出了人们的生活。又如电报在相当长时间内曾经扮演最快信息传递者的角色，产品订单、银行汇兑等全都要用电报，电报营业厅几乎每天都在不停地忙碌。但随着电话的逐步普及和手机的广泛使用，如今人们已经很少发电报了，电报的兴起和衰落也直接导致了电报员队伍的扩张和萎缩。还有传统的排版工人、抄写工、补锅匠、修钢笔的人、搬运站的脚夫等都已逐渐退出了人们的生活。这些职业的产生和消失都是经济和科学技术共同作用的产物，它们无言地宣告了不同时期社会经济的发展水平，反映了各个阶段人民的生活状况。

经济和科技的发展也改变了职业的内涵。在职业结构不断变化、调整的过程中，有一部分职业虽然还保留着原来的工作内容，称谓也没有发生变化，但是其职业内涵却发生了很大的改变。比如售货员，三十年前的售货员可能只需要和顾客一手交钱、一手交货，而今天的售货员就必须掌握更多的知识，比如货品的材质、设计、功能、如何使用、保养，等等。又如传统教师的教学方式比较单一，教学的技能也比较简单。而现在教师的教学大部分已经涉及多媒体等现代教学设施。所以教师除了要具备所教科目的知识之外，电脑知识、网络技术更是不可或缺的。还有部分旧职业在"变脸"——"理发员"成了"美发师"，"炊事员"升级为"营养配餐师"，"保姆"称做"家政服务员"……而这一切并非简单的称呼改变，它反映出了职业内涵的丰富与提高，折射出了经济、社会的发展与进步。

因此，关注科技环境的变化，特别是关注与自己所学专业相关的科学技术的变化，是我们大学生做好职业生涯规划所必须做的。

(四) 文化环境分析

文化是一个国家或地区长期积淀形成的影响人们价值观、行为和习惯的环境力量。在良好的社会文化环境中，人们能够受到良好的教育和文化熏陶，会对人们的职业选择产生积极的作用，为职业发展打下良好的基础。我国的幅员广阔的特点决定了社会文化的多元化和复杂性，这对一个人的职业理想、职业观念、工作方式都会产生深刻的影响。决定职业选择和职业发展时要考虑企业所在地的文化因素。如果一个地区的人们崇尚职业的变化和新的职业体验，那么这个地区的人们跳槽率就高，如果人们追求工作的安全感和稳定性，那么人力资源在企业间的流动则相对较少。例如我国沿海地区的人们可能更乐意与企业保持契约关系，而内地的人们则可能更喜欢传统而稳定的雇佣制度。

在文化环境的影响下，一个人如果笃信"学而优则仕"，大学学习的最终目的可能就是要成为"管理人的人"，于是，他的行为方式就是管理者的行为方式，职业选择方向可能就是管理者、公务员等；如果一个人坚信"自由价更高"，那么其职业选择方向可能是自由度较高的职业，如记者、自由撰稿人、经纪人等。随着社会经济的发展和人们生活水平的提高，职业价值观念和需求层次也会发生变化。以前可能着重考虑生计，满足生理、安全的需要，后来可能上升为自尊和自我实现的需求，着重考虑自己的发展等。

文化环境，有时说起来很抽象，但它就像空气，虽然看不见，却实实在在影响着我们的职业生涯规划和发展。在进行职业生涯规划时，要认真分析文化环境对自己的影响，寻找自己实际的、可能的职业发展前景，做好相应的职业生涯规划和设计。

【案例】孙女士，十年规划，人力资源经理

目前中国改革开放取得了巨大成果，成为世界经济发展最快的地区之一，中国特色的市场经济已日趋成熟，国有企业改革、改制步伐加快，中小企业、民营企业蓬勃发展，国外公司和资金大量涌入。21世纪，随着经济全球化和一体化进程的推进，中国与国际全面接轨，中国的中小企业和创业者将直面国外企业的竞争，在所有竞争中，人才是企业竞争取胜的根本。因此，人力资源管理在企业中的地位将会日趋重要，需要完整的、与企业战略管理匹配的人力资源规划，及良好的人员激励制度等。面对新的竞争环境与挑战，有效管理人力资源将成为企业组织获取竞争优势的重要环节。对企业组织中最重要的资产——人员，进行战略性的管理，应成为21世纪企业组织最高领导人的重要使命，这也将是企业组织获得最大价值增值和丰厚利润回报的最大秘诀，同时也是杰出组织与一般性组织的根本区别所在。因此，人力资源管理是一个非常有发展前景的朝阳职业。

点评：此案例分析将社会环境分析与职业环境分析相结合，观点明确、正确。

二、行业环境分析

(一) 什么是行业环境分析

所谓行业，是指从事国民经济中同性质的生产或其他社会经济活动的经营单位和个体等构成的组织结构体系，如林业、汽车业、银行业、房地产业等。行业与职业不同，行业是企业的集合。从事同类产品的生产销售企业或提供类似服务的企业达到一定的数量才形成一个行业。例如，家电行业，就包括生产电视机、空调、冰箱、洗衣机等不同类型具体产品的若干家企业。在同一行业内，可以从事不同的职业。例如同在保险业，可以做保险业务员，也可以是人力资源部经理。所谓行业环境分析，就是要分析行业本身所处的发展阶段及其在社会经济发展中的地位，分析影响行业发展的各种因素，预测行业未来的发展趋势，判断行业对人才选拔的准入条件，从而为我们的职业生涯规划提供依据。

(二) 行业环境分析的内容

行业环境分析是对目前从事或拟从事的目标行业的环境进行分析。社会是由不同行业组成的，进入社会就必须对行业有一个比较全面的了解。了解行业首先要明白这个行业是干什么的。当我们进入大学学习某个专业的时候，应弄清这个专业与社会中哪个行业接轨，毕业后自己将服务于哪个行业，这个行业是做什么的。一般而言，行业中有一些通用的研究因素，通过了解、分析这些因素就可以很全面地了解一个行业。

1. 这个行业是什么

一百个行业会有一百个定义，给行业下定义就是要采各家之长，包括政府、社会、行业组织、个人对行业的定义。可以说，每个定义都是对行业不同层面的阐释，而定义又是很精辟全面的介绍，所以深入仔细地收集关于行业的定义、观点十分有益于对这个行业加深了解。

2. 行业作用以及发展前景、趋势

每个行业在社会中都有着特定的功能，在明确行业对社会和生活的作用后，就可以在一定层面上了解、分析它的发展前景和趋势。在选择某个行业作为自己的职业发展方向时，可以结合它的未来发展给自己定位，确立未来的发展规划。

3. 行业内的具体领域

行业的划分是粗线条的，在行业内部还有着更为具体的分类。一般可以选择政府或者行业协会对于行业内部的分类标准，理清行业发展脉络，进一步了解这个行业的发展空间。

比如金融业可以分为银行、证券、保险、基金等。

4. 行业的人力资源需求状况和未来发展趋势

了解这个行业需要什么样的人才，当我们理清行业的人力资源需求状况后，就可以更好地定位自己的职业选择。同时，还需要对行业未来的人力资源需求进行分析和预测，这样就可以基本确立自己的具体职业选择。

5. 行业内著名的公司和有关情况

当我们了解了行业细分的具体领域后，一般就可以找到该领域的标杆性公司了。标杆性公司是该行业、领域的代表，我们需要对其规模、经营状况、商业模式、员工发展、薪酬待遇等情况有大致的了解，将其与不同区域、不同领域的标杆性公司进行对比，从而可以进一步掌握行业的核心竞争力。

6. 有哪些知名人士曾经做过或正在从事该行业

每个行业都有行业的代表人物，了解这些标杆性的代表人物可以进一步了解这个行业。了解这些代表人物的奋斗历程、现在的状态等情况，既可以加深对行业的了解，也可以为自己入行后的发展提供借鉴和参照。

7. 入行需要的条件和从业资格证书

一般来说，入行的条件是这个行业长期发展过程中形成的对入职人员的要求，具备了就比较容易入门以及进一步发展。从业资格证书则是证明具备入行条件的一种手段，比如想要从事法律这个行业，就需要通过司法考试取得从业资格。

8. 行业内著名公司的高管和人力资源总监的介绍和言论

行业内著名公司的高管左右或影响着企业的发展，人力资源总监决定着企业的人才招募、培训和职业发展。了解这些著名公司的高管和人力资源总监的相关情况以及他们对行业的评价、分析，可以更加全面地了解行业的发展状况和人才状况。

9. 与一般职员作职业访谈

可以与曾经从事过这个行业或正在从事这个行业的一般职员交流，询问他们以前从事或正在从事的工作的情况、特点，询问他们对这个行业的认知和评价，在交流中可以进一步验证和拓展你对这个行业的认识和了解，特别是要想方设法对你所希望从事的部门或岗位的人进行访谈，这样可以有效地了解你所关心的职业、职位的具体要求。

(三) 行业环境分析的意义

对一个行业环境的分析和了解是大学生进行职业生涯规划的依据，也是将来职业生涯能够发展和成功的需要。俗话说，"男怕入错行，女怕嫁错郎"。在现代职场中，其实男女都害怕入错行，耽误自己的发展。职业生涯规划理论认为，适合自己的才是最好的。要进入适合自己的行业，就必须对自己拟进入的行业进行深入全面的了解。不论是为了自己的职业生涯规划，还是将来的职务提升、职业发展，通过分析了解行业环境对每个人来说都必不可少。每个人都希望自己将来能在社会上谋得一个好职位，但行业的从业人才数量及企业对人才的需求程度决定了个人的价值。如果你在一个处于下降趋势的行业里，那就难以长久地获得好的职位。因此，要用心研究自己的职业方向与目前正在呈上升趋势的行业是否吻合，寻找快速成长或高回报的行业。一般说来，热门行业或正处于上升趋势的行业，谋得好职位的机会比较多，个人发展空间也自然比较大。

好行业什么样，从工作的角度理解可以解释为，一个好的行业可以给予你：(1) 喜欢的工作内容；(2) 平衡的生活方式；(3) 接触所喜欢和仰慕的人群(包括内部的同事、行业的同仁和外部的客户)；(4) 自己所期望的社会地位和荣誉；(5) 理想的收入；(6) 能够实现最核心的理想和使命。每个人潜意识里对这 6 个方面都是有要求和期望的，只不过有的时候你只会表露出某一些方面，或者由于现实的状况这 6 个方面并不能同时满足的时候，每个人会有所取舍。让自己一个一个把这 6 项排个顺序，你才有可能选择一个让你感到幸福的行业。

(四) 进行行业环境分析要注意的问题

在分析行业环境时，一定要结合社会大环境的发展趋势。由于科学技术的飞速发展，会使某些行业如同夕阳坠落，逐渐萎缩、消亡；更有许多极具发展前途的朝阳行业不断出现、发展起来。同时还要注意国家政策的影响，要了解国家对某一行业是支持、鼓励和引导，还是限制、控制和制约。要尽量选择那些有前景、发展空间较大的行业。例如，我国近年来狠抓环境保护，推行可持续发展战略，保护生物多样性，在农业生产中控制化学制品的使用，开发"绿色食品"，等等，使环境保护产业如初升朝阳，充满生机，导致环保设备生产、环保技术咨询等行业迅速发展，提供了大量就业岗位。而这时如果不了解情况，为了一时利益，盲目进入那些污染后果严重的行业谋职，必将给自己的职业生涯造成严重的不良后果。

【案例】某学生，职业生涯规划，计算机专业，中职

近年来，计算机专业已经不是当今社会的主流。按目前软件产业的发展速度来看，在未来的三到五年内，共需要软件开发人员两到三万人，其中急需三类人才：第一类是既懂技术又懂管理的软件高级人才；第二类是系统分析及设计人员，即软件工程师；第三类是熟练的程序员，即软件蓝领。而现在中职生属于哪一类人才呢？社会在进步，人才济济，我们又该何去何从呢？现实生活中，本科生输给中职生的例子不是没有，一位招聘经理曾说过："很多时候，学历在实践中已不是重点。如何用最小的劲做最大的事才是用人单位关心的。"可见，中职生不断"武装"自己，增加实践经验才是正道，是金子总会发光的。所以现在的中职生，不应该气馁，从现在开始我们为自己的人生道路规划、设计一下，从而走向成功！

点评：从所学专业到对应的产业、行业及其对人才的需求，在市场需求面前分析自己与竞争对手的优劣利弊，最后得出自己的努力方向，切合实际，现实可行。

【案例】某女士，三年规划，中餐连锁店经营者——场所环境设计者，深圳

深圳为新型移民城市，城市人口年龄较为年轻，拥有为数众多的单身人口，并且大多数人由于工作紧张，时间宝贵，很少自己在家做饭。因此，餐饮市场，尤其是快餐市场发展空间极大。另外，由于中式餐馆普遍环境较差，从而使得环境幽雅，价位为中、低档的中式餐厅有极大发展潜力。

点评：此案例分析简明扼要，切合本地实际情况。

三、组织环境分析

现代社会是组织起来的社会，每一个人都在一定的组织内活动。组织的目标、性质、规模以及组织的发展变化趋势，对个人职业生涯目标和规划及其实施有着直接的重要影响。在社会科学中，社会组织有广义、狭义之分。广义的社会组织是指人们从事共同活动的所有群体形式，包括氏族、家庭、社会团体、政府、军队和学校等。狭义的社会组织是为了实现特定的目标而有意识地组合起来的社会群体，如企业、政府、学校、医院、社会团体等。我们在进行职业环境分析的时候，涉及的组织主要是用人单位、自己所在的学校以及自己的家庭。在我国，用人单位可以从单位性质、所有制形式、隶属关系、规模大小、营利性组织与非营利性组织等多种角度进行分类。从单位性质而言，我国用人单位可分为企业单位、事业单位、机关单位、民办非企业单位等。

在进行组织环境分析的时候，与大学生关系较为密切的是企业环境分析、校园环境分析和家庭环境分析三个方面的内容。

(一) 企业环境分析

1. 企业环境分析的主要方法

企业环境分析尤为重要，个人在选择企业时有必要通过个人可能获得的一切渠道获取企业的相关信息。比如，可以通过公司所在地的新闻出版机构的新闻线索，来了解该企业产品及服务的详细情况和富有深度的财政经济状况；通过有关书籍和企业发展史、当地各种商业活动、企业人物获奖的细节也能了解到可供参考的资料信息；另外，公司网站上介绍公司价值观念的主页等也会透露一些企业文化的有关线索。

2. 企业环境分析的主要内容

企业环境分析包括：用人单位的声誉和形象是否良好？企业实力怎样？在本行业中的地位、现状和发展前景怎样？所面对的市场状况如何？产品和服务在市场上的发展前景怎样？能够提供哪些工作岗位，是否与自己适合对路？有无良好的培训机会？企业领导人怎样？企业管理制度怎样，是否开明？企业文化是否与自己吻合？福利待遇是否完善等若干方面。具体来讲，对企业环境的分析可以从以下四个方面来进行。

1) 企业实力

企业在社会中的地位和声望如何？企业目前的产品、服务和活动范畴是什么？企业的发展领域在哪些方面？发展前景如何？战略目标是什么？技术力量和设施是否先进？在本行业中是否具备很强的竞争力？谁是竞争对手？企业目前的财务状况如何？要仔细观察是真正在"做大"、"做强"，还是空有其壳？有没有长久的生命力？企业的组织结构是怎样的？是扁平的还是等级制的？等等。

2) 企业发展阶段

企业的发展，如同人的生涯发展，也有着诞生、成长、壮大、衰退直至死亡的过程，一个企业从其诞生到其死亡的生产经营活动的全部过程就是企业的生命周期。在生命周期的不同阶段，企业的发展战略、经营方针及人力资源制度都有着不同的特点。

"创办期"企业：晋升的机会通常较多，短时间内可能升到较高位置，但企业基础尚不够稳固，势必要承受较大的经营风险。

"成长初期"企业：晋升机会较多，但速度略显缓慢。

"成长后期"企业：制度和体系稳定，短期内难获得晋升或加薪(大企业多属于此阶段)。

"成熟期"企业：晋升的可能性较小，工作生涯可能漫长辛苦。

3) 企业领导人

企业主要领导人的抱负及能力是企业发展的决定性因素。而且个人在职场的运气很大一部分来自于你的老板。很多成功的大企业都有一位出色的企业家作为掌舵领航人。因此，要了解企业主要领导人是真心要干一番事业，还是想捞取名利？管理是否先进开明？他是否有足够的能力带领员工开创新天地？他有没有战略眼光和措施？他尊重员工吗？等等。

4) 企业招聘要求及福利待遇

在进行企业环境分析的过程中，要注意了解企业对拟招聘人才的要求，包括专业知识、能力、性格等。例如，你最擅长的技能是否能够在这个企业得到施展？同时还要了解企业的薪酬标准、工资福利待遇等情况。比如，你进入该单位，起点工资预计是多少？是否有医疗保险、住房补贴、养老保险等？这些情况都应设法调查清楚。值得一提的是，选择一个企业的目的，不仅仅是要让自己有一份工作，拿到一份工资，更重要的是寻求实现个人价值和社会价值的机会。因此，在了解企业的过程中，还要关注企业提供给员工的培训和发展机会。

【案例】高薪不能是指挥棒

某高校电子信息毕业生王某，自2004年毕业至今已是第11次跳槽了，他说自己越跳越苦恼，越发不知道自己到底该从事什么职业。据有关负责人讲，像小王这样对自己没有准确定位，一味选择高薪、体面的岗位，盲目就业的大学毕业生不在少数。从应届大学毕业生的求职意向看，存在着一些误区和一定程度的盲目性。不少大学生一味地追求经济效益好、薪酬高、体面的职业作为自己的就业方向，而不考虑自身的价值能否最大限度地体现，以及自己的潜力能否最大限度地发挥。有几位计算机专业的毕业生，一个市直机关的数字化建设办公室本有接收意向，不料他们竟都嫌工资低，拒绝到这个事业单位就职。据了解，上文提到的王某，在毕业后短短不到3年的时间里，先后在天津、北京、重庆三个城市10多个单位谋过职，今年他又回到了北京。据他讲，刚毕业时自己凭着名牌大学的文凭，很顺利地找到了一个高薪水的职位，但不久就发现自己不适应那个岗位，工作与自己的兴趣爱好差异太大。此后，他在私企、国企都干过，也和几个朋友一起创办过公司，但干着干着都觉得不适合自己。如今，年龄越来越大了，而自己至今仍没有归属感，很是苦恼。

点评：毕业生王某的苦恼在于选择企业的目的不仅仅是为了拿到一份高工资，更重要的是寻求实现个人价值和社会价值的机会。因此，我们在了解企业的过程中，还要关注企业提供给员工的培训和发展机会。

5) 企业文化和企业制度

除了很好的福利、吸引人的薪酬、舒适的工作环境和出色的管理之外，优秀的企业还会创造积极的企业文化，让员工感到快乐和受尊重，从而使员工工作更有创造性。员工与企业相互配合是否良好的关键在于企业文化。因此，在求职时选择什么样的企业文化氛围让你觉得最舒服，才是至关重要的。

企业制度涉及的范围比较广，包括管理制度、用人制度、培训制度等，尽可能了解这些信息，了解企业在组织结构上的特征与发展变化趋势，分析这种安排对自己的未来可能带来什么样的影响。特别要注意企业用人制度如何，能否提供教育培训机会，提供的条件是什么？自己将来有没有可能在该企业担任更高级的职务或担负更大的责任？个人待遇提升的空间有多大？是基于能力还是工作年限？企业的标准工作时间怎样，是固定的还是可以变通的？当然也还要考虑企业提供的薪酬和福利待遇与行业内其他公司比较如何？

总之，通过以上分析，应理出一条清晰的线索，确定自己的职业生涯在这个企业中有没有足够的发展空间，衡量自己的目标能够在该企业得以实现的可能性。通过对企业环境的分析还应明确，自己是否认同企业发展战略、企业文化和管理制度，企业组织结构发展的变化趋势如何，与自己有关的未来职务的发展预计是怎样的，等等。

【案例】某先生，十年规划，科技创新，职业经理

我所在的是从事电子通信产品的研究开发、生产销售的高新科技公司，拥有丰富的人才资源和技术优势。由于领导认识不足，比较强调理论创新，不大看重产业化，成果产业转化滞后，市场开拓起步晚，资本力量不足，管理革新障碍多，企业在同行业中仍处于相对弱小地位。由于对企业的管理远远跟不上市场对企业的要求，管理方法陈旧，管理思想僵化，人治代替法治，致使公司内耗严重，直接影响公司快速成长。困难的积极面就是机会与挑战共存，企业对于我的职业生涯成功有很大的激励和推动作用。

点评：客观分析企业的长处和不足，面对问题不是抱怨而是愿意承担责任，迎接挑战，企业应重视这样的优秀人才。

(二) 校园环境分析

所谓校园环境分析，是对大学生个体成长过程中所受的学校教育的分析。学校是社会的缩影和晴雨表，是学生走向社会的缓冲地。以校风、学风、校园文化为主要组成部分的学校环境陶冶了学生的情操，锻炼了学生的意志，塑造了学生的人格，使学生不知不觉但又自觉自愿地接受教育，从而收到"春风化雨，润物无声"的效果。而教育，是按照一定的要求，对受教育者的德、智、体、美诸方面施以积极影响的一种有计划的活动。事实上，社会上的一切教育活动都会对受教育者产生某种积极或消极的影响。教育是影响个人职业生涯的重要因素。从大学前的学校教育来看，由于高考指挥棒的作用，不管是幼儿园、小学，还是初中、高中，都在一定程度上变成了一种应试教育。学生也以应试的学习方式来接受教育，造成知识结构不合理，学习的主动性不够，养成了一种依附性的学习习惯，这种情况直接影响到学生后期的发展。进入大学阶段以后，大学教育的特点是按照专业门类来培养学生适应职业需要的基本素质和能力。通过这一过程，使学生从某一专业的逻辑起点达到能够解决该专业一定问题的理论和技术修养水平，从而形成适应某类或某种职业需要的专业特长。因此，高校环境是学校环境中对学生职业生涯规划影响最直接、最密切的部分。

高校环境分析主要是分析专业的特色、学校的特色和校园文化。了解所学专业的发展现状、人才需求趋势以及自身在专业微观领域的兴趣和特长，对个人的职业选择和成长具有重要的意义。每个学校由于历史、文化传统或多或少都存在一定的特色，了解和把握这

些特色，对于大学生自身更好地成长和有针对性地择业具有积极意义。比如有的学校偏重理工科，有的学校偏重文科，充分利用学校的师资、硬件优势培养自己相关的能力，有利于更好地做出职业生涯规划。

校园文化是一种在大学特定区域中生活的每个成员所共同拥有的校园价值观，以及这些价值观在物质意识形态上具体化的文化形态。通俗地说，校园文化是在学校工作、学习和生活的全体人员创造的、具有新内容和独特形式的、以不同形态存在而由最小单位所构成的整体。校园文化是学校发展的灵魂，是凝聚人心、展示学校形象、提高学校文明程度的重要体现。校园文化对学生的人生观、价值观有着潜移默化的深远影响，而这种影响往往是任何课程都无法比拟的。健康、向上、丰富的校园文化对学生的品性形成具有渗透性、持久性和选择性，对于提高学生的人文道德素养，拓宽同学们的视野，进行科学的职业生涯规划，培养跨世纪人才具有深远意义。

大学生所受的专业教育直接制约着其职业适应的范围。如果大学生所学的专业面较窄，其职业适应的范围就小；反之，职业适应的范围就宽。所以，大学生在制定职业生涯规划时，首先要了解本专业开什么课程，培养的是哪些方面的技能；其次要对照适应未来职业发展有关的课程设置，寻找差距，进行补课。毋庸置疑，由于大学毕业生就业结构性矛盾的存在，社会对不同学科专业和不同学校的学生需求程度也不一样。就学科专业来讲，随着高新技术产业的迅猛发展和国家对基础设施投资规模的加大，计算机、通信、电子、土建、机械、自动化、医药、师范等学科的大学毕业生需求旺盛，而哲学、社会学、经济学、法学、农学、林学等学科的社会需求时有波动。

此外，在制定职业生涯规划时，还要考虑究竟是选择成为无所不晓的通才，还是选择成为精通某一领域的专才这一问题。正确的选择是：不可"一业不专"，但又不可"只专一业"。

"不可一业不专"，是指自己必须拥有某项有效专长、胜任某种职业，必须在某个领域具有足够的竞争力。尤其是随着社会分工的精细化，只有精通某个领域才能在社会上更好地立足，谋求自身的发展。如果一个人什么都学，结果可能是"门门懂，样样瘟"，成为"万金油"似的人。尤其在知识爆炸的现今社会，要做到无所不晓的通才是不可能的。

不可一业不专，但是也不能走向另一个极端——"只专一业"。因为任何人的"专长"都是有有效期的，当今社会职业岗位更新换代非常快，如果除了专业之外没有别的专长，当你的专长得不到社会认可时，也很难拥有足够的就业机会。只有不断关注社会的发展变化，不断补充新知识，才能拥有新的专长，具备多项竞争力，才能轻松应对将来可能出现的变化。

大学生在进行职业生涯规划时，应当认识到自己成长的环境与受教育的条件对个性形成的影响。各种教育内容的相互交叉和渗透，可以促进个人整体素质的提高。因此，大学生应当通过主观努力，改变自身的不利因素，终身学习和接受教育，全面提高素质，为求职择业和职业发展创造更加有利的条件。

【案例】中职生取代研究生

某网络公司招聘软件开发人员，招聘条件为：名牌大学、计算机专业、硕士研究生以上学历。小王是某中职机械专业学生，但他平时爱好广泛，肯钻研，在学好自身专业的同时，还辅修了计算机专业，通过了微软认证。他还积极参加学校的课外科技活动，实习期间参加了企业的技改项目并受到企业的表扬，具有较强的实践能力。当得知这一招聘信息，并经过冷静分析后，他勇敢地递交了自己的简历和相关证书。招聘人员一看是个中职生，又非计算机专业，就想婉言谢绝。但看过他的简历和相关证书后，又对他产生了浓厚的兴趣，因为他丰富的经历反映了他的实力。于是，招聘人员向公司总经理专门打了报告，请求特批录用。总经理了解情况后，特批予以录用。

点评：学历并不能代表能力。中职生不应自卑于自己的学历，因为中职生有着自己的优势。比如中职生思维活跃，有较强的实践能力等。只要肯努力，中职生并不比学历比自己高的人差多少，甚至有时远比高学历的人更能受到招聘单位的青睐。

(三) 家庭环境分析

家庭环境包括父母的职业、家庭经济状况和亲友圈。任何人的性格和品质的形成及个人的成长都离不开家庭环境的影响，大学生在进行职业生涯规划时，绝不能忽视家庭这一重要的影响因素，而应多结合家庭的实际情况，争取得到家庭成员更多的帮助和支持，以免对以后的职业发展造成不良影响。个人在成长过程中，在不同时期也会根据自己的成长经历和所受教育的情况，不断修正、调整，并最终确立职业理想和职业计划。正确而全面地评估家庭情况才能有针对性地设计适合自己的职业规划。家庭对大学生职业生涯规划的影响因素有：家庭成员的社会关系；家庭成员对就业的态度和发展方向；家庭经济状况；所受的家庭教育；受家庭成员职业观影响的程度；家庭成员的工作性质和地位，以及家庭成员从事的职业类型等。在以上诸多因素中，家庭教育、家庭经济状况、家庭职业观念、家庭社会条件对大学生职业生涯规划影响较为明显。下面是三个家庭环境分析的例子。

【案例1】我家在农村，有5口人，仅靠父母耕种3亩田地维持生活。弟弟和我都在读书，家庭很贫困，而且负担很重。我爷爷是文盲，父亲是高中毕业生，母亲是初中生。亲戚们的经济状况也都不好。所以，现在家庭不能够提供给我更多的帮助，我只有靠自己了。为了减轻父母的负担，我特意向学院申请了勤工俭学工作。我充分利用课余时间去做这些工作，为自己挣一部分生活费，同时也锻炼了自己。我深知在职业规划上家人不能帮我，只有靠自己，我会努力学习，毕业后找一份适合我的工作，再一边工作一边学习。

【案例2】我父亲十分要强，也造就了我不轻易服输的性格。在家中我是老大，被视为榜样，这就促使我更加严格地要求自己。父亲是个出色的企业管理人员，我的大伯、大舅也都在电信部门担任要职。他们的成功和浓厚的家庭氛围让我对管理产生了强烈的兴趣。我今后的职业发展方向可能也会是管理类的。

【案例3】我的家庭很幸福，家里经济条件良好。父母对我的期望比较大，对我各方面的发展都抱支持的态度，物质上能满足我在学业上的深造，精神上也能给予足够的支持。我有意往教师这个职业方向发展，他们给我100%的支持，并鼓励我在各方面发挥自己的特长。

1. 家庭教育的影响

一个人所受的家庭教育方式不同，在长期的潜移默化中所形成的价值观和行为模式就会有所不同，从而形成的职业理想和职业目标就会有一定的差异。

家庭教育方式可以分为专制型、民主型、忽视型和溺爱型。专制型家庭对孩子的控制度较高，孩子的想法很少得到尊重和理解，孩子容易产生逆反心理。受这样家庭环境影响的大学生在进行职业规划时往往会独断专行；民主型家庭会减少对孩子的行为控制，尊重孩子的选择，并给予更多的支持；忽视型家庭不会对孩子提出什么期望，也很少过问孩子的学习和生活，甚至对孩子的不良表现视而不见；溺爱型家庭会给予孩子过多的自由，什么事都顺从孩子的意愿，孩子将来进行职业规划时，要么依赖心理过强，要么不切合实际。这样，孩子将来进行职业规划时，很少征求家长的意见，随意作出职业选择。

2. 家庭职业观念的影响

父母对待职业的态度会在一定程度上影响子女的职业观念，父母所从事的职业和平日较多的职业行为倾向也会影响子女职业理想的确立和职业选择的方向。

3. 家庭经济状况的影响

有的大学生家庭经济条件不错，毕业后有可能选择继续学习深造以推迟就业而不是直接就业，家庭的经济后盾减轻了他在继续求学路上的"后顾之忧"。而有的毕业生因为父母年事已高、体弱多病，家庭经济负担过重，不得不考虑现实需要而放弃原有的职业理想，调整职业发展路线，暂且选择一份高薪稳定的工作，以减轻家庭负担。等家庭经济有所好转、找到更好的起点时，再从事自己喜爱的职业，实现人生理想。所以，在做职业生涯规划时，需要处理好职业理想和家庭现实状况之间的关系。

4. 家庭社会条件影响

目前，我国劳动力市场受市场外很多因素的影响，人际关系和权力等级便是影响因素之一。所以家庭社会条件是影响到大学生就业时的社会资本，如就业信息渠道、就业机会、社会关系资源等。社会资本影响着大学生的就业心态、就业取向、就业层次和薪金待遇。丰富的社会资本，可以提升大学生的就业信心，减少工作搜寻成本，增加就业机会，提升职位层次和待遇。

【案例】正视差距，不要气馁

辛某毕业于北京市的一所普通高校，在校期间学业平平，但由于其父是中央某大媒体的官员，毕业时顺利地进入了金融行业。在接受了三个月的短期培训，又在一家银行工作半年之后，被作为骨干和培养对象派往该银行驻外地的分行担任部门负责人。一年之后回到北京时，辛某顺理成章地成为北京某大银行的部门负责人，当然，工资、待遇也水涨船高了。相比之下，他的同学兼好友，各方面都非常优秀的魏某就没有这么幸运。毕业之后他虽然很想留在北京，也没有过高的要求，但十几场招聘会下来，毫无结果。魏某终于明白，没有任何背景，要想在北京找到一份合适的工作真是太难了。最后，魏某回到了家乡的小县城工作。在小县城，魏某始终对自己和辛某之间的社会差距耿耿于怀，很难跳出这种差距造成的心理阴影，甚至不愿意再与辛某保持联系，由此失去了大学时期的好朋友，也丢失了求学阶段那种阳光明媚的心情和不懈的人生追求，在工作中混日子，在混日子中应付工作，最终因业绩差而被淘汰。

点评：目前，我国社会处于转型期，各种各样的社会差距在短时间内不可能消失。我们应该正视这些差距，尽量避免向魏某那样被社会差距所羁绊，以阳光、向上的心态看待生活、对待工作，通过自己的不懈努力实现自己的职业发展梦想。

四、岗位环境分析

岗位也称职位。在组织中，在一定的时间内，当由一名员工承担若干项任务，并具有一定的职务、责任和权限时，就构成一个岗位。

所谓岗位环境分析，是指对组织中某个特定工作职务的目的、任务或职责、权利、工作条件、任职资格等相关信息进行收集与分析，以便对该职务的工作做出明确的规定，并获得工作描述和工作规范的过程。即对企业内部某个具体岗位进行探索和分析，了解该岗位的基本职责以及能力要求，为职业生涯规划和择业做准备。岗位环境分析具体包括以下四个方面：

(一) 岗位描述

岗位描述是对岗位的定义、工作内容以及要具备的素质的概括，是岗位的基本内容，是理解一个岗位的最直观方面，如岗位名称、工作目的和工作责任、工作的绩效标准、工作中所使用的设备和工具、工作联系、工作权限等。

岗位描述主要包括以下内容：

(1) 做什么？是指员工所从事的工作内容；

(2) 为何做？是指员工的工作目的及该项工作在整个组织中的作用；

(3) 由谁做？是指由谁来从事此项工作，及对从事该项工作的人员所必须具备的素质与要求；

(4) 何时做？是指对员工从事此项工作的时间安排；

(5) 何处做？是指员工工作的地点、环境等；

(6) 为谁做？是指员工从事的工作与组织中其他部门之间的相互关系；

(7) 如何做？是指员工如何从事或者组织要求员工如何从事此项工作。

(二) 岗位晋升通道

岗位是在职能的基础上根据具体需要分化产生的，所以在同一部门、同一职能上一定会有多个类似的岗位，而了解这个岗位能为自己轮岗、换岗、职位转换、升职等带来很大的方便。这包括以下两方面：和这个岗位相关的岗位是什么(为拓展发展方向及轮岗、换岗做准备)，这个岗位的职业发展通路是什么(晋升的方向)。

(三) 不同背景下的岗位要求

岗位的通用要求加上不同背景下的岗位理解构成了一个岗位的最终描述。大学生在求职时特别要考虑以下因素，因为这些因素才是制约个体在公司发展的关键，包括三个方面：不同行业对这个岗位的理解是什么(行业背景下的岗位要求)；不同类型企业及企业所处发展阶段对这个岗位的理解是什么(企业背景下的岗位要求)；不同领导和上司对这个岗位的理解和要求是什么(人为背景下的岗位要求)。

(四) 个人与岗位的差距

当大学生综合了解了岗位需求之后，就可以进行差距量化和差距补充了。全面、准确地了解自己是量化与岗位差距的前提和基础。差距是可以被量化的，如组织能力的强弱、英语口语的好坏、计算机能力的强弱等。只有进行了岗位差距的量化，才能为自己的职业规划和职业道路设计找到目标和方向，并制定策略和缩短差距的措施，积极努力，迅速提高。

【案例】某学生，职业生涯规划，职业目标——服装设计师

当一名服装设计师最基本的是要学会怎样绘制设计图，然后按照设计图学会自己去做。如果有条件我希望去国外走一走，看看一些名人是如何设计服装的。即使没有条件，我也会多看服装杂志或去商场看一些服装的款式，以便提高自己对服装的了解。当服装设计师最重要的一点是要学会画画，只有学会画画，才能把心里所想的服装款式完美地画出来，这样才能算得上是设计师。目前最重要的是学习，等毕业后，如果有能力，我希望走上服装设计之路，成为新一代时尚达人。目前人们把穿着看得很高，不同的人能穿出不同的品位。因此，服装店越来越多，竞争也越来越激烈。但我不会因此而退却，我会勇敢地前进，直到目标实现。正所谓世间没有平坦的大道让你走，不经历风雨怎么见彩虹。

点评：对服装设计师这一工作(岗位)进行了一定的分析，根据岗位要求提出了提高自己的一些打算，但还可以再全面具体一些。

项目二 环境认知的途径和方法

在进行环境认知和分析的过程中，一个最基本的工作就是要想方设法占有大量的有关职业环境的信息。你所掌握的有用信息越多，质量越高，内容越详尽，就越能帮助你进行全面深入的职业环境分析，就越有助于你做出最适合自己的职业选择和职业规划。虽然搜集职业信息是一个需要花费时间和精力的过程，但是它在整个职业选择过程中起的作用是不可或缺和至关重要的。

【案例】懂得资源共享

有一天，从早晨开始就大雨滂沱。路边几个叫卖食品的小贩，一直没有什么生意。快到中午时，卖烤饼的小贩已经烤好一大叠饼，他大概是饿了，心想：反正也卖不出去，就吃起一块自己烤的饼来。卖西瓜的坐着无聊，也就敲开一个西瓜来吃，卖辣香肠的开始吃辣香肠，卖杨梅的也只好吃杨梅了。雨一直下着，4个小贩一直这样吃着。卖杨梅的吃得太酸，卖辣香肠的吃得太辣，卖烤饼的吃得太渴，卖西瓜的吃得太胀。这时，从雨中嘻嘻哈哈地冲过来4个年轻人，他们从4个小贩那儿把这些东西都买齐了，然后坐到附近的亭子里吃，有香辣，有酸甜，吃得津津有味。

点评：人如果在物质上仅止于自给自足，也就是将自己置身于落后、狭隘的经济观念之中，只会永远陷入贫乏的境地。与人相互交换一种食物，你就得到两种食物；与人相互交换一种思想，你就拥有两种思想。只有把个人的血液融于组织中，取长补短，个人才能得到充分发展。

目前国内没有清晰的职业信息体系，各种信息庞杂错乱，逻辑性和可靠性较低。同时，很多人在寻找工作的时候也比较茫然，不知道如何寻找信息。我们按照职业信息的获取方式和参与程度，将职业信息分成三类，即静态资料接触、动态资料接受、真实情景体验。

一、静态资料接触

(一) 出版品

通过出版品获取职业信息的途径包括：文学作品、专业书籍、报纸(报道与招聘广告)、期刊、名人传记、行业协会报告、社会调查、论文等。有很多文学作品或人物传记都对一些职业有深入的刻画，我们从中不仅可以了解一种职业是什么，更可以看到相关从业者的特质和借鉴他们的从业历程。但也不可否认，在文学著作和名人传记中艺术色彩多少会影响职业信息的客观性，也可能会忽略了工作中的常规方面。

目前国内也有少量描述职业方面的专业书籍，对具体职业的历史、要求、教育背景、就业范围、薪酬标准等做了介绍。如劳动部的《中国职业分类大典》。报纸和期刊关于职业方面的资讯会多一些，如《中国大学生就业》就是专门的求职招聘类报纸。

(二) 视听媒体

视听媒体包括电影、录像以及各类有关的电视节目等。在媒体空前发达的时代，利用视听媒体来丰富自己对工作世界的了解，加强对各种技能的学习，以及启发个人创业的思路是职业信息探索的重要途径。

虽然说从电影的角度看待职业往往带有一定的粉饰和夸张。但是，从电影人物跌宕起伏的生活故事来感受职业，则会给我们的心灵带来不同的冲击。因为电影所反映的不仅仅是一种职业，而更多地蕴涵了主人公对职业的情感。在这种情感的带领下，能使人们对他的职业意义产生新的认识。

视听资料中最直接的是关于专门职业技术培训的光盘和录像带。各大书店、音像店及培训机构有售。一些培训网也会提供相关资源，当你为自己定好职业方向，认真寻找就会有所发现。

在电视节目方面，关注就业创业问题、职业发展问题的栏目越来越多，其提供的角度和机会也越来越多。如中央电视台第二套(CCTV2)曾播出的《劳动—就业》栏目，是由劳动和社会保障部与中央电视台联合主办的以宣传劳动就业为目的，将知识性和服务性有机结合的大型杂志型专栏节目；同样是这个频道的《绝对挑战》栏目则为我们提供了许多直面求职者展现才华，竞争一流职业的机会。此类的节目还有《赢在中国》、《职来职往》等。很多地方台也根据各地现实状况推出了相关的节目，不仅提供职业信息，还分析相关政策，为大家就业和创业打造新的交流平台。

(三) 网络资源

在计算机网络技术高度发达的今天，掌握了计算机技术的现代大学生可以通过网络资源全面了解职业环境情况。现在许多人是通过浏览网页来了解天下大事的，有关的社会政治、经济、法制、科技、军事、文化等新闻报道，在网络世界俯拾皆是。人们从网络中了解这些社会环境方面的情况极为方便快捷。随着信息技术的发展，各个行业都建立了计算机中心互联网信息交流平台。各行业或企业网站成为了解行业的重要渠道。特别是像北森职业测评中心旗下专业的职位搜索网站——JobSoSo、阿里巴巴的 B2B 等网站，里面覆盖了几乎所有的行业。每个行业都有自己的论坛，到相关行业的论坛上，想要的信息都能了解到。网络搜索也是一个办法，搜出某个行业中的企业，从它的网站里了解行业。不过，通过这种方式了解到的信息往往支离破碎，有的还有失偏颇。通过网络了解企业等用人单位也很便捷。用人单位作为一种社会组织，必然要同社会其他组织和个人进行信息交流。在这些信息中，有许多是公开的，如行政机关的对外宣传资料、学校的招生招聘广告、企业的产品推介与服务信息等，无不包含着丰富的用人单位信息。这些信息的搜集途径广，不受时间、空间的限制，尤其是在那些信息化程度比较高的社区里，你随时可以通过网络轻松获得。

二、动态资料的接受

(一) 行业展览会和人才交流会

在一些行业展览会上，很多企业或机构都会向社会宣传自己生产的产品或提供的服务，以及组织文化、发展情况等信息。每年都会有许多行业展览会，通过这样的展览会我们可以了解相关行业、企业或机构的最新情况。同时也可以对同种行业不同组织之间的状况进行比较。比如公司规模的大小、具体的产品特点、发展前景等。

另外，每年也会举办很多的人才交流会。我们可以从中获得用人单位的直接招聘信息，通过这样的交流会来判断人才市场的需求状况。同时，也可以通过这样的机会和各公司的招聘人员直接对话。所以，人才交流会不只是在求职时才光顾的地方，它也可以作为了解工作环境的一条重要途径。

(二) 机构

提供职业信息的机构包括学校、政府相关部门和有关职业介绍、指导机构等。高校都有自己的就业指导中心，为学生、甚至社会各界提供就业服务，如招聘信息、政策法规、就业辅导等。

通过一些专业性较强的培训机构了解本专业会有一定的促进作用，从中可以获得部分前沿信息。一些专门的职业咨询公司，会提供面对面的个人职业咨询服务，是比较深入的职业信息获取方法。其他的机构还有：固定职介所，比如地方的人才交流中心；专门为外企人才服务的机构，如外企人才服务中心等，都是提供职业信息的专业机构。

(三) 专业协会、学会、俱乐部

专业协会与学会是由专业人员组成的、具有公益性和学术性的社会团体。专业学会可以从参与人数的多少、会员的来源以及所包含的专业广度分为国际性专业学会、国家级专业学会和地区性专业学会。通常，在各专业学会之下，还有具体分会。通过专业学会，我们不仅可以对不同行业的信息有比较深入全面的了解，而且专业学会还是专业同行之间彼此沟通信息的桥梁。通过了解专业协会与学会，可以了解相关人员所从事工作的现状及未来的发展前景。

随着经济的发展和信息交流开放形式的需要，各种职业俱乐部应运而生。如"行政秘书俱乐部"、"中关村人力资源俱乐部"等。同时，俱乐部培训正在成为职业资格认证培训的新趋势。目前的职业培训俱乐部涉及的行业非常丰富，有个人倡导的，也有机构发起的，如"环保工程师俱乐部"、"中国广告俱乐部"等。这些俱乐部可以提供专业的技术和培训，会有相应的行业最新信息和动态通报，同时能够扩展同行间的人际交流与合作。

(四) 生涯人物访谈

生涯人物访谈是通过与一定数量的职场人士会谈而获得关于一个行业、职业和单位"内部"信息的一种职业探索活动。

1. 生涯人物访谈的意义

通过生涯人物访谈，一方面可以更好地了解该职业的确切信息，另一方面也可以借鉴别人的职场历程和经验来设计、规划自己的职业发展途径，提高成功的效率。通过访谈不仅可以让自己通过其他的途径搜集到的职业信息得到确认和检验，而且借助这种面对面的交流和访谈也可以近距离地了解这些工作者内心的感受和体会，使自己更近地走进该职业。因此，对大学生来说，生涯人物访谈是一次较为直接的、快速的职业体验。具体而言，生涯人物访谈有以下作用：

(1) 实地考察职业，进而明确你的职业生涯目标；

(2) 扩大你的职业人际关系网；

(3) 树立工作面试的信心；

(4) 了解企业内部的组织管理，获取最新的职业信息；

(5) 了解自己专业优势和职业能力的差距，更好地认知自己的职业能力。

2. 生涯人物访谈问题的设置

生涯人物访淡作为职业认知的一种方式，其形式是访谈，访谈的核心是访谈问题的设置。我们下面将重点解析生涯人物访谈中问题的设置技巧，并阐述访谈结果的分析技术。生涯人物访谈的问题可以分为两个大类，一类是职业咨询，一类是生涯经验。两者具体包含的项目如表 3-2-1 所示。

表 3-2-1　生涯人物访谈内容表

职业咨询	生涯经验
工作性质、工作内容	个人的教育背景和培训经历
工作环境、工作地点和工作时间	选择从事该职业的原因
职业所需要的学历、资格、技能或经验	职业发展经历
薪酬福利	工作心得：乐趣和困难
职业的相关就业机会	对工作的个人看法
晋升和进修的机会	取得良好工作业绩的方法
组织文化和规范	对未来职业发展的设想
职业未来发展前景	对职业新人的建议

表 3-2-1 是对生涯人物访谈内容大体方向的把握，具体操作时，要形成生涯人物访谈问卷。下面我们将详细介绍生涯人物访谈问卷中问题的设计技巧，详细的访谈问题设计技巧与分类如下：

(1) 寻找工作的技巧。

——请问你是如何进入这家公司的?

——请问你在进入这家公司的时候，应聘的流程是怎样的?

——请问你是用什么方法找到现在的工作的?

(2) 职业兴趣。

——请问你选择这个职业是出于什么原因?

——这个公司有哪些吸引你的地方?

(3) 职业本身探索。

——请问你每天的工作内容是什么?

——请问你的工作是否有特定的目标，目标是什么?

——请问从事这份工作要具备哪些技能?

——要在这份工作上有杰出表现，最重要的是什么?

(4) 工作责任与权限。

——在工作中，你承担什么责任?

——请问你是否要对工作过程中出现的重大失误承担责任，承担多少责任?

——请问你的工作在时间、地点上是否有限制? 有什么限制?

——请问这份工作的执行权利有多大?

(5) 工作环境。

——你每天的工作时间是几个小时?

——是否会出现加班或者出差的现象?

——你的工作地点是否固定，在什么地方?

——工作中，对于穿着打扮是否有要求?

(6) 培训与升迁。

——请问你在工作中是否参加过专项培训，培训的内容是什么?

——在工作中，是否有外出参加培训的经历，培训的次数、频率如何?

——公司内部的升迁机制是怎样的?

——在公司里，获得升迁、培训的机会比率是怎样的?

(7) 职业生涯。

——五年后，你对自己的职业如何看待?

——你是否喜欢你现在所从事的职业，要将自己的职业发展到什么程度?

——在工作中是否会产生不满的情绪，原因何在?

(8) 职业未来展望。

——你认为这个职业的发展前景如何?

——在该公司中，这一职位的用人量会不会增加或者减少?

——你认为这个职业在未来几年内是否会出现变化，出现什么变化?

——面对职业可能发生的变化，如何应对?

(9) 相关的职业。

——和这份职业相关的职业都有哪些?

——相关职业所需要的知识、能力与该职业是否有差距，差距在哪里?

——在该公司当中，有没有相关职业的存在？

(10) 薪酬福利。

——这个职业的薪酬如何？

——这个公司对于这个职位的福利待遇如何？

——该职业在未来的几年内，薪酬浮动会出现哪些特点？

——在同行当中，你所在的公司与其他公司薪酬的对比如何？

以上是对访谈问题设计的具体提示。我们将访谈问题分为十个不同的类别，每个类别有不同的具体问题，同一个问题有不同的表达方式，在进行访谈时注意把握问题的区分度。上述罗列的十大种类的问题，在具体访谈中，不一定都提问到，因此要有所抉择，也就是从工作本身的特点和你较为关注工作的那些信息出发，有选择性地使用。

3. 生涯人物访谈应注意的事项

大学生在进行生涯人物访谈时，除了要注重访谈问题的设置，还要注意一些细节问题，主要包括以下几点：

(1) 不要把访谈当做寻找工作的机会；生涯人物访谈的目的是为了更好地认知职业，而不是通过这个途径去寻找工作，因此在访谈的过程中不要出现借用访谈对象寻找工作的迹象。

(2) 访谈方式多种多样，尽量不要采用 QQ 聊天或笔答式的访问，而应尽量选择面对面访谈、电话访谈、调查问卷访谈等方式。由于你所访谈的对象都是职场人士，在进行访谈时，不要占用他们过多的时间，尽量避免上面谈到的 QQ 聊天访谈和笔答式访谈的原因在于这些方式较为浪费时间，同时表达的效果也不会太好。

(3) 采用录音设备时，要征得被访谈者的同意后才能使用。现在大学生在进行人物访谈时喜欢用录音笔，因为这样比手写记录的速度要快，同时可以保证信息不丢失，但是在进行之前，务必要对被访谈者说明。

(4) 控制访谈时间，访谈后立刻发出感谢信。访谈的时间不要过长，这样会产生访谈疲惫，从而影响访谈的效果。在访谈过后一定要给访谈对象发出感谢信。

4. 生涯人物访谈的流程

生涯人物访谈一般都要经过以下流程：

(1) 寻找访谈对象，确定访谈对象。

要做访谈就必须有访谈对象，寻找访谈对象对于大学生来说是一件比较困难的事情。在这里给大家推荐的方法有：学校老师的推荐，同学及朋友的推荐，父母、亲戚及其同事朋友，各种专业论坛，QQ 群，博客等。

确定访谈对象主要是指要通过沟通说服对方接受你的访问，以及确定具体的访谈时间和地点。

(2) 访谈前的准备工作。

访谈前的准备分为两方面，一是硬件设施的准备，二是访谈内容的准备。硬件设施准备包括纸笔、录音设备、笔记本电脑等；访谈内容准备是指访谈问题的设置，需要我们提前做好构思，比如将要访谈的问题写在一张纸上。

在进行访谈前，通常要在约定时间的前 15 分钟左右到达访谈地点。因为这个访谈地点很可能是不熟悉的地方，到达之后可能还需要一段寻找时间。为了确保做到准时，要保证至少提前 15 分钟到达访谈地点。

(3) 访谈中的工作。

访谈中的工作，主要是按照事先列好的问题提纲进行提问。要注意的细节问题在上面已经说过，还要强调的一点就是，访谈的过程要有礼貌，保持谦和的态度。

(4) 汇报与感谢。

访谈结束后，要进行的工作就是汇报。这个汇报不是给被访谈对象汇报，而是给自己汇报，通常采用书写职业生涯访谈报告的形式进行。

访谈过后还有一项工作就是感谢，感谢你所访谈的人。可以采取致电感谢，也可以采取书信、邮件的方式感谢。感谢的最佳时间是在访谈结束后的 1～2 天内，时间不要拖得太长，否则会失去感谢的作用。

下列给出生涯人物访谈报告的写作提纲。

职业生涯人物访谈报告

访谈时间：x 年 x 月 x 日

访谈地点：xxx

访谈人：xxx

被访谈人：xx 公司／集团 xxx

访谈对象简介：

一、访谈的内容

二、访谈启发

三、职业认知的总结

三、真实情景体验

真实情景体验主要包括见习、实习、社会实践、职业体验及角色扮演等。

(一) 见习

要想深入地了解职业环境，就必须深入一线企业，占有第一手资料。如果有条件的话，大学生可以到企业所在地参观见习，进行现场考察。若条件不允许，展览会也是提供企业一线信息的好场所。亲自去参加一个行业展览会，很多事情就都了解了。

(二) 实习

许多规模比较大的用人单位，如跨国公司、机关、高校等常常有招聘实习生的机会。能去用人单位实习是一件对双方都有利的事情。从大学生的角度来看，实习不仅是从课堂理论学习走向实际应用的必要环节，也是对职业环境进行实际了解的重要途径。通过实习，大学生不仅可以深入了解用人单位的管理体制、发展潜力等情况，还可以学习用人单位的管理经验、技术方法，为毕业设计等提供素材，为就业创造条件。如果用人单位需要招聘人员，而你在实习期间的表现又不错，那你就可能成为拟招聘的最佳人选。可以说，通过实习，大学生可以更为全面和深刻地了解职业环境、企业环境以及岗位环境的情况。大学生选择实习单位，要结合自己的职业生涯规划目标，锁定与自己专业对口的单位范围，同时应从是否有利于实现自己的职业生涯规划目标和发挥自己的专业特长着手，而不能一味追求名气、规模。同时，还应重视实习单位的"软环境"，特别是有意向去企业实习的大学生，要把企业是否建立了完善的现代化管理机制作为选择标准之一。

实习需要注意以下事项：

(1) 有一定的专业能力与技巧，能达到所要求的工作表现。

(2) 以正面的态度接受工作的辛苦、压力，甚至枯燥乏味。

(3) 通过学习不断自我成长，加强灵活度与弹性。

(4) 了解企业独特的文化与价值观，设法融入其中。

(5) 做个"忠诚"的员工，尊重和关心公司及他人的利益。

(6) 了解上司的管理风格，与上司相处有诀窍。

(7) 懂得"听话"的技巧，具备良好的沟通与协调能力。

(8) 不惹是生非，不说人闲话，不扯入是非圈。

(9) 适度参与"办公室政治"，但也要懂得时时保护自己。

(三) 社会实践

要想真正了解一个职业，最好的办法就是亲自去体会。而对于在校大学生而言，参加社会实践和各种形式的实习和兼职则是最好的选择。当然，所做的社会实践应该是经过选择之后与自己想从事的职业相符或相关的。这种社会实践不同于正式就业的体会方式，不仅可以帮助你更清楚地认识该职业是否真的适合自己，也为自己以后真正从事该职业积累了经验和感悟。

对于大学生来说，实践的目标还是学习，那都要学习什么呢？要学六个方面：做人、做事、能力、知识、规则、思维方式。做人是根本，也是一辈子的事，要向上司、有为的同事等，看看人家是怎样为人的。做事就是办事能力，要学习如何分析问题、解决问题，以及怎样解决工作中的问题。能力，泛指一切让自己有提升的能力，如汇报工作的表达能力等。知识，包括社会中的知识、工作上的知识、交际上的知识等，都是拓展知识面的机会。规则，只要有人的地方就有规则，比如明确的条文、潜藏的规则等，尤其是那些工作上的规则，只有了解规则才能有效遵守和使用。思维方式是很难学的，这只能在潜移默化中、处处留心总结中学到，尤其是积极的心态、端正的态度等。

(四) 职业体验

职业体验，是指大学生结合专业特点和自己的职业兴趣，以职业认知、体验为目标，通过对自己希望从事的职位、岗位的了解、观察、体会，深入客观地认识该职位、岗位。职业体验的内容主要有两大方面：一方面是对该职位、岗位工作具体内容的了解；另一方面是对该职位、岗位对人才专业知识、技能和职业素质要求的认识。通过职业体验，可以增加大学生对职业的深入了解，并根据职业体验的结果判断自己是否适合从事该职业。

(五) 角色扮演

如果能找到好的合作伙伴，可以就各自喜欢的职业角色编练话剧和小品。这种带有游戏性质的方法其实也是一个很有效的职业体验和了解过程。因为在扮演的过程中，你只有深切体会到人物的内心活动，感受到职业要求对其的向导性作用，才能比较传神地演绎出该角色。

请找三四个同学，自编自演一个话剧。要求：

(1) 每个人都必须有明确的职业角色，不得重复，一定要邀请观众观看。

(2) 语言、行为必须职业化，要生动表现出其职业的特点。

(3) 情节要有波澜，要有矛盾和冲突。

(4) 排练表演完毕后，要写出各自的心得。

(5) 向观众征询意见，并评选出最佳表演者。

项目三 环境认知的阶段性

一、新生期大学生的环境认知——重在了解校园的硬件和软件

大学一年级新生刚入学，为了更好地融入新的环境，除了要对学校的生活学习环境进行必要的了解之外，还应对学校的文化和历史有一个清晰的了解。具体应了解的内容可以参考表 3-3-1 进行认知，请同学们在一周内把这张表格完成。

表 3-3-1 新生期大学生环境认知表

了解的项目		了解的内容				
		位置	开放时间	使用条件	注意事项	负责人或联系人
校园硬件	图书馆					
	教室					
	实验室					
	机房					
	运动场					
	超市					
	食堂					
	浴池					
	开水房					
	报告厅					
	就业指导中心					
		了解的内容				
		姓名	家乡	兴趣爱好	联系方式	职务 …
人脉圈	室友					
	班友					
	老乡					
	校友					
	老师					
	领导					

		了解的内容					
		组织的主要职责	负责人	部门分配	部门负责人	部门职责	加入条件
社团、学生会等组织	社团联合会						
	社团						
	学校学生会						
	院系学生会						
	各类协会						

二、低年级大学生的环境认知——重在了解城市、专业和行业

大学生在度过新生期的适应期以后，即开始正常的大学生活了。在这期间，大学生要进一步地了解城市、专业，以及逐步了解本专业与相关行业的关系。

(一) 所在城市

了解城市对大学生更好地规划自己毕业后的去向有很大的帮助。对所在城市的了解，应该从以下几个方面着手。

(1) 市情概况：对所在城市的市情做一个简单的了解。

(2) 历史沿革：了解所在城市的历史沿革，有哪些值得重视的人文环境。

(3) 地理环境：所在城市的地理位置，在地图上找出来，包括周边的山水。

(4) 行政区域：所在城市属于哪个行政区域，管辖范围有哪些？

(5) 地方特产：有什么地方特产。

(6) 经济发展：经济发展水平、优势和不足，与本专业相关的行业有哪些？

(7) 交通建设：城市交通状况如何，包括城际交通和市内交通。

(8) 对外交流：与哪些国家有交流或与哪些城市结成友好城市？

(9) 文化事业：文化事业发展水平。

(10) 教育事业：有多少所高等院校？其所在位置在哪，具有与自己相关专业的院校有几所？

(11) 著名景点：有哪些著名景区、公园？

(二) 所学专业

大学生与中学生有一个很大的不同，就是中学生以上大学为学习目的，学习的是基础知识，而大学生则是以毕业后就业为目的，主要以专业应用知识为主。因此，了解自己所学专业是大学生入学后最重要的任务之一。对所学专业的了解，重点应了解专业老师、学术带头人(本校、本市、本领域)、主干课程、本专业发展现状及就业前景、专业培养目标、

专业的基本要求、本专业相关学术机构、杂志和网站等。了解这些与专业相关的内容，一方面有助于大学生尽早对专业学习进行合理规划，另外也可以通过对专业的了解培养专业学习的兴趣，以便能在枯燥乏味的专业学习中找到自己的乐趣，从而顺利完成学业，为将来就业和可持续发展打下良好基础。

(三) 专业所对应的行业

在就业压力空前巨大的今天，选择正确的行业是决定个人发展前景和薪资水平最重要的因素。因此，大学生要分析本专业或喜欢的专业所对应的行业，并着手对行业进行探索和调研。

低年级大学生对环境的认知，请参照表 3-3-2 所列内容。

表 3-3-2 低年级大学生环境认知表

	认知内容	记 录
城市环境	市情概况	
	历史沿革	
	地理环境	
	行政区域	
	地方特产	
	经济发展	
	交通建设	
	对外交流	
	文化事业	
	教育事业	
	著名景点	
所学专业	专业老师	
	本专业学术带头人	
	本专业主干课程	
	本专业发展现状和就业前景	
	专业培养目标	
	本专业的基本要求	
	与专业有关的学术机构	
	与专业有关的杂志	
	与专业有关的网站	
相关专业信息	专业的定义与范围	
	专业的意义与前景	
	行业内的标杆企业	
	行业准入资格	
	行业标杆任务	

三、高年级大学生的环境认知——重在了解社会、职业

高年级学生对环境的认知重在了解社会、职业，了解自己的知识和技能与毕业后欲从事的职业需求或毕业后的出路选择是否有差距以及差距所在。这是因为高年级大学生通过几年的学习，已经掌握了一定的专业基础知识和技能，对相关行业、专业及毕业去向基本上都有所了解，此时，应为毕业做准备。

(一) 了解社会对本专业毕业生的需求

通过了解社会熟悉社会对本专业毕业生的需求，以便更有针对性地进行毕业出路的选择。

1. 就业形势

要就业的同学，要进一步了解社会，包括社会对本专业学生的需求，本专业所对应的就业领域，该领域在全国和本校所在区域有哪些著名企业，该企业中有哪些岗位适合本专业学生就业，他们的职业要求有哪些？

打算考公务员的同学，要了解公务员的报名资格和条件，准备申论等必考内容的复习。选择自己比较具备优势和感兴趣的领域参加考试。

打算参军的同学，应该了解国家的相关政策和优惠办法，了解军旅生活与大学生活的差别，做好心理准备。

打算专升本的同学，应准备报考本科的复习，选定通过自学考试、成人教育、全日制教育和网络教育中的哪种方式攻读本科，并了解将要报考的学校情况以及国家的考试新规。

打算出国深造的同学，应搜集相关的国家及学校的招生政策，着手外语考试、成绩单、推荐信、资金准备等，并要进行相关的联系。

打算创业的同学，要了解国家及地区的创业政策，了解市场需求和产品相关信息，了解创办企业所需的程序和条件，做好创业的信息准备、心理准备、知识技能准备、资金筹措，组建自己的创业团队。

2. 国家政策

对社会大环境的政治经济形势要做更系统、更深入的了解。要了解国家的产业政策和相关行业的中长期发展规划，特别是区域性的、近期的产业政策调整变化，对相关行业、企业的发展趋势进行判断，从中找出与自己专业相关的就业或创业机会。可以从以下几个方面着手：

(1) 国家层面的就业、创业优惠政策和措施；

(2) 国家的产业政策；

(3) 地方政府的就业、创业优惠政策和措施；

(4) 相关产业园区及优先发展的产业；

(5) 与本专业有关的行业发展趋势、著名企业；

(6) 与本专业就业有关的行业的准入标准、职业技能要求和就业形势；

(7) 与工作和生活有关的幸福指数。

(二) 了解职业

1. 职业探索

开展职业探索的目的在于对目标职业有充分的了解，并在明确与职业的差距中制定求职策略，从而有效地规划大学生活。有效地进行职业探索，可以从以下几个方面着手：

(1) 职业描述；

(2) 职业的核心工作内容；

(3) 职业的发展前景及其对社会和生活的影响、作用；

(4) 薪资待遇及潜在收入空间；

(5) 岗位设置以及不同行业、企业间的差别；

(6) 入门岗位及其职业发展通路；

(7) 职业标杆人物；

(8) 职业的典型一天；

(9) 职业通用素质要求及入门具体能力；

(10) 工作与思维方式及对个人的内在要求。

【案例】优秀毕业生小 A 的遭遇

上海某高校毕业生小 A，父母为大学教授。本人学习成绩优异，在学校表现优秀，得了很多奖，且长得一表人才。毕业时，恰逢中国平安保险总部到其所在学校进行校园招聘，所招职位的薪酬待遇和上升空间都很诱人。很多学生前去投简历，希望可以获得一个面试的机会。小 A 经过多次面试、复试后在近两千人的招聘中脱颖而出，成为最终进入总部实习的八个学生中的一个，非常令人羡慕，很多学生梦寐以求的工作他就这么轻易地得到了。

但是，去了深圳没多久，他就对这份工作感到严重的不适应，三个月后，由于压力和焦虑的心情，最终辞职。在职业规划师的引导下，小 A 终于弄清了自己对工作不满的原因。小 A 理想的工作状态是，穿西装、打领带，出入高级的写字楼，和有身份、有知识、有涵养的人打交道，希望自己的工作是受人尊重和认可的，对报酬没有太高的要求。一直以来，保险业的工作在他心目中就是这样的，而做高管更是他一直向往的工作。事实上，工作以后，小 A 才知道，保险行业是一个特殊行业，无论你未来担任多高的职务，都必须从业务员做起，从详细了解保险业务的全部流程开始，而业务员进入公司都要经过统一的培训，必须面对的第一件事就是对陌生客户的拜访。而对于小 A 来说，往往客户的一句冷嘲热讽，一个白眼就足以毁掉他一天的工作激情，以至于没有勇气面对下一个客户。结果他总是完不成任务，每天都要饱受精神上的折磨，以至于最后无法忍受，只好选择辞职。在职业规划师的帮助下，小 A 终于走出了职业困惑，并做出了适合自身发展的职业生涯规划。

点评： 小 A 是一名优秀的毕业生，可是优秀的人必须在合适的位置上才能发挥才干，才能成为真正的"人才"。正是因为小 A 对保险行业和要从事的职业缺乏了解，才导致了职业发展走了弯路。虽然我们相信，优秀的小 A 再找到第二份工作并不难，但是无疑这段工作经历给他的自尊心和自信心带来了一定的打击。所以，建议大学生在求职择业之前，尽可能地搜集该职业的信息，确定自己真正想要做的职业以及真正适合自己的职业，达到真正的"知己知彼"，继而做出科学的职业生涯规划，然后才能走出一条成功的职业发展之路。

2. 所学专业所对应职业的准入门槛

了解所学专业所对应职业的准入门槛需了解以下几个方面：

(1) 相关职业资格；

(2) 职业资格证书；

(3) 职业等级证书；

(4) 相关领域的法律知识。

综上所述，高年级大学生对环境的认知，可参照表 3-3-3 所列内容。

表 3-3-3　高年级大学生环境认知表

认知内容			记录
了解社会	就业形势	就业	
		专升本	
		参军	
		考公务员	
		留学	
		创业	
	国家政策	国家层面的就业、创业优惠政策和措施	
		国家的产业政策	
		地方政府的就业、创业优惠政策和措施	
		相关产业园区及优先发展的产业	
		与本专业有关的行业发展趋势、著名企业	
		与本专业就业有关的行业的准入标准、职业技能要求和就业形势	
		与工作和生活有关的幸福指数	
了解职业	职业探索的内容	职业描述	
		职业的核心工作内容	
		职业的发展前景及其对社会和生活的影响、作用	
		薪资待遇及潜在收入空间	
		岗位设置以及不同行业、企业间的差别	
		入门岗位及其职业发展通路	
		职业标杆人物	
		职业的典型一天	
		职业通用素质要求及入门具体能力	
		工作与思维方式及对个人的内在要求	
	所学专业所对应职业的准入门槛	相关职业资格	
		职业资格证书	
		职业等级证书	
		相关领域的法律知识	

【拓展练习】

活动目标：掌握大学生进行职业环境认知和分析的方法，对重要职业环境有一个清晰的认识。

活动内容：

(1) 你有毕业后想去的公司吗，那你可以登录人才招聘网站(比如中华英才网)去查询这家公司的信息，并作如下分析：

公司的名称_____

公司的类型、规模_____

公司招聘的岗位有_____

我想应聘的岗位是_____

这个岗位主要做什么_____

这个岗位需要具备什么素质、能力_____

我和公司岗位要求的差距是_____

我的补充行动策略是_____

(2) 根据你所学专业所对应的职业，寻找并确定生涯访谈对象，做一次生涯人物访谈并写出完整的访谈报告。

生涯人物访谈提纲：

开场(举例)：您好，非常感谢您能接受我的访谈。我对您现在的 xx 职业非常感兴趣，所以想请您介绍一下。现在我们可以开始了吗?

① 您现在工作都是做哪些事情呢？【工作内容】

② 工作环境是什么样子？【工作环境】

③ 您可以说一下您典型的工作的一天都是怎么过的吗?几点上班，都做些什么，中午几点休息，下午一般做些什么，几点下班，下班之后有哪些休闲生活等？【工作内容及方式】

④ 从事这类工作的人都是什么专业的人呢？对学历有什么要求？【工作要求】

⑤ 从事这类工作有哪些能力上或者资格上的要求？【工作技能】

⑥ 薪酬状况如何?

⑦ 从事此类工作一般情况下的晋升路径是怎样的?【职业发展及路径】

⑧ 这个行业发展前景情况如何？有哪些影响因素？【工作前景】

⑨ 一般是哪类组织招聘这个职业的人呢？

⑩ 您喜欢这份工作的哪些方面呢？

⑪ 您有哪些方面是不喜欢的？

⑫ 您觉得，从事此类工作对休闲和家庭等有什么影响？

⑬ 您对想要进入此行业的大学生有哪些建议？

非常感谢您的协助！

注：可以根据自己的需要调整内容。

(3) 梳理你的人脉圈。分析各种环境，盘点一下你认识的人。

职业人脉圈	职业1_____	职业2_____	职业3_____
家族成员			
老师、领导			
师兄、师姐			
业内人士			
目标公司的职员			
网络结识人士			

(4) 做一个行业探索，可以自己做，也可以组成小组做，最后写出报告。主要探索以下内容：

① 这个行业是什么；

② 行业对生活和社会的作用及发展前景、趋势；

③ 行业的细分领域，行业是大类，在行业内部还有不同的分类，了解不同的行业分类有利于全方位了解行业；

④ 国内外最著名的业内公司及介绍；

⑤ 行业的人力资源需求状况及趋势；

⑥ 从事该行业需要具有的通用素质和从业资格证书；

⑦ 有哪些名人做过或在做这个行业；

⑧ 行业著名公司的老总或人力总监的介绍和言论；

⑨ 进行职业访谈；

⑩ 该行业进行校园招聘时，对大学生能力素质的要求。

(5) 做一个职业探索，可以自己做，也可以组成小组做，最后写出报告。主要探索以下内容：

① 职业描述；

② 职业的核心工作内容；

③ 职业的发展前景及其对社会和生活的影响；

④ 薪资待遇及潜在收入空间；

⑤ 岗位设置及不同行业、企业间的差别；

⑥ 入门岗位及其职业发展通路；

⑦ 职业标杆人物；

⑧ 职业的典型一天；

⑨ 职业通用素质要求及入门具体能力；

⑩ 工作与思维方式及对个人的内在要求。

模块四　明确发展方向，科学规划自我

【人生箴言】

对于一只盲目的船来说，所有方向的风都是逆风。——英国

在一个崇高的目标支持下，不停地工作，即使慢，也一定会获得成功。——爱因斯坦

【模块导读】

(1) 了解大学生职业生涯规划的主要内容。

(2) 掌握职业生涯规划的基本方法，学会设定目标。

(3) 结合自我认知和环境认知的学习结果，设计自己的阶段性生涯规划目标。

(4) 通过学习，可以设计出完整的职业生涯规划书。

 【案例播放】

林丹，广州人，26 岁，本科学历，中文专业毕业，参加工作已 3 年多了。刚毕业时，她在一家报社做编辑。但由于文笔不好，工作成绩始终不行，压力越来越大的林丹就辞职了。第二份工作是一家公司的文员，平时做一些打字之类的琐碎小事，学不到什么东西，于是林丹又辞职了。后来她又找了几份工作，都和第二份工作差不多。目前，林丹在一家公司做经理秘书，对这份工作，林丹还是比较满意的。

最近同学聚会，林丹发现周围的老同学个个比自己混得好，有些已当上了经理。再看看自己，经理秘书听起来不错，但不过是吃青春饭，说不定哪天就失业了，所以林丹想换一份稳定的工作。想来想去，除文员、经理秘书这些也想不出其他工作了。她该怎么办呢？

案例分析：林丹的问题，就是典型的"职业迷茫"问题。而造成"职业迷茫"的直接原因就是在大学期间没有科学地规划自我，缺少系统的职业生涯规划，没有清晰的职业目标。

 【行动指南】

项目一　确定目标

无论是在工作、学习、生活上，还是在人际关系上，都要有明确的目标。为什么有的人心胸宽广？因为他有明确的目标，没有阻碍自己的大目标的实现，其他的就是可以理解

和宽容的。"有了目标，内心的力量才会找到方向，茫无目标的飘荡终归会迷路，你内心那座无价的金矿，也终因不开采而与平凡的尘土一样"。你有什么样的目标就有什么样人生，世上 98%的人对心目中喜欢的世界没有一幅清晰的画面，他们没有改善自己生活的目标，无法用一生的目标去鞭策自己，结果他们继续生活在一个他们无意改变的世界里。

美国生物学家克林莱斯有幸拍到了一组精彩镜头。有一种麻雀大小的鸟儿扑扇着翅膀刚刚停在沙地上准备觅食时，潜伏在沙子里的蛇猛地张开大口窜了出来。鸟儿用自己的爪子一下又一下地拍击着蛇的头部，力量有限，蛇依然对鸟儿攻击不止，鸟儿一边躲闪着蛇的血盆大口，一边用爪子拍击着蛇的头部，其准确程度分毫不差。在鸟儿拍击了 1000 多下时，蛇终于无力地瘫软在沙地上，再也爬不起来了。

在现实生活中，很多人之所以失败，就是因为没有瞄准一个点，持之以恒地走下去。而成功者则瞄准了这个点，并坚持走到了最后。这个点对我们大学生来讲就是根据职业生涯规划的内容所确定的职业生涯目标，只要能瞄准这个点，哪怕力量微小，但只要坚持，就一定能够到达胜利的彼岸。

一、大学生职业生涯规划的主要内容

(一) 学业规划

学业规划是大学生最重要的规划内容。因为，大学生的首要任务就是学习。学习专业知识，学习相关技能，学习做人的道理，学习成功的方法……这一切将影响他们的一辈子。大学生的生涯规划具体到三年的学习生活中，实际上就是规划学业发展、个性与社会发展、生涯发展的过程。当然学业辉煌也需要循序渐进，分阶段进行。

(二) 成长规划

1. 养成良好的生活习惯

实践证明，身心健康是一个人事业有成的基础。有一个好的身体就是做好一切的起点，良好的生活习惯是保持身体健康的重要手段。

1) 养成良好的饮食习惯

吃好早餐，一直就有"早餐吃好、午餐吃饱、晚餐吃少"的说法，而大学生一般上午是功课最多的时候，如果不吃早餐，大脑需要的能量得不到供应，长期下去，会影响功课以及大脑的发育。另外，也要注意营养的全面搭配，不能挑食偏食，还要保证饮食规律，不要暴饮暴食。

2) 合理安排作息时间，保证充足的睡眠

睡眠是大脑休息和调整的阶段，睡眠能保持大脑皮层细胞免于衰竭，使消耗的能量得到补充，大脑皮质的兴奋和抑制过程达到了新的平衡。良好的睡眠有增进记忆力的作用。大学生每天应保证 8 小时的睡眠时间。同时要注意睡觉时不要蒙头，因为蒙头睡觉时，随着棉被内二氧化碳浓度的不断升高，氧气浓度不断下降，大脑供氧不足，长时间吸进污浊的空气，对大脑损伤极大。

3) 养成锻炼身体的好习惯

适量做一些有氧运动对健身大有好处。有规律的有氧运动，能够有效地调动肌体活力，

增强身体的免疫功能。所谓有氧运动指的是快步走、骑车、跳绳、爬山、游泳、瑜伽等，每周运动 3 次，每次运动达到每分钟心跳 110～130 次，并持续 30 分钟，即可起到健身的作用。同时，也可以多参加一些文娱活动，不仅能放松心情、增加生活的乐趣，还有助于增强免疫力，提高学习效率。

4）戒掉不良的生活习惯

戒掉不良的生活习惯，如酗酒、抽烟、长时间网聊、玩电子游戏等。

2. 培养健康的兴趣和良好的心态

1）培养健康的兴趣

"知之者不如好之者，好之者不如乐之者。"兴趣对学习有着神奇的内驱动作用，能变无效为有效，化低效为高效。最好的寻找兴趣点的方法是开拓自己的视野，接触众多的领域。唯有接触，你才能尝试；唯有尝试，你才能找到自己的最爱。而大学正是这样一个可以让你接触并尝试众多领域的场所。因此，大学生应当更好地把握在校时间，充分利用学校的资源，通过使用图书馆资源、旁听课程、搜索网络、听讲座、打工、参加社团活动、与朋友交流、使用电子论坛、微信、微博等不同方式，接触更多的领域、更多的工作类型和更多的专家学者。

人生的路很长，每个人都可以有很多不同的兴趣爱好。在追寻兴趣之外，更重要的是要坚持自己的兴趣爱好。有一本书的作者曾访问了几百个成功者，问他们有哪件事是他们今天已经懂得，但在年轻时却留下了遗憾的事情。受访者的回答中，最多的一种是："希望在年轻时就有前辈告诉我、鼓励我去追求自己的理想和兴趣。"相比之下，兴趣固然关键，但坚持它更为重要。因此，大家不必把某种兴趣当作自己最后的目标，也不必把任何一种兴趣的发展道路完全切断。在理想的指引下，不同的兴趣完全可以平行发展，实在必要时再做出最佳的抉择。理想就像罗盘，兴趣就像风帆，两者相辅相成，缺一不可，他们可以让你驶向理想的港湾。

2）培养良好的心态

社会心态，是指一个国家、一个社会具有普遍性、代表性的心理特征和心理倾向。

良好的心态、健全的人格，是人的身心健康的重要标志，也是社会和谐的基本条件。现代社会，工作和生活节奏加快、竞争加剧，大学生更要学会培养良好的心态，来面对当今日益多元化的社会。

第一，要有感恩之心。要培养自己的感恩之心，感谢父母多年来对自己的抚养，感谢老师们为我们的成功付出的心血，感谢国家为我们创造的各种条件，感谢大学给我们提供了学习深造的机会，感谢同学们在学习、生活各方面给我们的帮助……

第二，要心怀空杯心态，它让我们时刻可以吸纳新的有用的东西。一个人不能够自满，要有一个空杯的心态，去学习任何可以帮助我们成长的知识和技能，我们要像一块海绵，不断吸纳一切营养。

做事的前提是先要有好心态。如果想学到更多学问，先要把自己想象成"一个空着的杯子"，而不能骄傲自满。"空杯心态"并不是一味地否定过去，而是要怀着否定或者说放空过去的一种态度，去融入新的环境，对待新的工作，新的事物。对大学新生来说，要忘记过去中学时代的学习方法，不要沉溺于原来的成绩之中，而要学会大学所要的思维和学习方法，利用大学宝贵的时光，多学本领，为将来的职业发展奠定基础。

第三，要有平常心。平常心是一种能力，它具体表现为：一是对自己所做任何事的成功和失败的概率有准确的预测；二是既积极主动，尽力而为，又顺其自然，不苛求事事完美，有从容淡定的自信心。有平常心的人，能够在遇见任何事情之后都坦然处之，这是年轻大学生克服自我冲动最应该持有的心态。荣誉可以不争，利益可以不要，不管坏事好事，记得一句话：一切为最好的做准备！

第四，要有积极的心态。积极心态就是在面对学习、生活、工作、问题、困难、挫折、挑战和责任时，都会从正面去想、从积极的一面去想、从可能成功的一面去想，并积极采取行动，努力去做。也就是可能性思维、积极思维、肯定思维。

积极心态主要包括以下内容：

执着：对个人、企业和团队目标、价值观有坚定不移的信念；

挑战：能勇敢地挺身而出，积极地迎接变化和新的任务；

热情：对自己的学习、工作及公司的产品、服务、品牌和形象具有强烈的感情和浓厚的兴趣；

奉献：全心全意完成自己的学业、工作或相关事务；

激情：始终对未来充满憧憬和希望，对现在全力以赴地投入；

愉快：乐于接受微笑、乐趣，并分享成功；

爱心：助人为乐，并常怀感恩之心；

自豪：因为自身价值或团队成绩而深感荣耀；

渴望：有强烈的成功欲望；

信赖：相信他人和集体的素质、价值和可靠性。

有积极心态的人会把别人的批评、责骂、建议等，看成是善意的，看成是对自己的"关爱、帮助和造就"，因而会以感恩和学习的心态，虚心听取、思考、分析和反省，从中吸收有利于自己成长进步的营养，促进自己进步。积极心态是一种主动的生活态度，对任何事都有足够的控制能力，反映了一个人的胸襟、魄力。积极心态会感染人，给人以力量。

第五，要有自尊自信的心态。众所周知，自尊自信的心态能使人产生巨大的精神力量，使人勤奋努力，不断地充实完善自己，积极进取，走向成功。美国教育家戴尔·卡耐基在调查了一些名人的经历后指出，一个人事业上成功的因素之中，其中学识水平和专业技术只占15%左右，而良好的心理素质要占85%左右。这很明显地告诉我们这样一个道理："自信是成功的第一秘诀，自信是从事大事业所必须具备的因素。"

自尊自信的人，相信自己有能力做好一些事情，有不服输的精神，做什么事情都想做好。因此，这些人对自己的前途充满信心，对待前进中的困难、挫折有较强的心理承受能力，不会轻易放弃，在困难面前能够奋然前行，有锲而不舍的执着精神。

3. 树立正确的恋爱观

爱情是一个古老而常新的话题，它牵动着无数人的心，大学生对爱情憧憬和向往是很自然的。爱情观是一个人世界观、人生观、价值观在恋爱感情问题上的具体体现，一个正确的爱情观会引导人走向健康、幸福和美好的生活。

1) 大学生恋爱现象的特点

所谓爱情是一对男女基于一定客观物质条件和共同的人生理想，在各自内心形成的相互间最真挚的爱慕，并渴望对方成为自己终身伴侣的最强烈、专一和稳定的感情。

大学生恋爱的普遍性。刚刚离开家难免觉得孤单，低落，需要有一个心理支撑。也许这就需要有个人来关怀和照顾。而且，刚刚告别黑色的高考，多年的应试教育终于可以暂时喘息。恋爱的年龄、恋爱的时间、恋爱的空间、渴望恋爱的人，主观、客观条件都成为大学生恋爱的积极因素。大学生恋爱也就越来越普遍化。

注重恋爱过程，轻视恋爱结果。现在在部分大学中流传着这样一句顺口溜——"不求天长地久，只求曾经拥有。"一些大学生把恋爱也就当作一种体验。借此寻求刺激，满足精神享受，一些学生为了充实课余生活，排除寂寞，填补空虚，把恋爱当作一种消遣文化。这种行为实质只是强调爱的权力，而否认了爱情的责任。

主观学业第一，客观爱情至上。在对待学业与爱情的关系上，大多数大学生认为"学业高于爱情"，这说明绝大多数的大学生能够正确地看待学业与爱情的关系，把学业放在首要位置，但是这只是大学生主观上的愿望而已。教育实践经验表明，真正在客观上、行为上能够正确处理好学业与爱情关系的大学生虽然也有，但为数不多。更多的是一旦坠入情网就不能自拔，强烈的感情冲击一切，学习受到严重影响。很多大学生在不知不觉中变得"儿女情长，英雄气短"，成就事业的热情一天天冷却，爱情逐渐成为生活的唯一追求。

失恋态度宽容，承受能力较弱。大学生中"有情人"虽多，但"成眷属"者少，这样就产生了一批失恋大军，据对北京某高校的学生调查发现，该校学生主张"不成恋人成朋友"的为 49%，发奋学习驱散失恋痛苦的为 36.5%，"找新的对象抚平创伤"的为 10.6%，"报复对方"的为 2.4%，"悲观厌世"的为 1.6%。感情挫折后出现一个时期的心理阴暗期是正常的。对自己和对方都采取宽容的态度，尊重对方的选择，但还有一部分学生摆脱不了"感情危机"，有的失去信心，放弃对爱情的追求，立下誓言，"横眉冷对秋波，俯首甘为光棍"。

2) 剖析当代大学生的恋爱价值观

正确的世界观、价值观能够指导人们正确的行为，爱情观当然也是世界观价值观的一部分。爱情的价值观是爱情之歌的主旋律。恋爱价值观首先表现在如何看待爱情在人生中的位置，即如何对待爱情与学业、爱情与事业的关系上。

重视爱情在人生中的地位和在生活中的价值。据资料显示：在被调查的 262 名同学中 92.6% 的同学表示"有与异性交往的愿望"，而且有 13.5% 的同学表示"交往愿望强烈"，有 37.7% 的同学在大学期间有过恋爱的经历。这组数据强有力地说明了当代大学生已把爱情作为生活中不可缺少的一部分，有着其他生活内容不可替代的地位。

在对待爱情与学业的问题上，力争处理好爱情与学业的关系。精力的有限、学业的繁重和对待爱情的憧憬，使社会、学校乃至学生自己有充分的理由怀疑大学生是否有处理好爱情与学业关系的能力。

现实中确实有把幸福的爱情转化为积极的力量，从而促进学业，净化人格的；同时也存在着因花前月下、卿卿我我而荒废学业、追悔莫及的事实。这就对坠入爱河的大学生们提出了挑战。

3) 树立正确的爱情观——当代大学生恋爱的指南针

不成熟的恋爱心理也会给恋爱带来一些负面影响，许多高校每年都会有因失恋等原因而做出极端行为的同学。所以，树立正确的爱情观已是刻不容缓的事。作为当代大学生，在恋爱中应该注意以下几个问题：

(1) 摆正爱情的位置，是树立正确爱情观的首要问题。正处于学习黄金阶段的大学生应该正确处理爱情与学业、事业、人生的关系，用爱情中的积极因素来鞭策学习，奠基事业，从而奔向美好人生。

(2) 加强责任感和义务感，是树立正确爱情的重要保障。当代大学生具有强烈的爱的欲求，但他们在对爱情与恋爱的认识上道德观念模糊，盲目性很大。很多人情感需要大于理智成分，不重视恋爱的前景和结局，只重视过程中的欢悦，这是缺乏责任感、严肃感的表现。因此，必须从提高自我道德修养水平出发，培养大学生的责任感和义务感，使爱情不断地深化和升华。

(3) 培养自制力和意志力，是树立正确爱情观的重要内容。校园中一些意志薄弱的学生思想盲目性大，在自我发展中没有明确的方向感，分辨是非能力差，很容易为感情挫折所打倒，或因不良外部诱惑而误入歧途。因此，要加强大学生的道德情操和意志力，培养他们自我判断、自我评价、自我监督、自我控制和自我教育的能力，使他们依靠自身的内部力量去克服挫折和抵制外部不良诱因的影响。

(4) 促进大学生正常交往是树立正确爱情观的基本途径。大学生应广泛参加各种形式的健康、有利的社会实践活动，既丰富社会阅历，又使生活充实。同时通过活动可以促进异性之间的交往，并在交往中加深了解，逐步发展感情。

处于恋爱中的同学要用意志控制自己的情感，培养高尚的情趣，自尊自重、相互鼓励。此外还要做到行为端正，举止得体。恋人间的亲昵，一定要掌握分寸，持之有度，要保持大学生良好的精神风貌。

4. 学会自我管理

1) 学会财务管理

大多数在事业上有成就的企业家都对合理理财表示了支持和肯定的态度。"理财"这个字眼一时间成为众人瞩目的话题。然而对没有固定收入，"无财可理"的大学生来说，对"理财"的理解，不能局限在对已经拥有的资产的使用上，而应该包含获得资产的方法。即理财是通过科学而合理的方法来获得财富，并通过对这些财富的正确使用以达到财富的增值。也就是说，大学生理财，既要"开源"，创造收入；也要"节流"，对收入加以恰当地使用。

(1) 适当"开源"，早做实战准备：毫无疑问，大学校园生活正是迈向社会生活的前沿阵地，为了工作后的理财着想，大学生也需要毕业前为自己做好一些投资理财方面的准备。

在做好自己财务规划和人生设计的基础上，大学生可以适当中找一些"开源"的方法，赚一点钱来补贴自己生活和学习的费用。比如奖学金，各个大学都有奖学金制度，这也是最受家长欢迎的"赚钱"方式；做家教、在假期中到企业或公司打工也是被大学生广泛采用的方式，有些大学生也在利用业余的时间做兼职工作，如导游、导购、餐厅服务、市场调查、商品直销，等等。

但"开源"的同时，也要注意以下几点，一是不要太关注当前赚的一些小钱，重要的是学习和经验积累；二是赚了一些钱也不要都花掉，要有适当的积蓄，这样在关键时刻可以用上，或者在有机会的时候有一点本钱；三是由于现在赚钱主要靠出售自己的时间，很难用钱来赚钱(因为现在他们几乎没有什么积蓄)，因此不要过度；四是大学生要根据自己的风险承受能力来适当投资，不要太关注一些投机工具，如炒股、外汇、期货等方式。

(2) 尽量"节流"，学会精打细算。大学生做好财务规划的另一个方面就是要花钱有度，合理消费。

钱要花在刀刃上。很多家庭条件优越的大学生早已不知"柴米"之不易，没有丝毫的节俭意识。家长的资助大多是他们的主要经济来源，家里"源头"的充足让他们的支出更为任意。盲目高额消费，追求名牌，一味攀比是很不好的消费现象。实用加实惠是生活消费中的合理原则。作为学生把钱花在必须花的地方才是理智的选择。吃要营养均衡，穿要耐穿耐看，住要简单实用，行要省钱方便。

有意识地控制自己的消费。有的学生会抱怨：不知道钱是怎么花光的，也不知道该如何控制支出。这个时候学会建立自己的"小账本"是个很好的办法。尝试记账和预算可以很有效地帮助你安排自己的收入和支出，也可以避免糊涂消费。

养成节俭的好习惯。生活中有很多小开支，这里几元，那里几块，看似不起眼，但积少成多就是一个大数目。要学会从小事做起，逐步养成节俭的习惯。勤俭节约似乎是老生常谈的话题，但是这个好的习惯会让我们终身受益。

把握消费时机。需要添置必需衣物的时候要学会稍稍"超前"准备。很多大商场在换季时衣服都会低折扣销售。所谓的新款在刚刚上市的时候往往标出高价，但是在季尾销售时价格会是先前的几分之一。所以避开商家的销售高价期，学会"按时"消费，会给自己节约一笔不小的数目。

2) 学会时间管理

相信很多同学在高中时就已憧憬着美好的大学生活，幻想着那丰富多彩的自由空间，可是一旦进入其中，你将不得不常常在学习与参加校园活动的选择中左右为难。同是"宿舍——教室——食堂"三点一线的格局，为什么有人活的潇洒充实，津津有味，而有的人却疲惫空虚，百无聊赖？这就在于时间的安排是否得当。一个人可以做时间的主人，也可以是时间的奴仆。如果你想在事业上获得成功，那么必须学会安排好自己的时间，让时间得到最有效的利用。

(1) 学会挤时间：对于大学生来说，三年的时间是短暂而宝贵的，要学的东西又太多。因此如何在有限的时间内做更多的事，学会挤时间就是大学生时间规划的第一步。我们无法增加生命的长度，唯有增加生命的密度。

(2) 要对学习和活动给予正确定位：丰富多彩的校园文化活动是专业学习的有力补充，是课堂教学的延伸和扩充，也是锻炼和提升自我能力的重要方式。因而应摒除"象牙塔"中闭门谢客的观念，积极融入到多姿多彩的校园文化氛围中，彰显个性，锻炼自我。同时又要看到学习是学生立身之本，首要之务，万不可因参加活动而将书本知识束之高阁，将"文化先锋"当作逃避学习的借口。否则，就会捡砖弃玉、丢西瓜捡芝麻，甚至顾此失彼，一无所获，到头来追悔莫及。

(3) 要学会劳逸结合，提高效率：不会休息的人也不会生活。人的精力是有限的，已经精疲力竭了，还要继续干下去，效率既低，身体还会受影响。如果把身体搞垮了，还怎么能继续学习呢？

(4) 要有一定的毅力：从心理学上说，毅力属于意志的范畴，作为意志的一种基本品质，毅力也是人们为实现一定目的而去克服困难的心理过程及其行为表现。这里有两点应该明确：第一，毅力是在克服困难的心理过程中表现出来的；第二，克服困难又是为了实现一定的目的。

目前，网络、电视、游戏等诱惑我们的东西很多，社会活动和兼职也会分散我们的精力，如何在这些诱惑和课外活动的夹缝中，保持我们的学习毅力是我们应当重视的事情。学习毅力是指学生自觉地确定学习目标，有意识地控制和调节自己的学习行为，克服困难，以实现预定学习目标的心理过程。顽强的学习毅力不但能促进学生智力的发展，而且有利于培养学生的创新人格和创造能力。

3) 加强人脉建设

处在青年期的大学生，思想活跃，精力充沛，兴趣广泛，人际交往的需要极为强烈。他们力图通过人际交往去认识世界，获得友谊，满足自己物质上和精神上的各种需要。因此，大学生希望被人接受、理解的心情尤为迫切。然而对大学生而言，他们对人际关系的追求往往带有较多的理想化色彩，无论是对同龄朋友，还是对师长，往往是以理想色彩看待交往，希望交往不带任何杂质，同时他们也常常以理想的标准要求对方，一旦发现对方某些不好的品质就深感失望。从个人讲，大学生必须学会如何调节自己，改善人际关系。

5. 培养良好的思维方式

思维方式是人们大脑活动的内在方程式，它对人们的言行起决定性作用。思维方式也是影响一个人职业生涯发展的主要因素之一。年轻的大学生们在对待所接受的信息时，不能教条地相信，而要敢于破除迷信。要敢于对一切理论、观点、概念，包括哪些已成定论的、那些风行于世、那些貌似高深的以及自我积累形成的，都抱着科学的怀疑精神，都要有一股冲破桎梏的锐劲。

1) 培养形成大脑优势兴奋灶的能力

优势兴奋灶是医学上的一个术语，意思是在大脑的某个部位形成了一个兴奋点。当这个兴奋点建立后，不管它接触到什么信息，大脑就会自动把这些信息加工整理成为与这个兴奋点有关的某一专题的有用信息。也就是说，这种优势兴奋灶形成之后，对我们专心致志地做某件事情有极大地帮助。在信息爆炸的时代，优势兴奋灶可以帮助我们甄别信息的真伪，帮助我们提炼有用的信息，提升我们的工作效果和能力，而优势兴奋灶是可以通过有目的的训练形成的。

2) 思维导图法

思路决定出路。大学生的优点首先要体现在他的思维能力上。因此思维模式是大学期间大学生们最应该培养的东西。思维导图法是近些年来比较受关注和推荐的一种思维方法。

思维导图又叫心智图，是由托尼·巴赞(Tony Buzan)创造性提出的。它是一种表达发射性思维的有效的图形工具，也可以说是一种革命性的思维工具。具有简单却又极其有效的特点。

思维导图以放射性思考模式为基础的收放自如方式，除了提供一个正确而快速的学习方法与工具外，运用在创意的联想与收敛、项目企划、问题解决与分析、会议管理等方面，往往产生令人惊喜的效果。它是一种展现个人智力潜能极致的方法，可提升思考技巧，大幅增进记忆力、组织力与创造力。它与传统笔记法和学习法有量子跳跃式的差异，主要是因为它源自脑神经生理的学习互动模式，并且开展人人生而具有的放射性思考能力和多感官学习特性。

思维导图为人类提供一个有效思维图形工具，运用图文并重的技巧，开启人类大脑的无限潜能。思维导图充分运用左右脑的功能，协助人们在科学与艺术、逻辑与想象之间平衡发展。近年来思维导图完整的逻辑架构及全脑思考的方法在世界和中国更被广泛应用在学习及工作方面，大量降低所需耗费的时间以及物质资源，对于每个人或公司绩效的大幅提升，必然产生令人无法忽视的巨大功效。

6. 培养科学的世界观

最重要也是最关键的一点是我们要注重世界观的形成。在弘扬马克思主义的辩证唯物观的同时，推崇我国的传统文化精髓——忠孝礼义信仁耻，在加强法制的同时，我们也强调以德治国。我国正处于社会主义初级阶段，所以我们还要用历史唯物观辩证地看待我国社会与发达资本主义社会存在的差距；同时，对西方的各种理论我们也要学会批判地吸收，不能盲目崇拜。特别是在全球一体化的过程中，要善于识别各种有害的思潮，把自己培养成合格的社会主义建设者。

7. 拥有梦想

梦想实际上就是自己心中潜藏的欲望，逐渐发展成为理想。有了这个理想，你就会想到要去拥有它、实现它、战胜它。比尔·盖茨年幼时想把传说中计算机带入每个人的家中，成为生活的一部分，在当时看来确实是个梦，但结果显而易见不用多说，在计算机领域迅猛发展的今天，比尔·盖茨和微软创造了人类想都不敢想的奇迹。

理想是由梦想发展和成熟而来，梦想是理想最初的雏形。在世界不断发展的同时，在我们的思维日臻成熟和完善时，也就成就了由梦想到理想的蜕变。于是，我们不断付出，不断奋斗，有了这种信念和行动，我们最终能实现理想，那由梦想蜕变而来的理想。

(三) 实践规划

大学生未来职业生涯发展需要具备各方面的素质和能力，特别是实践操作动手能力。实践操作能力强的大学生无疑增加了找工作时的砝码。大学生的动手操作能力来自于在校期间多方面的实践锻炼，尤其是社会活动实践。因此，大学生应该订制大学期间的社会活动规划，有益提升自己的动手操作能力。大学生参加社会活动的形式主要有社团、社会实践和实习。

1. 大学生社团

大学生社团是大学生为了满足心理、文化、生活、社会需要而自发筹备并经学校有关部门批准成立的具有一定目标和活动规范的非社团性质的群众性业余团体组织。大学生社团是大学生培养能力、增长知识、提高素质的一条重要途径。

1) 大学社团的选择

(1) 选择社团的动机。

每逢社团纳新时，大一新生总是对参加社团普遍呈现很大的热情，有人甚至一下子报名参加好几个社团。可过了一年后，很多人退出了社团。由于各种各样的原因，大学生对社团褒贬不一，有的人觉得收获颇多，有的人却一肚子怨气。为何会出现这种"虎头蛇尾"的现象？我们不妨从加入社团的动机来看一下。

有调查表明，59.7%的大学生参加过校内社团，报名动机也很多：为了培养与发展兴趣、锻炼能力、扩大交际圈、心理寄托、打发日子等，并美其名曰"大学入社团，天天有事干"。

大学生参加社团的动机大致可分为社交的需要、尊重的需要和自我实现的需要。当需要得到满足时，他们就会觉得参加社团对自己有帮助；而需要没有得到满足时，他们就会觉得加入社团没有收获，只是白白浪费时间而已。

(2) 以自身兴趣、特长作为选择社团的基础。

社团的种类多种多样，并非所有的都适合自己。选择社团时首先要考虑的应该是自己的特长而且应该是感兴趣的。每个人的兴趣、爱好不同，选择的方向也理当不同。

(3) 理性安排参加社团的时间。

参加了社团活动，势必与学业的精进存在一定的矛盾。那么如何解决这个矛盾，如何在学习工作上双丰收呢，这就涉及合理安排时间的问题。原则上要把握在确保成绩达到良好以上的前提下，让学习成绩因社团工作而受到的影响小于在社团工作中得到的综合素质的提高。这里首先是保证学业有成，这是基础。如果不能毕业，其能力很难弥补这一缺憾。处理好这一关系的关键在于"勤"，时间对于大家来说都是一样的，除了上课，很多人把业余时间浪费在漫无目的的娱乐上，或者是给自己留出过多的休息时间，在大学里"休息"多了，自然就要在走向工作岗位后重新补课。

2) 社会实践

大学生社会实践内容丰富、形式多样，总体上可将其分为研究型、养成型、服务型。

(1) 所谓研究型社会实践是指大学生从学校和社会选择和确定研究课题，主动获取知识、解决问题的学习过程。研究型社会实践强调学生的研究能力，强调社会实践与学校发展定位、专业特色相结合，与课程教学环节相结合，与学生兴趣爱好相结合，在"考察"、"研究"、"创作"等一系列活动中发现和解决问题，提高实践能力和创新能力。研究型社会实践一般包括教学实践、专业实习、科技服务(创新创业)等。

(2) 养成型社会实践是指有利于培育大学生整体素质，发挥教化功能的一类社会实践。养成型社会实践在内容上强调与思想政治教育相结合，与大学生基础文明教育相结合，与学生自立自强意识培养相结合，与提高学生整体能力素质相结合，旨在提高学生的政治理论素养、提高学生的基础文明和自立自强的意识。这类社会实践形式主要有军政训练、勤工助学、生产劳动等。

(3) 服务型社会实践是指高校学生立足于地方经济建设和社会发展，以服务求支援，以贡献求发展，为区域发展贡献力量的一类实践活动。它主要包括暑期"三下乡"、志愿服务和社会调查等形式。

3) 实习

大学生实习是大学生社会实践的一个重要环节，主要包括生产实习和毕业实习。实习期间，学生接触生产实际，经过现场观察、调查研究、实际操作，把所学的知识运用到实践中去，能使学生在实践中加速业务上的成熟，缩短学校教育和社会要求的距离，增强竞争力和适应能力。实习还可能成为毕业后的主要就业方向。除了可以在实习单位就业之外，也给自己在相关单位求职提供便利。

二、制订职业生涯规划的方法及原则

(一) 职业生涯发展目标的选择方法

1. 择己所爱

从事一项你所喜欢的工作，工作本身就能给你一种满足感，你的职业生涯也会从此变得妙趣横生。兴趣是最好的老师，是成功之母。调查表明：兴趣与成功几率有着明显的正相关性。在设计自己的职业生涯时，务必注意考虑自己的特点，珍惜自己的兴趣，择己所爱，选择自己喜欢的职业。

2. 择己所长

任何职业都要求从业者掌握一定的技能，具备一定的能力条件。而一个人一生中不能将所有技能都全部掌握。所以你必须在进行职业选择时择己所长，从而有利于发挥自己的优势。运用比较优势原理充分分析别人与自己，尽量选择冲突较少的优势行业。

3. 择世所需

社会的需求不断演化着，旧的需求不断消失，新的需求不断产生，新的职业也不断产生。所以在设计你自己的职业生涯时，一定要分析社会需求，择世所需。最重要的是目光要长远，能够准确预测未来行业或者职业发展方向，再做出选择。不仅仅是有社会需求，并且这个需求要长久。

4. 择己所利

职业是个人谋生的手段，其目的在于追求个人幸福。所以你在择业时，首先要考虑的是自己的预期收益——个人幸福最大化。明智的选择是在由收入、社会地位、成就感和工作付出等变量组成的函数中找出一个最大值。这就是选择职业生涯中的收益最大化原则。

(二) 制订职业生涯发展目标的原则

1. 清晰性原则

考虑目标、措施是否清晰、明确？实现目标的步骤是否务实有效？有人在确立目标时，把目标搞得模糊不清，这样做的后果是：当发现问题时已经无法补救了。目标模糊，行动起来就有很大的盲目性，就有可能浪费时间和耽误前程。

2. 挑战性原则

目标或措施是否具有挑战性，还是仅保持其原来状况而已？目标要有足够的难度，只有全心全力地拼搏奋斗，这个目标才会实现，这样的目标才是合理的。

3. 适应性原则

目标或措施是否有弹性或缓冲性？是否能依循环境的变化而作出调整？

4. 一致性原则

主要目标与分目标是否一致？目标与措施是否一致？个人目标与组织发展目标是否一致？

5. 激励性原则

目标是否符合自己的性格、兴趣和特长？是否能对自己产生内在的激励作用？

6. 合作性原则

个人的目标与组织的目标是否具有合作性与协调性？

7. 全程原则

拟定职业生涯规划时必须考虑到生涯发展的整个历程，作全程的考虑。

项目二　拟定个人职业生涯路线

法国著名军事家拿破仑有句名言，非常明了地概括了凡事抓落实的重要性，这就是："想得好是聪明，计划得好更聪明，做得好最聪明。"做，即是行动。"立即行动"是一个成功者必须具备的基本素质。唯有行动才能决定你的价值。行动可以让你的梦想和目标从思想领域步入现实。不论是朝向自己心中的圣地，还是那使命的征途，抑或那平凡的不朽，这一切都需要我们现在就迈出行动的步伐，一步一步踏踏实实地走下去。

再伟大的目标，不去执行也是徒有虚名。大学生生涯目标规划制订好之后，下一步的关键是根据这一规划制订配套的实施方案，并依据实施方案来行动，如果说目标是结果，那么实施方案就是过程，是根据目标所制订的为了达到目标必须采取的行动措施。

一、大学生职业生涯规划的阶段性

应该怎样规划大学生活才能达到读大学的预期目的呢？我们认为还是要分新生期、低年级、高年级三个阶段，一步步地规划，一步步地成长，避免茫然和苦闷伴随我们的大学生生活。这里我们根据各个阶段的规划重点给出一些参考内容，具体规划要由同学们根据自身的特点，结合我们前面介绍的规划方法做出合理的规划。

（一）新生期大学生职业生涯规划

大学生要尽快适应大学生的生活和学习，要完成未成年人向成年人的角色转换；完成由依赖到独立生活的转换；完成被动学习到主动学习的转变。重点是加强专业学习、成长、实践的规划。

1. 新生期大学生学业规划

大学新生在经历严酷的高考之后，如愿迈入大学的门槛。然而，大学生活不是高中生活的简单延续。面对大学这一新环境，大一新生需要调整心态，顺利实现角色转换，达成与新环境的平衡。

新生期大学生学业规划的主要内容就是尽快适应大学学习方式的转变。大学的学习方式是自主性学习，从学习时间、教授方法、作息时间等都需要个人有高度的自制力，需要自己去上课、去图书馆查资料、讨论等，这与中学时期不一样。因此，新生要尽快适应大学的学习方式，尽早步入学习的正轨。

2. 新生期大学生成长规划

(1) 通过军训，摆脱依赖，学会独立生活，结识新友，学会自己管理自己；

(2) 熟悉校园：熟悉寝室、教室、实验室、机房、图书馆、运动场、食堂、超市、报告厅等环境；

(3) 熟悉班友、室友：与室友、班友结成好伙伴；

(4) 自主生活规划：能按时起床，不迟到不早退；能自己洗衣，不乱丢垃圾；能按时作息；能保证饮食、睡眠正常；能坚持每天锻炼，保证身体良好。初步适应大学生活；

(5) 结识几个老乡或学长：在本校和本市其他外校寻找几个老乡或学长。

(二) 低年级大学生职业生涯规划

低年级大学生的生涯规划则应重点做好学业、成长和实践规划，使自己在德智体各方面全面发展。同时，对所学专业、所学专业与行业的关系、本专业可以就业的职业及其准入标准等进行了解，为职业生涯发展做好能力和技能准备。

1. 低年级大学生学业规划

在低年级(主要指大一新生期后和大二)，我们的学业规划以通识能力及专业基础课学习为主。

1) 大一学业规划

大一学习任务不重，多为基础课程或人文、通识课程。因此作为大一学生，要尽量把更多时间放到图书馆去博览群书，充实自己。更多地去思考，更多地去成长，拉长生命的宽度。要尽早把外语、计算机、生涯规划等方法类课程上好，熟练掌握这些方法后，对自己的生涯发展极有帮助。学习之余，要了解本专业的就业情况，给自己增加一些忧患意识，早做准备。跑在理想的前面，把握自己的命运。

这一阶段大学生的主要学习任务是：

(1) 了解专业课程学习的教学培养计划和目标，明确学习方向；

(2) 了解大学阶段学习方式和途径，充分利用学校学习资源；

(3) 树立以学习为主的中心观念，努力学好专业基础知识；

(4) 初步了解所学专业就业、升本情况，初步探索与专业关联度较高的职业发展情况。

2) 大学二年级上学期的学业规划

大学二年级上学期处于大学职业生涯中的定向期。这一阶段，角色转换已经顺利完成，对大学生活也已经基本适应，因此这一阶段的学业规划重在学好所学专业的专业基础课程，并结合本专业所对应行业的要求，多了解相关专业人士、企业、学者，浏览相关杂志和网站。完成相关专业知识的储备，提高综合素质，初步明确大学毕业后的基本去向，尽量明确自己的职业生涯发展方向，这一阶段主要学习任务是：

(1) 继续深入学好专业知识；

(2) 争取通过全国大学生英语考试和计算机等级考试，熟练操作计算机；

(3) 向老师、学长虚心请教，请他们给自己的学业规划提出宝贵意见；

(4) 充分利用图书馆、电子阅览室、学术报告会等形式进行知识积累，丰富知识结构；

(5) 积极参加学术科技竞赛活动，提升自己专业研究水平；

(6) 加强了解与自己职业方向相关的情况，通过与专业相关的杂志、网站等媒体了解更多专业知识，选修相关课程，增加知识积累。

科学合理的知识结构是从事现代社会职业的必要条件，是综合素质、能力培养和人才成长的基础，所以大学生在校期间一定要形成科学合理的知识结构。尤其是对于理工科大学生而言，建立合理的知识结构必须要做到"专博共济"，形成自己鲜明的就业核心竞争力。

3) 大学二年级下学期的学业规划

大学二年级下学期进入到大学生涯规划的分化期，这一时期的学业规划重点要确立未来职业目标，完善提高各项实践能力。

继续深入学习本专业的专业知识；撰写专业文章；熟悉自己的专业领域；在具备必备的基础理论和专门知识的基础上，重点掌握从事本专业领域实际工作的基本能力和基本技能。

2. 低年级大学生成长规划

低年级大学生成长规划的主要内容包括养成良好的生活习惯、培养健康的兴趣和良好的心态、树立正确的恋爱观、学会自我管理、养成良好的思维方式、培养科学的世界观、拥有梦想。

3. 低年级大学生实践规划

低年级大学生社会实践规划以选择社团进行活动为主，也有部分学生自大一开始就兼职或创业。

大学生社团与大学生素质拓展活动有着十分密切的关系。大学生社团是大学生素质拓展的重要载体和主要阵地，社团活动是大学生素质拓展计划的重要内容，社团发展与素质拓展密切相关。在大学生素质拓展计划中，社团活动被列为其中一项重要内容。通过考察高校大学生素质拓展计划实施的具体情况可以发现，凡是社团活动比较活跃的高校，大学生素质拓展计划实施的成效就比较突出，大学生素质的整体状况也比较好。因此，从大学生素质拓展的大背景着眼，对大学生社团的性质、特点、机制等加以分析，从而加深对大学生社团在素质拓展中的作用和地位的认识，将有效促进大学生社团的健康发展。

(三) 高年级大学生职业生涯规划

高年级大学生的生涯规划则应按照行业、职业的用人标准，做好就业或毕业后去向的充分准备为主。也就是说，应以毕业后的去向作为规划目标。

高年级大学生的规划一般是大学三年级的规划，部分同学也可能提前到大二下学期。

1. 大学三年级学业规划

大学生在经历二年的学习和锻炼之后，不仅掌握扎实的专业知识和技能，而且在组织协调能力、语言文字表达能力、分析解决问题能力等各方面有了质的飞跃。在大学即将结束的后阶段，大三学生的学业规划需要做好以下几方面的工作：

(1) 职业素养提升规划(包含职业技能、职业道德、思想和行为方面)：①在加强专业知识学习的同时，考取与目标职业相关的职业资格证书；② 参加相关的职业培训，提升有针对性的职业能力；③ 参加和专业有关的暑假工作，和同学交流求职工作心得体会；④根据自己的发展规划，完成考专升本、出国、创业需要的相关准备，如语言能力证明等；⑤ 学习写简历、求职信；⑥ 了解、搜集工作信息的渠道，并积极尝试；⑦ 加强职业道德理论的学习，提升思想道德修养；⑧ 学会自觉自省，通过学习，善于认识自己、客观地看待自己，规范自己的行为举止。

(2) 完成学业。主要指完成毕业论文，顺利实现毕业。大三的学生要准备毕业论文。

(3) 根据毕业去向做好相关知识的准备。① 选择就业的同学要制作简历、撰写求职信，学习求职技巧，了解面试求职技巧和流程，进行面试预演；② 选择考专升本的同学要做好参加考试的相关知识准备；③ 选择创业的同学要了解学习相关就业创业知识、政策；④ 选择出国同学要学习了解出国相关知识、政策以及各个国家和学校的最新留学政策。

大学三年级的结束意味着大学生活的结束和职业生涯的正式开始。因此，这一时期学业规划的任务围绕顺利毕业(毕业论文、毕业答辩、毕业考试)、实现大学生涯阶段目标来开展，或者成功就业，或者成功考取本科，或者顺利出国，或者开始创业并做最后准备等。

2. 高年级大学生成长规划

高年级的成长规划是在低年级成长规划的基础上进一步学会时间管理和财务管理，扩大人际交往圈，学会专注性思维，学会辩证地看社会，更加慎重地选择恋爱对象，努力实现从学生到社会人的转变和从学生到职业人的转变。

3. 高年级大学生的实践规划

高年级社会实践规划以参加实习、见习为主。

大学生社会实践活动是解决理论脱离实际、知识远离生活等问题的有效途径，它可以帮助大学生实现理论和实践的结合，可以提高高校人才培养与社会实际需求的契合度，努力培养适应时代需求的高素质创新型人才。因此，大学生通过参加社会实践活动，拥有体验的机会，是主动、自主获取知识的过程，而不是有权威从外部来灌输知识的过程。

高年级学生实践内容应该包含：参加大型专业性全国大会的活动，在相关企业参与实习的社会经历，准备简历和求职信的经历，参加过几场社会招聘会等。

二、职业生涯路线的选择

大学生在选择职业路线时，首先要对职业生涯要素进行系统的分析。可以考虑以下四个方面的问题。

(一) 希望向哪条路线发展？

主要是根据个人的爱好兴趣、价值观、性格、理想和成就动机等主观因素，计划出自己希望朝哪条路线发展，例如是向专业技术方向发展，还是向行政管理方向发展，以便确定自己的目标取向。

(二) 适合往哪条路线发展？

指的是分析个人适合向哪一条路线发展，主要考虑自己的性格、经历、特长、学历、家庭影响、经济环境等一些客观条件对职业路线选择的影响．以确定自己的能力取向。

(三) 能够找哪条路线发展?

个人能够向哪一条路线发展，主要考虑自身所处的社会环境、经济文化环境、政治环境和组织环境等，决定自己的机会取向。

(四) 哪条路线可以取得发展?

选择自己希望和适合的发展路线后，进一步综合分析各方面的因素，判断自己的这条职业目标的实现路线是否可以取得发展。

三、挑选最佳路线

通过系统地分析自身因素和环境因素，权衡利弊，挑选出能最佳实现自己目标的线路。每个人的基础素质不同，适合的职业生涯发展路线也就不一样，有的人适合搞研究，能够在专攻领域求得突破；有的人适合做管理，可以成为一名优秀的管理人员。基本上有 3 种职业生涯发展路线可供我们选择，即专业技术型发展路线、行政管理型发展路线和自我创业发展路线。

(一) 专业技术型发展路线

专业技术型发展路线是指工程、财会、销售、生产、法律等职能性专业方向。共同特点是：都要求有一定的专门技术性知识与能力，并需要有较好的分析能力，这些技能必须经过长期的培训与锻炼才能具备。如果你对专业技术内容及其活动本身感兴趣并追求这方面的提高和成就，喜欢独立思考，而不喜欢从事管理活动，专业技术型发展路线是你最好的选择。相应的发展阶梯是技术职称的晋升及技术性成就的认可，奖励等级的提高及物质待遇的改善。如果你虽然在开始时选择了专业技术方向，但仍然对管理有兴趣，并且希望在管理领域做出一番事业，也完全可以跨越发展。一开始从事某种技术性专业，不断积累充实自己的专业知识，打下坚实的技术基础。然后，在适当的时候，转向专业技术部门的管理职位。事实上，现代社会中的很多地方都有这样的客观要求。

(二) 行政管理型发展路线

如果你很喜欢与人打交道，处理起人际关系问题总是感到得心应手，并且由衷地热爱管理，考虑问题比较理智，善于从宏观角度思考，并善于影响、控制他人，追求权力，那么行政管理型发展路线就是最恰当的选择。把管理这个职业本身视为自己的目标。相应的发展阶梯一般是从基层职能部门开始，然后向中级部门、高级部门，逐步提升，管理的权限越来越大，承担的责任也就越来越大。前提条件是你的才能与业绩不断积累提高，达到了相应层次职位的要求。行政管理型发展路线对个人素质、人际关系技巧的要求很高。那些既有思维能力又善于处理人际关系的人，总是能够成为部门的主管干部，甚至做到组织分管技术工作的副总经理、总监、副院长、副厂长等高层职位；而那些虽然善于处理人际关系，却欠缺思维分析能力，以及感情耐受力差的人，却只能停留在低层领导岗位上。可见，不断学习并进行自我提高是非常重要的。

(三) 自我创业型发展路线

现在，有很多人选择了自我创业的道路。创业自有快乐，但创业途中的艰难不是常人能够想象的。客观上，要有良好的机会和适宜的土壤，主观上创业人不仅要有强烈的创造与成就愿望，而且心理素质要好，能够承担风险，善于发现新领域、新产品、新思维。

四、施恩的职业锚理论

职业锚理论产生于在职业生涯规划领域具有"教父"级地位的美国麻省理工大学斯隆商学院、美国著名的职业指导专家埃德加·H·施恩(Edgar.H.Schein)教授领导的专门研究小组。斯隆管理学院的 44 名 MBA 毕业生自愿形成一个小组，接受施恩教授长达 12 年的职业生涯研究，包括面谈、跟踪调查、公司调查、人才测评、问卷等多种方式，最终在此试验的基础上，分析总结出了职业锚(又称职业定位)理论。

(一) 职业锚的概念

所谓职业锚，又称职业系留点。锚，是使船只停泊定位用的铁制器具。职业锚，实际就是人们选择和发展自己的职业时所围绕的中心，是指当一个人不得不做出选择的时候，他无论如何都不会放弃的职业中的那种至关重要的东西或价值观。

职业锚，也是自我意向的一个习得部分。个人进入早期工作情境后，由习得的实际工作经验所决定，与在经验中自省的动机、价值观、才干相符合，达到自我满足和补偿的一种稳定的职业定位。职业锚强调个人能力、动机和价值观三方面的相互作用与整合。职业锚是个人同工作环境互动作用的产物，在实际工作中是不断调整的。

了解职业锚的概念，要注意几个方面：

(1) 职业锚以员工习得的工作经验为基础。职业锚发生于早期职业阶段，新员工已经工作若干年，习得工作经验后，方能够选定自己稳定的长期贡献区。个人在面临各种各样的实际工作生活情境之前，不可能真切地了解自己的能力、动机和价值观以及在多大程度上适应可行的职业选择。因此，新员工的工作经验产生、演变和发展了职业锚。换句话说。职业锚在某种程度上由员工实际工作所决定，而不只是取决于潜在的才干和动机。

(2) 职业锚不是员工根据各种测试展示出来的能力、才干或者作业动机、价值观，而是在工作实践中，依据自省和已被证明的才干、动机、需要和价值观，现实地选择和准确地进行职业定位。

(3) 职业锚是员工自我发展过程中的动机、需要、价值观、能力相互作用和逐步整合的结果。

(4) 员工个人及其职业不是固定不变的。职业锚，是个人稳定的职业贡献区和成长区。但是，这并不是意味着个人将停止变化和发展。员工以职业锚为其稳定源，可以获得该职业工作的进一步发展，以及个人社会生命周期和家庭生命周期的成长、变化。

此外，职业锚本身也可能变化，员工在职业生涯的中、后期可能会根据变化了的情况，重新选定自己的职业锚。

(二) 职业锚的类型

1978 年，施恩教授提出的职业锚理论包括五种类型：自主型职业锚、创业型职业锚、管理能力型职业锚、技术职能型职业锚、安全型职业锚。随后学者专家们逐渐发现了职业锚的研究价值，越来越多的人于是加入了研究的行列。上世纪 90 年代，又发现了三种类型的职业锚：安全稳定型，生活型，服务型职业锚。见表 4-2-1。

表 4-2-1　施恩的职业锚类型及特征

类　型	特　征
技术/职能型职业锚	对某一特定工作有专长或强烈兴趣，注重工作专业化
管理型职业锚	分析能力、人际关系和组织能力超人，善于客观处理
创造型职业锚	对某一特定工作有专长或强烈兴趣，注重工作专业化
安全/稳定型职业锚	注重职业的安全和稳定，喜好可预测的未来
独立/自主型职业锚	喜好以自我的方式、节奏和标准做事
挑战型职业锚	有征服人和事的意愿，乐意克服非同寻常的困难
服务型职业锚	希望以某种方式改善周围环境，选择帮助别人
生活型职业锚	强调工作必须和整体生活相结合

1．技术/职能型(Technical Functional competence)

技术/职能型的人，追求在技术/职能领域的成长和技能的不断提高，以及应用这种技术/职能的机会。他们对自己的认可来自他们的专业水平，他们喜欢面对来自专业领域的挑战。他们大多不喜欢从事一般的管理工作，因为这将意味着他们放弃在技术/职能领域的成就。属于这一类型的人在进行职业选择时，主要注意的是工作的实际技术或职能内容。他们总是围绕着技术能力或业务能力的特定领域安排自己的职业，根据能最大限度地在特定领域保持挑战机会的标准进行工作流动。这些特定领域包括工程技术、财务分析、营销策划和系统分析等。虽然在其技术能力领域也会接受管理职责，但他们对管理职业并不感兴趣。例如，一个技术或功能型职业锚的财务分析员，希望在发挥自己财务会计专长的领域中谋求发展，其最高目标是公司的财务副总裁，而不会在任何其他职能领域中涉足。在许多工作岗位上都会有倾向技术或功能型职业锚的人，如咨询公司的项目经理、工厂的技术副厂长、企业中的研究开发人员、统计人员和会计人员等。

2．管理型(General Managerial Competence)

管理型的人追求并致力于工作晋升，倾心于全面管理，独自负责一个部分，可以跨部门整合其他人的努力成果，他们想去承担整个部分的责任，并将公司的成功与否看成自己的工作。管理型职业锚的人把管理本身作为职业目标，而具体的技术工作或职能工作仅仅被看做是通向更高的管理层道路上的必经阶段。

他们认识到在一个或多个职能领域展现能力的必要性，但却没有一个职能领域能让他们久留。职业经验告诉他们应具有升任组织高层领导所需的知识和技能，并能够把以下三种最基本的能力加以科学组合，即分析能力、人际沟通能力和情感能力。管理型职业锚的主要职业领域是政府机构、企事业组织的主要负责人，如：市长、局长、校长、厂长和总经理等。

3. 自主/独立型(Autonomy Independence)

自主/独立型的人希望随心所欲安排自己的工作方式、工作习惯和生活方式。追求能施展个人能力的工作环境，最大限度地摆脱组织的限制和制约。他们愿意放弃提升或工作扩展机会，也不愿意放弃自由与独立。属于自主与独立型职业锚的人追求一种能最大限度地摆脱组织约束，施展自己职业能力的工作情景。

他们认为，组织生活是受限制的、非理性的、侵犯个人自由的。这种类型的人很少体验到错过提升机会的冲突，很少会感到失败或缺少更大抱负的愧疚，仿佛拜托组织控制是最大的快乐。他们的主要需求是随心所欲地制订自己的步调、时间表、生活方式和工作习惯。自主与独立型职业锚的主要职业范畴是学者、科研人员、职业作家、个体咨询人员、手工业者和个体工商户等。

4. 安全/稳定型(Security Stability)

安全/稳定型的人追求工作中的安全与稳定感。他们可以预测将来的成功从而感到放松。他们关心财务安全，例如：退休金和退休计划。稳定感包括诚信、忠诚以及完成老板交代的工作。尽管有时他们可以达到一个高的职位，但他们并不关心具体的职位和具体的工作内容。安全型职业锚的人倾向于根据组织对他们提出的要求行事，力图寻求一种稳定的职业、稳定可观的收入和稳定的事业前途。

不论他们个人有什么样的理想和抱负，当个人目标和组织目标发生矛盾时，他们都会选择服从组织目标。要求高度的感情安全，也限制了他们沿着等级制度向更高层次的晋升。

现实中存在两种类型的安全取向：一种人的安全源来自组织中稳定的成员资格，如在政府部门或大公司工作；另一种人的安全源是以地区为基础，注重家庭稳定和自己融入社团的感情，如有的人尽管流动了几次，最后还是选择在自己的家乡就业。

5. 创造型(Entrepreneurial Creativity)

创造型的人希望使用自己能力去创建属于自己的公司或创建完全属于自己的产品(或服务)，而且愿意去冒风险，并克服面临的障碍。他们想向世界证明公司是他们靠自己的努力创建的。他们可能正在别人的公司工作，但同时他们在学习并评估将来的机会。一旦他们感觉时机到了，他们便会自己走出去创建自己的事业。创造型职业锚的人时时追求建立或创造完全属于自己的成就。他们要求拥有自主权、管理能力和施展自己才华的特殊能力，创造是他们自我发展的核心。他们敢于冒险，个人的强烈需要是能够感受到所发生的一切都是与自己的创造成果联系在一起的。比如，成功的企业家在创建新公司时，表现出非凡的创造性才干，而一旦建成，他们就会厌倦或不适应正规的工作而退出领导层，自愿或不自愿地让位于总经理。创造型职业锚的主要职业领域是发明家、冒险性投资者、产品开发人员和企业家等。

6. 服务型(Service Dedication to a Cause)

服务型的人一直追求他们认可的核心价值，例如：帮助他人，改善人们的安全，通过新的产品消除疾病。他们一直追寻这种机会，这意味着即使变换公司，他们也不会接受不允许他们实现这种价值的工作变换或工作提升。

7．挑战型(Pure Challenge)

挑战型的人喜欢解决看上去无法解决的问题，战胜强硬的对手，克服无法克服的困难障碍等。对他们而言，参加工作或职业的原因是工作允许他们去战胜各种不可能。新奇、变化和困难是他们的终极目标。如果事情非常容易，他们马上变得非常厌烦。

8．生活型(Life Stvle)

生活型的人喜欢允许他们平衡并结合个人的需要、家庭的需要和职业的需要的工作环境。他们希望将生活的各个主要方面整合为一个整体。正因为如此，他们需要一个能够提供足够的弹性让他们实现这一目标的职业环境，甚至可以牺牲他们职业的一些方面，如：提升带来的职业转换。他们将成功定义得比职业成功更广泛。他们认为自己如何去生活，在哪里居住，如何处理家庭事务，及在组织中的发展路线是与众不同的。

(三) 职业锚对择业的影响

有很多人也许一直都不知道自己的职业锚是什么，当他们处于不得不做出某种重大选择时，如是否弃官从商等，一个人过去的所有工作经历、兴趣、资历、职业取向等才会集合成一个富有意义的职业锚，这个职业锚会揭示到底什么东西才是决定其职业取向的关键因素。对于大学生来说，职业锚理论在职业生涯规划和就业选择过程中也有非常积极的作用。

1．帮助认识自我

认识自我的方法有很多，比如职业测试等。寻找并确定职业锚，实际上也是个人自我真正认知的过程——认识自己具有什么样的能力、才干，自己最需要的是什么，职业价值观是什么，通过不断的反省和整合达到自己职业生涯的最佳状态。

2．确定职业目标

大学生在进行职业生涯规划时，可以通过分析自己的职业锚，确定自己的职业方向，对自己今后的职业发展路线进行有针对性的设计和准备，并通过参加相应的培训、学习、实践，为职业生涯的成功奠定基础。

3．选择毕业方向

大学生完成学业临近毕业时，会面临很多种选择：继续深造或直接就业？是在外资企业还是国有大企业？是先求立足再求发展还是先赚钱还债其余免谈……运用职业锚的理论和观点，我们能够逐步明确自己最想、最希望得到的东西，从而确定自己近一段时期内的奋斗中心。

(四) 职业锚的作用

当一个人确定了自己的职业锚之后，他的职业生涯将转变为事业生涯，这就是职业锚的作用。找到职业锚是一个人从事的是职业还是事业的分水岭，是职业生涯转换为事业生涯的里程碑。当一个人确定了自己的职业目标后，就不在乎自己的职务目标了，因为这时候他最关心的是自己的职业，当一个人确定了自己的事业目标后，就不在乎自己的职业目标了，因为不管从事什么职业，都是为那个事业服务。

　　有人说："事业是伟人做的事情，我们这些平民百姓谈得上做事业吗？"所谓的伟人，是指那些从事了伟大事业的代表人物，伟人也不是从一开始就找到他的职业锚的。比如说孙中山，他的第一个职业是医生，但是他后来发现中国的问题不是民众身体疾病的问题，而是腐朽没落的封建统治的问题。于是他弃医从政，把推翻封建王朝，建立一个民主的中国当做他的事业来做，他找到了他的职业锚。鲁迅原来也是学医的，他看了一部电影，电影中的日本人在残害中国人，很多中国人在旁边观看，却麻木不仁，没有反应。他从而同样觉醒到中国的问题不是民众身体疾病的问题，这个"东亚病夫"的称号已不仅仅是身体上的疾病，而是很多中国人在灵魂上麻木了。于是鲁迅决定弃医从文，用犀利的笔锋去唤醒中国民众。毛泽东的第一个职业志向是做工程师，但后来阴差阳错，他没有从事这个职业。毛泽东还当过兵、当过教师、当过图书馆的管理员，他也是经过几个职业变化后才成为一个伟大的政治家，才最后选定了他的职业锚。虽然那个年代，没有"职业锚"这个词，但是这些伟人都找到了自己的最佳的职业定位。他们在职业生涯初期也是普通百姓，后来因为他们从事了一项伟大的事业，成为这个伟大事业从业人员的代表者，后人把他们称作伟人。如果你能够献身于一个伟大的事业，你也可能步入伟人的行列。

　　人一生努力地在职业生涯中千辛万苦地奋斗，为的是什么？开始的时候，是为自己、为家人、为朋友。随着他探求自己的职业锚，一个人关于职业生涯的思想觉悟有可能会提高，使自己努力奋斗的事情不仅仅是为自己、为家人，为朋友还要为企业，进而为民族、为国家、为社会。

　　通过对职业锚的描述，你可以判断自己是否达到职业成功的标准。

(五) 职业锚的应用

1. 职业锚的应用意义

　　日本丰田公司在运用员工的"职业锚"方面给了我们有益的借鉴。丰田采取 5 年调换一次工作的方式对各级管理人员进行重点培养。每年 1 月 1 日进行组织变更，一般以本单位相关部门为调换目标，调换幅度在 5% 左右。短期来看，转岗需要有熟悉操作的适应过程，可能导致生产效率的降低，但对企业长久发展来看则是利大于弊。因为采用岗位一线工人工作轮调换方式来培养和训练多功能作业员，这样既提高了工人的全面操作能力，又使一些生产骨干的经验得以传授。员工还能在此过程中发现了自己的优势在哪里，从而进行准确定位，找到真正适合自己的岗位。一旦员工确立了自己的职业锚，工作起来将会更具积极性和主动性，效率将会有很大提高。并且，经常的有序换岗给员工带来适度压力并促使员工不断学习的同时能使企业始终保持一种生机勃勃的氛围。

　　个人在进行职业规划和定位时，可以运用职业锚思考自己具有的能力，确定自己的发展方向，审视自己的价值观是否与当前的工作相匹配。只有个人的定位和要从事的职业相匹配，才能在工作中发挥自己的长处，实现自己的价值。尝试各种具有挑战性的工作，在不同的专业和领域中进行工作轮换，对自己的资质、能力、偏好进行客观地评价，是使个人的职业锚具体化的有效途径。

　　对于企业而言，通过雇员在不同的工作岗位之间的轮换，了解雇员的职业兴趣爱好、技能和价值观，将他们放到最合适的职业轨道上去，可以实现企业和个人发展的双赢。

2. 职业锚测评

职业锚测评是通过对你过去行为的分析和未来目标的探索，帮你认清一个你没有深入探索和认真体会的清晰、真实的自我，从而帮助你在面临职业选择时，做出与自己价值观、内心真实自我相匹配的职业决策。

测试题

说明：下面有40个关于职业的描述，请为每题选择一个代表你真实想法的分数。除非你非常明确，否则不需要做出极端的选择，例如：1或6。

选"1"代表这种描述完全不符合你的想法；

选"2"或"3"代表你偶尔(或者有时)这么想；

选"4"或"5"代表你经常(或者频繁)这么想；

选"6"代表这种描述完全符合你的日常想法。

1. 我希望做我擅长的工作，这样我的内行建议可以不断被采纳。

2. 当我整合并管理其他人的工作时，我非常有成就感。

3. 我希望我的工作能让我用自己的方式，按自己的计划去开展。

4. 对我而言，安定与稳定比自由和自主更重要。

5. 我一直在寻找可以让我创立自己事业(公司)的创意(点子)。

6. 我认为只有对社会做出真正贡献的职业才算是成功的职业。

7. 在工作中，我希望去解决那些有挑战性的问题，并能胜出。

8. 我宁愿离开公司，也不愿从事需要个人和家庭做出一定牺牲的工作。

9. 将我的技术和专业水平发展到一个更具有竞争力的层次是成功职业的必要条件。

10. 我希望能够管理一个大的公司(组织)，我的决策将会影响许多人。

11. 如果职业允许自由地决定自己的工作内容、计划、过程时，我会非常满意。

12. 如果工作的结果使我丧失了自己在组织中的安全稳定感，我宁愿离开这个工作岗。

13. 对我而言，创办自己的公司比在其他的公司中争取一个高的管理位置更有意义。

14. 我的职业满足来自于我可以用自己的才能去为他人提供服务。

15. 我认为职业的成就感来自于克服自己面临的非常有挑战性的困难。

16. 我希望我的职业能够兼顾个人、家庭和工作的需要。

17. 对我而言，在我喜欢的专业领域内做资深专家比总经理更具有吸引力。

18. 只有在我成为公司的总经理后，我才认为我的职业人生是成功的。

19. 成功的职业应该允许我有完全的自主与自由。

20. 我愿意在能给我安全感、稳定感的公司中工作。

21. 当通过自己的努力或想法完成工作时，我的工作成就感最强。

22. 对我而言，利用自己的才能使这个世界变得更适合生活或居住，比争取一个高的管理职位更重要。

23. 当我解决了看上去不可能解决的问题，或者在必输无疑的竞赛中胜出，我会非常有成就感。

24. 我认为只有很好地平衡个人、家庭、职业三者的关系，生活才能算是成功的。

25. 我宁愿离开公司，也不愿频繁接受那些不属于我专业领域的工作。

26. 对我而言，做一个全面管理者比在我喜欢的专业领域内做资深专家更有吸引力。

27．对我而言，用我自己的方式不受约束地完成工作，比安全、稳定更加重要。

28．只有当我的收入和工作有保障时，我才会对工作感到满意。

29．在我的职业生涯中，如果我能成功地创造或实现完全属于自己的产品或点子，我会感到非常成功。

30．我希望从事对人类和社会真正有贡献的工作。

31．我希望工作中有很多的机会，可以不断挑战我解决问题的能力(或竞争力)。

32．能很好地平衡个人生活与工作，比达到一个高的管理职位更重要。

33．如果在工作中能经常用到我特别的技巧和才能，我会感到特别满意。

34．我宁愿离开公司．也不愿意接受让我离开全面管理的工作。

35．我宁愿离开公司，也不愿意接受约束我自由和自主控制权的工作。

36．我希望有一份让我有安全感和稳定感的工作。

37．我梦想着创建属于自己的事业。

38．如果工作限制了我为他人提供帮助或服务，我宁愿离开公司。

39．去解决那些几乎无法解决的难题，比获得一个高的管理职位更有意义。

40．我一直在寻找一份能把个人与家庭之间冲突最小化的工作。

测试说明

现在重新看一下你给分较高的描述，从中挑出与你日常想法最为吻合的三个，在原来评分的基础上，将这三个题目得分再各加上 4 分(例如：原来得分为 5 分，则调整后的得分为 9 分)。然后就可以开始评分。

将按照"列"进行分数累加得到一个总分，将每列的总分除以五得到的平均分，填入表格，见表 4-2-2。记住：在计算平均分和总分前，不要忘记将最符合你日常想法的三项，额外加上 4 分。

表 4-2-2　职业锚测评表

类型	TF 技术/职能型	CM 管理型	AU 自主/独立型	SE 安全/稳定型	EC 创造/创业型	SV 服务/奉献型	CH 挑战型	LS 生活型
题目	1( )	2( )	3( )	4( )	5( )	6( )	7( )	8( )
	9( )	10( )	11( )	12( )	13( )	14( )	15( )	16( )
	17( )	18( )	19( )	20( )	21( )	22( )	23( )	24( )
	25( )	26( )	27( )	28( )	29( )	30( )	31( )	32( )
	33( )	34( )	35( )	36( )	37( )	38( )	39( )	40( )
总分								
平均分								

最终的平均分就是你的自我评价的结果，最高分所在列是最符合你的职业锚。

项目三　大学生职业生涯规划的制订

在充分认识自我、了解外界环境之后，应评估各种环境因素对自己职业生涯的影响；

根据自己的兴趣、爱好与特长，考虑自己的性格、气质与能力等特征是否适合这样的环境发展，从而制订自己的职业生涯规划，写出完整的职业生涯规划书。

一、运用 SWOT 分析技术建立大学生职业生涯规划系统

在生涯机会评估的工具中，SWOT 分析方法是最基本的一种方法。原本对企业内部环境的优势、劣势分析，在职业生涯决策过程中就可以转换为个体自身优势和劣势的分析，而企业外部环境中的机会和威胁分析，就相当于对职业环境因素及各种可供选择职业前景的分析。

(一) SWOT 分析法

SWOT 分析法是英文单词 Strengths(优势)、Weaknesses(劣势)、Opportunities(机会)、Threats(威胁)的缩写，最早是由哈佛商学院的 K.J.安德鲁斯教授于 1971 年在其《公司战略概念》一书中提出的。安德鲁斯把面临竞争的企业所处的环境分为内环境和外环境，其中内环境分析包括企业的优势分析和劣势分析，而外部环境分析则包括企业面临的机会分析和威胁分析。这种综合分析企业的内外环境，从而为企业中长期发展制定战略的方法即为SWOT 分析法。其具体应用分为三个步骤。

1. 分析环境因素

运用各种调查研究方法，分析出公司所处的各种环境因素，即外部环境因素和内部能力因素。外部环境因素包括机会因素和威胁因素，它们是外部环境对公司的发展直接有影响的有利和不利因素，属于客观因素，内部环境因素包括优势因素和弱点因素，它们是公司在其发展中自身存在的积极和消极因素，属主动因素，在调查和分析这些因素时，不仅要考虑到历史与现状，更要考虑未来发展问题。综合自身的优势和劣势，认清周围职业的环境和前景，有助于个体更容易地进行职业选择。用这种方法，大学生能准确地进行自我评估，清晰地认识自己的职业生涯机会，从而就社会就业市场状况和个人情况作出最佳职业生涯决策。

2. 构造 SWOT 矩阵

将调查得出的各种因素根据轻重缓急或影响程度等方式排序，构造 SWOT 矩阵。在此过程中，将那些对公司发展有直接的、重要的、大量的、迫切的、久远的影响因素优先排列出来，而将那些间接的、次要的、少许的、不急的、短暂的影响因素排列在后面。

3. 制订行动计划

在完成环境因素分析和 SWOT 矩阵的构造后，便可以制订出相应的行动计划。制订计划的基本思路是：发挥优势因素，克服弱点因素，利用机会因素，化解威胁因素；考虑过去，立足当前，着眼未来。运用系统分析的综合分析方法，将排列与考虑的各种环境因素相互匹配起来加以组合，得出一系列公司未来发展的可选择对策。

(二) 大学生职业生涯规划 SWOT 分析步骤

在大学生职业生涯规划问题上，每个人都是自身发展的决策者，SWOT 分析同样可以发挥指导作用。具体应遵循以下步骤。

1．评估个人的长处和短处

标出重要特质。我们每个人都有自己独特的技能、天赋和能力。在当今社会分工高度细化的市场经济条件下，每个人通常只会擅长于某一方面，而不可能事事都做得很好。譬如说，有些人喜欢与人交往，而有些人则一想到与陌生人打交道，心里就发麻，惴惴不安。列出自己喜欢的活动和擅长的事情，识别自己不喜欢的活动和不擅长的方面，特别要认识自己的短处，试图改正它，并在职业生涯中避开它。

2．识别职业生涯的机会和威胁

不同产业面临不同的外部机会和威胁，要识别这些外部因素，因为我们选择的职位和未来职业生涯将会受到这些机会和威胁的影响。所以，找出这些外界因素将有助于我们做好职业生涯规划，处于衰退产业中的公司很少能提供职业生涯成长机会，没有职业升迁的机会，相反，充满了许多积极的外界因素前景光明的产业，工作前景将是光明的，将为我们提供广阔的职业前景。列出 2～3 个自己感兴趣的产业，批判性地提出这些产业所面临的机会和威胁。

3．对分析结果进行组合

通过对自身和外部环境分析，得出自己的优势和劣势，所处环境的机会和威胁，这样我们就可以进行组合，如表 4-3-1 所示，利用优势和机会的组合，改进劣势和机会的组合，消除劣势和威胁的组合，利用优势和消除威胁的组合。我们可以根据组合的结果进行职业选择。

表 4-3-1　SWOT 分析模型

内部能力 外部因素	优势(Strengths)	劣势(Weaknesses)
机会(Opportunities)	SO	OW
威胁(Threats)	TS	TW

通过 SWOT 分析方法对职业生涯机会进行评估，全面地从内外环境对自身的优势、劣势和机会、威胁进行分析，生涯机会前景就会清晰地显现出来。当然，对自身和外界环境的分析是一个渐进的过程，不可能一蹴而就，只有在不断思考和对信息充分利用的基础上才能准确地把握，必要时还应该去咨询老师或者职业指导方面的专家。

4．描绘未来五年职业生涯的目标，进行自己的 SWOT 评估

列出 4～5 个在未来五年中自己要实现的目标。这些目标可能包括在毕业后找到一份称心的工作，打算管理多少个下属，或者希望工资水平达到多高，等等。最好使自己的优势与所在产业的机会相吻合。

5．描绘未来五年职业生涯的行动计划，使自己的计划具体化

写出实现自己生涯目标的具体行动计划，确切地描述在什么时候应该做什么。自己职业生涯的具体行动计划将为未来的决定提供指南，正如组织的计划为管理者的决策提供指南一样。

(三) 运用 SWOT 技术，建立大学生职业生涯规划系统

职业生涯是人的生涯的核心内容。大学生在思考职业未来时，不要急于判断如何去

做，而应先认清自己，进行自身优势和劣势及周围职业环境的机会和威胁分析，对自己的职业未来做一个战略规划。好的战略规划虽不见得能确保成功，但至少可以避免走太多弯路。

1. 大学生职业机会 SWOT 分析

1) 优势

优势分为个人优势和资源优势，个人优势属于个人因素，不随外界因素变化，如口才好，交际能力出众，有文体特长等，是显性优势，容易把握。另外一些优势相对隐性，如对数字敏感、逻辑能力强等，不管对职业有无帮助，都要先罗列出来。若担心不够全面，可请同学帮忙，互相提醒，认真发掘。资源优势包括人力资源、财力资源、品牌资源、知识资源等，如认识有能力的朋友、出身名校、专业紧俏，当然最重要的资源，还是知识资源。把自己的专业重新解读一下，会豁然开朗。比如，电气专业的学生，电路流程能搞明白，对管理流程的制定和理解更没问题。这些基于专业特性的思维习惯，将其适度放大，就可能成为知识资源优势。还有些大学生共有的优势，也要发挥出最大效能，如年轻，有好奇心，愿意尝试新鲜事物，渴望挑战，学习能力强，受过系统的专业训练，集体生活养成良好的集体意识等。

2) 劣势

劣势是相对于优势的各方面而言，恰恰很欠缺的地方。找出劣势，对于战略规划意义重大。在了解自己能做什么之前，应先了解最好不要做什么、可能遇到什么麻烦，这样可以降低失败的概率。过度自信或自卑都可能影响我们的判断力，不要把"没有优势"直接看做"劣势"，在某方面没有优势仅仅说明不够出众，如果妄自菲薄为"劣势"，就可能真的成为劣势。客观地剖析一下自己的短处，如不善言辞、粗枝大叶、缺乏一技之长等，分析劣势的目的不是使自己变得沮丧，而是要了解如何避开劣势，在职业道路上走得更顺畅些。大学生也有些共性劣势需要注意，如缺乏经验，自我期望较高，从而导致跳槽频繁，知识过时不适用于企业等。

3) 机会

宏观上，经济包括国家经济形势、产业政策、法律法规、各区域产业发展态势、行业趋势等；微观上包括搜集到的来自各企业、政府部门、人才市场、学校或学长们提供的有利信息。尤其要关注新生的或高增长预期和自己专业或自身优势有关的边缘型、复合型职业领域，还有职业竞争者薄弱、国家强烈倾向的人才政策等利好信息，对机会的分析需要宽广的视角。

4) 威胁

威胁包括人才市场竞争激烈，人才需求饱和，所学专业领域增长过缓甚至衰退，新的低成本竞争者，人才需求方过强的谈判优势，不利的政策信息，新提高的职业门槛等；也包括自身的健康隐患，家庭不稳定，财务状况糟糕等。若能对威胁有所预防，就等于先确立了一定程度的优势，普遍存在的各类威胁也能成为我们参与社会竞争的有利工具。

罗列 4 个维度要素时，应把内部因素和外部因素分别列出，并将各部分最重要的因素压缩到 5 个左右，然后开始职业机会分析(以欲从事管理工作的学生为例，见表 4-3-2)。职业生涯战略可借助 SWOT 矩阵进行分析。

表 4-3-2　欲从事管理工作的学生的 SWOT 分析

SWOT	内环境因素	外环境因素
S(优势)	综合素质较好 创新意识强 坚定的信念 明确的目标 勤奋好学	政府出台相关政策帮助学生就业 社会舆论的宣传和肯定 企业管理潮流不可逆转 学校的影响力 家庭的支持
W(劣势)	缺乏社会经验 较主观办事 协调性不够、拖拉 有时容易冲动	管理人才不断增多并过剩 就业市场竞争激烈 企业对应届毕业生有顾虑 学校企业管理专业不成熟
O(机会)	自己具备管理的理论知识 从事企业管理的欲望强烈 具有较强的自学能力 对管理有独到的见解	缺乏高水平人力资源管理人才 部分企业给了实践展示的机会 市场经济的活跃 家乡需要人才建设
T(制约)	高水平管理知识不够，能力有限	就业难度大，企业、外界要求高

2. SWOT 分析法的使用建议

1) SWOT 分析应与个人兴趣点、价值观、个性特征相结合

SWOT 分析能为职业规划提供有价值的参考，但过于依赖该工具反而可能使我们做出错误判断。首先，工具虽经过严谨设计，且有大量样本验证，但其本身难免有局限性；其次，未受过相关训练的大学生在没有任何指导下自己做测评，难免会有偏差。SWOT 工具为我们提供了思考职业发展问题的角度，使我们能综合、细致地自我反思，更合理地做出职业发展战略规划，但在进行职业规划时还应注意三个问题：一是自己的兴趣点是什么，二是自己的基本价值观是什么，三是自己的个性特征适合做哪一类职业。必须使三者与SWOT 分析结合起来，做出来的职业战略规划才会持久而有指导作用。

用 SWOT 分析应与个人兴趣点、价值观、个性特征相结合。我们做出职业选择时，或许会由于各种客观因素的制约，暂时难以如愿。但有了对自身全面的分析和长远的职业发展规划，对今后慢慢调整自己的职业道路，意义深远。很多大学生对职业生涯发展的战术性问题更感兴趣，然而管理实践告诉我们，战略一定是高于且先于战术的。我们从现在开始就应该培养自己的战略性思维，指导自己职场战术行为。

2) 科学使用 SWOT 分析建立大学生职业生涯规划系统法

通过 SWOT 分析，根据结果制订相应的职业发展战略计划及对策，是该技术应用的主旨。由于大学生群体尚未走向社会而使内外因素分离，而每个大学生都处在一定的环境中，离开这个环境则无法生存。所以，学生在制订职业生涯规划时，要将内外因素有机结合，明确与环境的关系、在环境中的地位、环境对自己的要求及内外因素利弊等。为满足这一需要，我们建立了一个动态、开放、一体化的大学生职业生涯规划系统模型以供参考，见图 4-3-1。

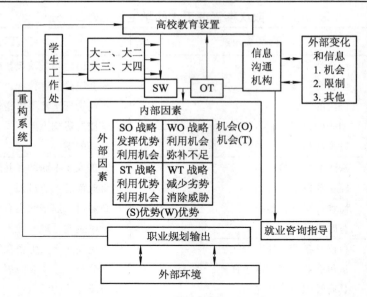

图 4-3-1　大学生职业规划模拟系统

　　通过该模型并运用系统分析的方法，将图中排列与考虑的各种环境因素相互匹配起来并加以组合，大学生可以得出可选择的职业发展对策，从而使自己的职业生涯规划与发展变化的外部环境相适应。大学生职业生涯规划从一入学就应开始，高校相关老师应指导大学生在自我评估、外部环境分析的基础上，选择自己未来的职业方向，确立职业生涯发展目标，这样才能使大学生提前做好就业准备，缓解自身就业压力，为其人生事业发展打好基础。

二、职业生涯规划书的书写

(一) 职业生涯规划书的结构

一份完整的职业生涯规划书，必须具备以下内容：

1. 职业选择

职业选择分两种情况，一种是初次选择职业. 可根据个人因素和环境因素的分析结果进行选择；另一种情况是已经在业人员，此时可将个人因素和环境因素分析结果，与自己所从事的职业进行一次核查，如有必要可重新选择。

2. 个人经历

主要是个人的教育经历、工作经历和培训经历，通过对这些经历的分析，可以了解向什么方向发展更有利。

3. 个人因素分析

个人因素包括自己的能力、气质、性格、兴趣、情绪等方面。分析的重点是自己的性格、兴趣与能力(重点是特长)，找出三者的结合点。

4. 环境因素分析

环境因素包括组织环境和社会环境。分析出哪些是有利因素，哪些是不利因素，哪些因素将阻碍你的职业生涯发展，哪些因素将为你的发展提供机遇。

5. 职业生涯目标

职业生涯目标包括短期职业生涯目标、中期职业生涯目标和长期职业生涯目标。目标要具体明确，并写出各目标的完成时间。

在短期规划与措施中，应写出近两年的具体实施措施。例如，在业务方面提高到什么程度，学习哪些知识，什么时间学习，学习多长时间，学习几本教材等；在工作技能方面，掌握哪些技能，如何掌握，计划在哪些部门轮岗等；在研究方面，计划发表几篇文章，写几本书，达到什么学术水平等；在设计方面，计划完成哪些设计，达到什么水平，产生多大效益等；在管理方面，掌握哪些管理知识，学习哪些管理技能，通过何种方式学习，怎样安排时间，安排多少时间等。不同的职业、不同的岗位，应根据自己的具体情况提出具体要求。

在中期规划与措施中，主要是列出第三年到第五年的行动与计划。此阶段的计划是短期目标的继续，可概括性地列出，短期目标实现后，再将中期目标细化，变为短期目标加以实施。

在长期规划和人生规划中，要制定五年以上的行动方案。长期规划不要求具体，但必须概括性地列出。完成职业生涯目标是一个系统工程，也是一个整体工程，如果只顾前，不顾后，这个规划也就失去意义。

6. 目标的评估

目标评估要听取老师、亲人、同学、朋友以及其他一些可能了解或帮助自己的人的意见，征询他们对自己职业生涯目标的建设性意见。

7. 目标与现实的差距分析

即自己设定的职业生涯目标是否与组织经营战略、发展目标相一致。如有差异，是否要与组织协商或者修订。

8. 确定目标实现或成功的标准

很多人不敢轻言自己成功，而很多人却也经常因为自己的一些成绩而沾沾自喜，好以成功者自居。因此，成功应该有个标准，不能以一种差别来阐述自己目前的所谓成功，更不能以眼前的所谓成功来折射人生的辉煌，而应该以一生的发展来诠释自己的成功，它是从客观、公正的评价和真实的收获中得来的。因此，在一定意义上，成功的标准是用时间来验证的。

(二) 职业生涯规划书的类型

为了更好地管理自己的职业生涯规划，通常采用文本型、表格型和档案型三种形式把职业生涯规划内容记录在案。

1. 文本型职业生涯规划书

文本型职业生涯规划书没有固定的模板，具有创作的空间，但规划的依据是首先让自己信服，其次有可执行性。一般情况下，文本型职业生涯规划书包括职业理想、自我认识、职业认知、职业目标、实施方案及遇到障碍的对策等内容。

范例：

大学生朱亚翔的职业生涯规划书
（"航天杯"首届中国大学生职业规划设计大赛一等奖作品）

姓名：朱亚翔

性别：男

年龄：22

所在学校：信阳师范学院文学院

一、前言

随着我国高等教育的大众化发展趋势，高校毕业生的就业问题越来越突出：严峻的就业形势给当今大学生带来了前所未有的压力。作为一名即将走上工作岗位的大四学生，在此时对自己和职业环境进行准确评估，进而规划自己的职业生涯，有十分重要的导向意义。

二、职业定位

根据个人的实际情况和面临的职业环境，我的职业定位是西部基层教育工作者。整个职业生涯按照时间顺序分为以下三个阶段：① 大四阶段；② 基层教师(23～35 岁)；③ 西部办学(36～60 岁)。这三个阶段按照时间顺序分布，根据各个阶段的职业发展特点，制定不同的阶段目标、实施路径、调整方案(见表 4-3-3)，使自己不断完善，使职业目标得以实现，促进自己与社会的共同发展，寻求个人价值与社会需要的契合点。

表 4-3-3　职业路径列表

职业阶段	时间	职业目标
第一阶段	大四	大四学生
第二阶段	23～35 岁	基层教师
第三阶段	36～60 岁	西部办学

三、认识自我

为了科学、全面地认识自我，我参加了职航快线的人才测评，测评结果如下：

（一）职业能力

职业能力是一个人从事某项工作的潜质，对其职业定位和职业选择非常重要，它决定了一个人是否适合某种工作。只有人与岗的很好匹配才能使自己的职业生涯得到很好发展，反之，会阻碍自己的职业发展。另外，对自己的职业能力有了清晰明确的认识，才能在以后的自我提升中扬长避短，不断提高自己。

我的推理能力、数理能力和信息分析能力以及语言能力较高，而基本智能和人文素质较低。较强的推理能力得益于自己缜密的思维和做事的认真、讲求逻辑性。这项能力对一个人经营一个较独立的团队有很大帮助，能清晰地分析出团队的生存空间、发展步骤等。数理能力是对数字的整理分析能力，这是在数字化社会中人的一项必备能力。信息分析能力是在综合材料的基础上提炼出对自己有价值的信息，这项能力对做一名语文教师非常有帮助，因为对课文的分析是语文教学的重点。语文课文的重要特点就是通过象征、隐喻等手法将作者的思想和感情隐藏于文字之后，造成距离美感，这就要求语文教师对材料中直接表述的内容有较强的分析能力。语言能力是作为一个教师最重要的能力之一，它是知识的最后传输阶段，是直接影响工作质量的一种能力。而人文素质是从事各种职业所不可缺少的一项能力，尤其是教育工作者。因为教育是面向人、面向孩子的职业，教师的职责不仅要向学生传递知识，而且要培养学生高尚的品德。老师先要有高尚的品德，才能给学生以好的影响。人文素质是我比较缺乏的，要在以后的学习、生活中不断提高完善。

（二）职业价值观

职业能力决定一个人对职业的选择以及能否很好地适应职业，而职业价值观决定能否在职业生涯中得到自我追求的满足。前者更侧重于短期选择和表象，后者更侧重于长期发展和内在提高。所以，两者同等重要。我的三个最主要的职业价值观是：家庭取向、经营取向和自我实现取向。这三个价值取向各有其优势和劣势，分析如表4-3-4所示。

表 4-3-4　职业取向测评结果

	家庭取向	经营取向	自我实现取向
优势	1. 有较高的稳定性和忠诚度 2. 做事勤奋踏实 3. 重视同事、个人情感	1. 独立性强 2. 主动行动 3. 有强烈的成就动机	1. 重视他人感受与价值 2. 做事目标明确 3. 有强烈的发展、提升意识
劣势	1. 进取心不够 2. 处事比较保守 3. 工作状态易受家庭影响	1. 较主观 2. 协作性可能不够 3. 可能比较固执	1. 可能不够客观 2. 对自身利益考虑不够 3. 有时过于敏感

以上对三种主要价值取向的分析，使我更深层次地了解了自己的优缺点，应在以后的学习生活中不断提高完善自己，更好地评估调整自己的职业规划，更好地实现自己的职业目标。

（三）职业人格

职业人格是人格的一个组成部分。一个人的人格是相对稳定的而且是互不雷同的。所以，认识自己的性格，特别是职业性格是定位适合自己岗位的前提。只有做到人岗匹配，才能发挥自己职业人格中有利于职业发展的部分。所以，选择适合自己职业人格的职业也就意味着选择合适自己性格的职业。通过测评可知，我的职业人格属于稳健型。具体表现如下：

第一，综合特质。冷静有耐心；稍许的开明态度，友善且热心；接纳他人的看法；珍惜与人之间的互动；内向。

第二，能力优势。忠实可靠；善解人意，善于聆听与辅导，极具毅力；自制且有耐心；稳定地完成艰难工作。

第三，人际关系。希望别人主动；外表稳重可靠；维持既有人际关系；交际圈小。

通过对我的职业人格的分析可知：稳健型的职业性格使我适合做相对稳定且不具有冒险精神的工作，适合与人打交道，能独立承担并很好地完成一项有难度的工作。但一些不利因素也会影响到我的职业目标的实现，所以，在清楚认识自我的基础上，要积极主动地完善自己职业性格中不利于实现职业目标的因素，为职业目标的实现时刻准备着。

（四）个人因素和外部环境因素SWOT分析

1. 个人部分

(1) 健康状况。身体很健康，无重大疾病。能够顺利通过服务西部计划的体检。平常喜爱运动，如爬山、游泳、打篮球等。善于学习与休闲的有机结合。生活有规律，学校寝室 10 点半熄灯，一般 11 点睡觉。早晨 6 点起床，保证 7 个小时左右的睡眠时间。白天午休 1 小时，保证高效率的学习。

(2) 学习情况。在中学学习一直很好，以较高分数考入信阳师范学院。尤其是语文，一直很优秀，为大学期间中文专业的学习打下基础。大学期间在学好专业课的基础上，积极培养对其他专业的学习兴趣。

(3) 兴趣爱好。爱好写作、演讲、演话剧等文娱活动，积极锻炼自己对文字和语言的驾驭能力。爱好爬山、打篮球等体育活动，使自己拥有强健的体魄，旺盛的精力。

(4) 个人提高。我善于将理论知识与实际情况结合起来，在知与行统一的基础上，得出自己的结论，有一定的科研能力。通过大学生活的锻炼，提高了自学能力，能独立完成一门功课的初步学习。

(5) 管理技能。有较强的领导团队的能力，善于与人沟通，善于控制自己的情绪，有较好的心理素质，在策划组织大型活动中体现出了较高的组织能力。

(6) 价值追求。追求自我价值的实现，有强烈的事业成就欲望。看重对社会的一份责任，注重个人内在素质的提高和生活的精神享受。

2. 学校部分

(1) 专业学习。我所就读的是中文专业中的汉语言文学，是中文专业的基础性专业。选择这一专业是我兴趣与特长的结合。学习过程是愉快的，也是很有成效的，其中现代文学曾考过全班最高分；但是文学理论由于理论性太强、较枯燥，学习效果相对较差。

(2) 技能掌握。顺利通过了普通话测试，取得了一级乙等证书。计算机通过了省文管二级测试，能熟练使用 Word、Excel 等 Office 办公软件和 Foxpro 数据库管理系统软件。英语通过了非专业四级考试，有一定的阅读和交际能力。

(3) 所任职务。任华中地区十大文学社团之一的远方文学社社长，出版《远方》杂志，定期请作家、教授举办文学讲座。任学校学工部教育科学生助理。任信阳人民广播电台兼职主持人。现任我班班长。这些职务锻炼了我的工作和人际交往能力，提高了我的专业素质。

(4) 所获奖项。一等奖学金、单项奖学金。"网通杯"首届河南省大学生职业规划设计大赛"规划设计之星"荣誉称号。信阳师范学院教师技能大赛二等奖。信阳师范学院校庆三十周年演讲比赛一等奖。

(5) 学习环境。信阳师范学院的学习风气和考研率较高，良好的学习氛围为自我提升创造了客观条件，学校优美的环境和良好的师资以及浓厚的学术氛围使我的素质得到了潜移默化的提高。

(6) 生活环境。近几年学校注重了基础设施的建设。住宿、就餐、购物、休闲、锻炼等设施达到了国内一流水平，为自我提升提供了物质保障。

3. 家庭部分

(1) 家庭经济情况。农村一般家庭，经济上可以帮我完成学业，但不能提供更多的经济上的支持。

(2) 家人健康状况。家人均身体健康，不会影响我的职业选择和职业发展。

(3) 家庭成员关系。家庭成员关系非常好，都非常支持我的职业选择。

综合以上分析,采用 SWOT 分析法得出以下结论如表 4-3-5 所示。

表 4-3-5 SWOT 测评结果

	机会因素(O)	威胁因素(T)
外部环境因素	1. 国家对大学生就业尤其是到西部基层就业的优惠政策 2. 在西部大开发、西部基层教育发展的迫切性、必然性的历史机遇下,农村下一阶段就业人数增多,我国基础教育小班教学模式将推广 3. 知识经济时代的到来,教育在国民经济中的作用越来越重要,教师的地位越来越高	1. 大学生就业形势严峻,竞争激烈 2. 就读学校和所学专业竞争力不强 3. 西部基层教育发展缓慢,基础设施跟不上,限制个人才能的发挥
	优势因素(S)	弱势因素(W)
个人状况	1. 身体健康,精力充沛 2. 有正确的目标和为目标奋斗的毅力 3. 扎实的专业知识基础,较高的人文修养 4. 在组织、参与各种活动中得到很多经验 5. 在大学期间,参加了各种社会实践,增强了对社会的认识 6. 家人和朋友的大力支持	1. 自我意识强,有时忽略别人感受 2. 自信心太强,对困难估计不足

由 SWOT 分析可以看出,师范类专业学生就业形势虽然很严峻,但如果把目光关注于广大基层,就业前景还是很乐观的。我的性格特征、能力倾向以及家庭和学校所学专业决定我选择做一名西部基层教育工作者是正确的选择。但随着越来越多的大学生投身西部教育事业,竞争还是有的,所以我要为了实现这一职业目标在各个方面做好准备。

认识自我总结:通过以上的自我分析,根据职航快线人才测评结果和 SWOT 分析显示以及家人、朋友对自己的评价,说明我适合从事教育事业,也具有为社会作贡献的精神和自主创业的能力。

四、职业环境

(一) 西部大开发

自从 2000 年我国西部大开发迈出实质性步伐以来,短短几年,青藏铁路、西气东输等大型工程相继竣工;500 万亩退耕还林还草试点工程、高新技术产业化项目等正在如火如荼地进行,西部已成为一片开发的热土。中共中央已经明确表示,要坚持实施西部大开发战略不动摇,坚持对西部大开发的支持力度不减弱。在这一历史机遇下,西部的基层教育也面临难得的发展机遇。

(二) 大学生志愿服务西部计划

在西部面临的难得历史机遇面前,人才的缺乏日益凸现。为此,国家共青团中央、教育部、财政部、人事部从 2003 年开始联合发起"大学生志愿服务西部计划",鼓励大学生服务西部。胡锦涛总书记就实施"大学生志愿服务西部计划"曾做出重要指示,中央下发了《关于引导和鼓励高校毕业生面向基层就业的意见》的文件。2005 年西部计划全国项目办共派遣 11 300 名志愿者，这些志愿者大都是两年的服务时间。我毕业的 2007 年，国家将招募和 11 300 这个数字相当的志愿者去填补这些志愿者的空缺。随着西部社会的全面发展，这一数字有可能增加。"大学生志愿服务西部计划"和这一计划的良好落实为我到西部支教职业目标的实现提供了客观条件。

（三）西部基层教育情况

西部基层教育面临着严峻的形势。随着国家"两免一补"政策在西部的实施，很多贫困家庭的孩子得以走进教室，避免了失学的命运。但严峻教育现实的改变不可能一蹴而就，主要体现在以下几个方面：首先是学校基础设施的建设跟不上学生的需要。国家在免除了学生的学杂费之后，按照学生人数给学校一定的财政补贴，这些补贴用来弥补免收学杂费造成的财政空缺，只是维持学校的正常运转。而学校校舍、体育器材等需要较多资金的项目则很难得到改善。其次是师资力量薄弱。在如今的西部基层教育讲台上的老师，大多年龄较大，且有一部分是由民办教师转为公办教师的，这些教师具有丰富的教学经验和可贵的奉献精神，但随着社会的发展变化，知识经济、信息时代的到来，他们的知识体系和教学方法已经落后，不利于学生的学习。而西部本土培养出来的师范类学生又由于人事制度的落后得不到很好的安排。再者是"读书无用论"的不良影响，加之高中又不在国家免除学杂费的范围，个别家庭经济的贫困很难负担起高中费用，导致很多孩子在初中毕业后就外出打工，影响了西部整体教育质量。以上这些严峻的教育现实，决定了西部还需要大批高素质的教师充实到教育第一线，也需要高质量的、能帮助西部贫困孩子的高级阶段的中学。这样的形势使我的西部办学的职业目标不仅具备了个人价值实现的可能，同时也具备了社会意义，使自我价值与社会需要得到了很好的结合。

（四）专业因素

据《关于做好 2005 年大学生志愿服务西部计划招募选拔工作的通知》显示，现阶段西部紧缺农业、林业、水利、师范、医学等专业，学历要求为"突出本科及本科以上学历"。我就读的信阳师范学院是一所以本科教学为主的有一定影响的师范类院校，非常符合国家相关政策要求。

我所学的中文专业是基础性学科，虽然不是社会需要的热门专业，但多年来一直保持稳定的就业形势。其就业行业主要是记者、编辑、教师、文秘等。可选择行业不是太多，但近年需求量稳中有升。如果师范类的中文专业学生把就业目标放在基层，则非常容易就业。因为在广大中小学，语文是一门基础学科，需要大批优秀的语文教师。

（五）社会力量办学

在西部大开发这一战略中的西部农村教育，也将取得历史性的发展。随着西部基层教育的发展和前段时期我国人口出生高峰的到来，西部入学人数将会增加，会给虽在发展但基础尚薄弱的西部基层学校带来压力，也使为社会力量办学提供空间变得迫切起来。国家对社会力量办学也一直大力支持，尤其是 2003 年 9 月 1 日实行的《民办教育促进法》更是给社会力量办学以法律的保障。相信这方面的法律建设会越来越完善。

总结：通过对职业环境的分析可以看出，国家社会大环境对教师尤其是西部基层教师的需求量依然很大。所读学校以及所学专业都能使我找到一份教师工作。国家的教育形势为到西部办学提供了客观条件。选择教育工作，不仅是我的职业倾向和岗位的很好匹配，也是适应国家和社会发展的需要。

五、实施路径

(一) 大四学生

这一阶段总目标：打下扎实的专业知识基础；掌握一名合格教师所具备的各项技能；提高自己的人文素质；收集就业信息，了解必要的面试技巧，报名西部支教。

1. 行动策略

行动策略见图 4-3-2 所示。

(1) 学好专业知识。中文专业知识包括三大块：语言、文学、文艺理论。我校中文专业大四学年开设主要课程：近代文学、西方文学思潮、中国文字学、中国民间文学、语文教学论(以上为必修课)；老舍研究、鲁迅作品专题研究、诗词曲赋比较研究(以上为选修课)。

学习时间：保证正常上课时间，课余抽出一定时间预习、复习，阅读与课程相关的书籍，以扩大知识面。

学习方法：有系统地复习前三年所学专业知识，时间截至大四上学期。大四学年要学的课程

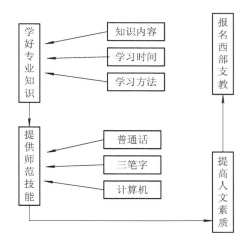

图 4-3-2　行动策略

根据每门课程的性质采取不同的学习方法。文学性质的课程要把理论学习和作品阅读、背诵相结合。研究性的课程多阅读相关书籍，扩大知识面，掌握最前沿的研究成果。实践性的课程如语文教学论等，要把理论学习和实践相结合，提高自己的实际能力。

(2) 提高师范技能：师范技能主要包括普通话、三笔字、计算机等。这些在以前的大学阶段学习中已经得到了比较系统化的学习和锻炼，最后一年要做的是进一步强化，使其和实践更好地结合。

2. 强化措施

(1) 普通话。作为教师，语言的普通话训练侧重于发音准确和较强的语言组织能力。我已经考取了普通话一级乙等证书，发音已经达到较高水平，计划每天抽出半小时的时间读一些文章，在日常生活中坚持说普通话，保证语音的标准化。提高语言组织能力的具体措施：阅读散文大家的著作，学习其质朴委婉而又内涵无穷的语言风格。背诵汉赋名篇，学习其铺张凌厉的语言风格。阅读鲁迅作品，学习其语言的深刻性与简洁性。

(2) 三笔字。三笔字指粉笔字、钢笔字、毛笔字。三者内在是统一的，复习在书法课上学到的理论知识，平常经常练习。每天下课后，抽出 20 分钟左右的时间在教室黑板上练习粉笔字，在平常写字中有意锻炼钢笔字，每天饭后抽出 20 分钟左右时间在寝室练习毛笔字。定期请我校书法学教师、信阳书法协会主席姚学贤老师批评指正。

(3) 计算机。在以前的大学学习中，已经熟练地掌握了计算机基础知识，通过了省文管二级考试。需要进一步提高的是教学课件的制作水平。主要措施是从图书馆借阅有关Flash、课件大师等内容的书籍，利用学校机房自学，遇到困难向机房老师请教。

(4) 提高人文素质。人文素质虽然很抽象，但对人的影响却是具体的，影响到一个人对待工作、对待生活的态度。要通过阅读中国古典文学作品和外国文学名著来提高人文素

质，并要特别注意在日常生活中严格要求自己。这也是职业生涯的重要组成部分。

（5）收集信息，报名支教。国家团中央、教育部等四部委 2003 年联合发起的"大学生志愿服务西部计划"在我省各高校得到了很好的落实，我将从西部计划网站 www.xibujihua.org.cn 上及时了解相关信息，并留意我校的相关信息发布。在规定时间内网上报名，接受学校选拔。学校选拔标准是：思想品质好、业务素质高、奉献精神强、身体健康。这些素质我都具备，自信能通过学校的选拔和省项目办的审核。我国现行的服务西部计划大部分是为期两年，可申请重新分配工作，并且有一定的优惠政策。两年期满后，我将申请留在西部基层学校。

（二）基层教师(23～35 岁)

本阶段目标：践行素质教育；做学校的管理者。

1. 践行素质教育行动策略

素质教育的最终实现，不仅靠专家的大声疾呼，更要靠无数一线老师的躬身践行。也许一个人的践行微不足道，但正是无数的微不足道，才能彻底改变应试教育的面貌。实施措施有：

（1）培养自强精神和平等心态。既不自卑也不自傲，用平和的心态对待生活。

（2）注重学生知识和技能的提高。

（3）注重自身提高。

2. 做学校管理者的行动策略

（1）目标实施路线：班主任→中层管理者→高层管理者。

（2）实施措施：

① 班主任阶段。刚参加工作的年轻教师大多从事班主任的管理工作，实现这一目标不是太困难。职位虽然不高，但因是学校的基本单位，与学生接触最多，是一个很能锻炼人的岗位。我将在班里大力提倡民主教育和爱心教育，建立一个宽松、团结的班集体。从思想上让我的学生意识到肩负的责任和学习的重要性，从而营造浓厚的学习氛围。在学习成绩和学生综合素质两方面做出优异成绩，争取晋升为教务方面的中层管理者。

② 中层管理者：准确地说是教务方面的中层管理者。在这一阶段，我将首先加强师资队伍建设，通过能者上、庸者下的竞岗政策，建立高素质的教师队伍，并且使教师年龄老中青结构合理。与当地及国内师范类院校取得联系，加大教师培训力度。加强本校教师的业务交流，利用自身资源提高教师素质。其次是加大教学改革，大力推广素质教育。在学校教师内推广素质教育理念，全面改革学校的应试教育面貌。

③ 高层管理者：在这一阶段我将着重考虑学校的生存和发展环境，为学校制定长远的发展计划。加强学校与社会的沟通和交流，开门办学校。注重对社会力量办学的关注和研究。

（三）西部办学(35～60 岁)

1. 本阶段目标

创办一所体现我的教育理念的、突出公益性质的高级中学，挖掘自身经营取向，为西部教育尽己之力，达到自身价值实现和社会需要的很好契合。

2. 目标实现保障

西部教育的需要；国家政策的支持；丰富的教学经验和学校管理经验；资金和师资的

保证。

3. 行动策略

(1) 资金筹措。资金来源有以下几个方面：个人积累；亲友支持；国家和社会慈善机构支援捐助；银行贷款。主要以吸纳社会资金为主。社会力量办学吸纳社会资金的形式有三种：教育贮备金、教育债券、股份制形式。第一种对于家长风险太大，已产生的种种弊端使其已没有太大的市场空间。第二种形式需要政府统一规划，作为学校个体不易操作。我将主要采取股份制形式筹措办学资金。

(2) 师资建设。师资的好坏是决定一个学校档次的决定性因素。但很多民办学校又都面临师资不稳定的困扰，我将努力建立一支高素质的、稳定的教师队伍。具体措施有：公开招聘，注重应聘者的专业素质和道德修养；与当地教育主管部门积极沟通协商，解决教师的编制问题，享有和公办学校老师一样的待遇；提高工资待遇，实行多劳多得的制度；加大教师培训，为我校老师提供良好的发展前景；以对西部基层教育的赤诚之心留人。

(3) 办学理念。建设校园文化，突出公益性质。建设特色校园，注重学校软环境建设。在保证学校正常运转的基础上，加强对贫困孩子的经济资助。

六、评估、调整

(一) 评估

1. 评估时间

每月评估一次。

2. 评估办法

自评与他评相结合。

3. 评估内容

自我能力、积累、职业兴趣的变化情况和我所从事的职业环境及其发展前景。

(二) 调整

上述职业目标主要突出地表现为外职业生涯，内职业生涯规划也蕴涵其中。两者实质不同，但实现方式殊途同归。都表现为个人的不断完善、个人发展和社会贡献的更好协调。职业生涯规划是一个有机、持续不断的探索过程，随着自身条件和外部环境的变化而变化；规划是在客观现实的基础上合理的逻辑推理，所以具有一定的弹性。在实际操作中，把合理的科学预测与实际相结合，坚持原则性与灵活性相结合，才能使规划真正得以实现。

如果第二阶段的职业目标——基层教师实现不了，我将把就业范围扩大，主要是扩大就业地域，而不是改变职业。第三阶段的西部办学难度较大，如果到了预定职业期，主客观办学条件不成熟，我将适当延缓办学时间，但这一目标不会改变。虽然社会在不断变化，但知识始终是推动社会前进的动力，任何时候都会受到重视，我的职业目标也始终具有积极意义。

七、结束语

结合自身的实际情况做好职业生涯规划对职业发展和自我实现起着十分重要的作用。规划固然美好，但真正实现它们需要在人生路上不断进取，百折不挠。思想有多远，我们就能走多远，重要的不是现在我们站在哪里，而是下一步走向何方。当我站在大四，当我回望过去，当我展望未来，我要做的，是贮满知识的风，信念的风，向着遥远的彼岸扬帆远航！

(资料来源：河南省教育厅学生处 2007)

2. 表格型职业生涯规划书

表格型职业生涯规划书主要包括两部分，即表头和规划内容栏，表头是规划人的基本信息，内容栏以呈现目标和实施要点为主，内容不是固定不变的，可以根据个人情况进行调整，如表 4-3-6 所示。

表 4-3-6 职业生涯规划表

时间：　　　　年　　月　　日

姓名			性别		年龄	
所在部门			政治面貌		婚姻状况	
职业选择				流动意向		
个人经历	教育经历					
	工作经历					
	培训经历					
个人因素分析						
环境因素分析						
职业生涯目标	人生目标		岗位目标、职务(职称、技术等级)目标、收入目标、社会影响目标、重大成果目标、其他目标 简要文章说明：实现人生目标的战略要点			
	长期目标		岗位目标、职务(职称、技术等级)目标、收入目标、社会影响目标、重大成果目标、其他目标 简要文章说明：实现长期目标的战略要点			
	中期目标		岗位目标、职务(职称、技术等级)目标、收入目标、社会影响目标、重大成果目标、其他目标 简要文章说明：实现中期目标的战略要点			
	短期目标		岗位目标、职务(职称、技术等级)目标、收入目标、社会影响目标、重大成果目标、其他目标 简要文章说明：实现短期目标的战略要点			
短期规划与措施		任务及拟采取的措施、有利条件、主要障碍及其对策、可能出现的意外和应急措施 年度目标及年度计划的细节通常另行安排，以保持职业生涯规划的相对稳定性和可保存性				
中期规划与措施		同上				
长期规划与方案		同上				
人生规划与方案		同上				
所在部门主管审核意见						
人力资源部门审核意见						

3. 档案型职业生涯规划书

档案型职业生涯规划由多个表格组成，它可以把职业生涯规划制定过程真实而详细地记录下来，是具有史料性质的职业生涯规划书，包括曾经的职业理想、高考选择分析、性格认识、兴趣探索、优势技能分析、价值观澄清、专业与职业关系分析、职业分析与职业体验、咨询与总结、生涯选择与职业决策、职业发展规划(包含大学职业生涯规划)等部分。规划档案的任何一部分都可以根据内容而扩展，职业发展规划部分可以按学期制定。一份完整的职业生涯规划档案就是一个人成长的历程。

【拓展练习】

参照样本，制定自己的职业生涯规划书。

职业生涯规划书

(样本)

姓名：_____

班级：_____

专业：_____

二〇一　　年　　月～二〇　　年　　月

一、职业自我评价

职业自我评价内容如表 4-3-7 所示。

表 4-3-7　职业自我评价表

1. 我是谁——职业个性	职业自我评价因素	内　容
我的职业需求		
我的职业兴趣		
我的职业价值观		
我的职业气质		
我的职业性格		
我的职业能力		
我的职业倾向		
	劣势	解决方法
2. 我的优势		
3. 职业取向		

二、认识职场

根据已确定的自己的职业发展领域，分析职场，见表 4-3-8。

表 4-3-8　职 场 分 析 表

职场分析因素	内　容
社会环境	
就业环境	
组织环境	
素质要求	
职业路线选择	
职业目标确定	

三、职业生涯规划

（一）近期职业生涯规划

在校的三年短期规划作为自己职业生涯总规划的开始篇，希望自己能够走好第一步，为以后更长的路打下坚实的基础。

1. 在校期间总的目标规划

在校期间总的目标规划项目见表 4-3-9。

表 4-3-9　在校期间总的目标规划表

总的目标规划项目	内容
思想政治及道德素质	
社会实践及志愿服务	
职业倾向与创新创业	
文体艺术、社团活动与身心发展	
职业技能培训	
学业目标	

2. 三年阶段规划

(1) 一年级规划。

大学一年级规划内容见表 4-3-10。

表 4-3-10　一年级规划表

规划期	学期	生涯规划内容	重要实施项目	考评或自我考评		
				好	中	差
试探期	第一学期	初步了解自我，了解职业，特别是与所学专业对口的职业				
		积极参加各种活动，提高综合能力				
		注重品德修养，养成良好的行为习惯				
	第二学期	加深对专业与职业的认识，培养职业意识				
		明确英语学习目标，参加计算机等级考试，提高自学能力				
		参加选修课与社会实践，全面拓展个体素质				

(2) 二年级规划。

大学二年级规划内容见表 4-3-11。

表 4-3-11　二年级规划表

规划期	学期	生涯规划内容	重要实施项目	考评或自我考评		
				好	中	差
定向期	第三学期	确定就业或继续学习目标，了解相关政策与条件				
		加强职业技能培训，为参加技能考核做准备				
		参加社会实践，到与自己专业相关的单位见习				
	第四学期	体验不同层次的生活，培养自己的吃苦精神和社会责任感				
		尝试企业兼职，培养职业能力，提高自己的责任感、主动性和抗挫折能力				
		增强英语口语能力，通过英语的相关证书考试，获取一二张相关的技能证书				
		调整充实知识结构，为走向社会打好基础				

(3) 三年级规划。

大学三年级规划内容见表 4-3-12。

表 4-3-12　三年级规划表

规划期	学期	生涯规划内容	重要实施项目	考评或自我考评		
				好	中	差
实践期	第五学期	走向社会，了解职场情况，确定职业目标				
		做好就业准备(知识、技能、心理、品质)，锻炼自己独立解决问题的能力和社会交往能力				
		学习写简历、求职信，收集就业信息、提高就业技能				
		积极参加招聘活动，在实践中检验自己的积累和准备				
	第六学期	毕业实习，完成毕业设计和论文写作				
		选择适合岗位，进行顶岗实习，积累实践经验，开始职业生涯				
		结合职业实践和职业发展理想，尽快适应工作环境及工作岗位				

(二) 未来人生职业总规划

围绕可能的职业发展路线，对未来做初步规划，见表 4-3-13。

表 4-3-13　未来人生职业总规划表

生涯规划期	生涯规划内容	
学业有成期(三年)	充分利用校园环境及条件优势，认真学好专业知识，培养学习、工作、生活能力，全面提高个人综合素质，为就业做准备	
熟悉适应期(二三年)	经过不断努力，初步找到适合自身发展的工作环境、岗位	(1) 学历、知识结构：提升自身学历层次，从专科走向本科。途径：参加进修、自学或函授等。(2)专业技能较熟练，达到助理工程师水平。途径：专业学习、培训，熟悉工作环境
		个人发展、人际关系：在这一时期，主要做好职业生涯的基础工作，与同事友好相处，获得领导认同，打好基础，职位升迁暂不考虑。途径：加强沟通，虚心求教
		婚姻家庭：暂不考虑，有缘分就顺其自然，不强求
		生活习惯、兴趣爱好：适当交际的情况下，尽量形成较有规律的良好个人习惯，并参加体育活动，如跑步、打球等。途径：制定生活时间表，约束自己更好执行

生涯规划期	生涯规划内容	
稳步发展期 (30 年)	在此 30 年左右的时间里，努力奋斗，使自己在本单位、本岗位上业务精湛，并小有成就	学历、知识结构：重点加强知识的更新，熟练掌握本专业领域的技术技能，成为技术权威，具有较强的生产技术管理经验。途径：终身学习，关注本行业、本岗位的技术发展，不断超越自我
		个人发展、人际关系：成为单位的中流砥柱或中层领导，注意管理方法的学习总结，加强对年轻人的指导帮助，带动新一代快速成长
		婚姻家庭：在工作时注意处理好工作与家庭的关系，保证家庭和睦
		生活习惯、兴趣爱好：前些年养成的良好生活习惯，将成为现阶段宝贵的财富，注意继续保持
发挥余热期 (五年)	此时已退休，若体力、精力还不错，可继续参加业余工作，为社会尽自己的一份力量，同时也为充实自己的老年生活，注意劳逸结合，千万不可过分劳累，时间视具体情况而定，但若有不适，就提前停止工作，进入颐养天年期	

模块五　有的放矢，拓宽知识面

【人生箴言】

骐骥一跃，不能十步；驽马十驾，功在不舍；锲而舍之，朽木不折；锲而不舍，金石可镂。——《荀子·劝学》

【模块导读】

(1) 能够通过多种途径收集所需资料，能够正确选择与综合运用身边的各种学习资源。

(2) 能够制定适合自己的学习总目标与阶段目标，学会制订学习计划，并能对时间进行合理的安排。

(3) 了解自己的学习风格，并根据自己的学习风格进行学习。

 【案例播放】

小陈是山东某职业学院中文系即将毕业的学生。2013 年 4 月，她通过了上海某大学研究生复试，9 月，她将以一名研究生的身份开始新的学习。回想刚刚进入高职班的时候，小陈说当时因为没有考上本科，心里很失落，甚至有点自暴自弃。常常觉得自己所在的学校不像其他名牌大学那样能给自己提供良好的学习条件。但是开学第二周辅导员的一席话改变了她的一些想法。辅导员老师说，每所大学都是一个知识的宝库，只要善于开发利用，每个人都能成功。接下来的几周，学校图书馆开始给大学新生开一些讲座。在讲座上，图书馆的老师向大家介绍了图书有哪些资源，以及如何利用这些资源，并领着大家参观了图书馆。走在图书馆书架旁的空道上，看着书架上厚厚的、一摞摞的书，小陈最初进入高职的失落感渐渐消失了。原来有这么多学习资源就在我的身边，而我一直沉溺在失落中，把它们都忽略了。从那以后小陈调整了自己的心态，开始了全新的大学学习生活。

因为学的是中文，老师讲起课来，抑扬顿挫，声情并茂，小陈很快就喜欢上了大学生活。每次上课，她都坐在最前排，认真地听课、做笔记。有时候老师讲的一些知识小陈不懂，下课后，她就请教老师或者与同学交流。学习中文，阅读量很重要，老师平时在课堂上也会向大家推荐一些比较好的书。小陈一般在课上记下来，课下到图书馆借阅。有些比较常用的书就到学校周围的书店买下来。课余时间，小陈经常去图书馆的阅览室看书。由此也认识了一些在阅览室学习的好朋友。大家也常一起讨论交流一些问题。有一次老师布置了一项作业，在图书馆查不到很新的资料，小陈就会到网上去搜索一下，经过一番努力，小陈最后很出色地完成了作业。

　　与高中生活相比，大学生活清闲了很多。各种讲座、学术沙龙、社团活动也特别多。在学校开水房旁边有一个宣传栏，上面经常会贴一些关于讲座信息方面的海报。每天提水经过时，小陈都会留心看一看有没有自己感兴趣的讲座。如果有感兴趣讲座，就把讲座的时间、地点记下来，然后去听。通过听讲座她学到了很多其他专业的新知识。

　　一年的时间很快就过去了，小陈感觉自己收获了很多。第二年开始，学校里开始开设一些选修课，而且学校也规定选修课必须达到一定的学分才能毕业。可是看着那么多的选修课，到底应该选哪几门呢？小陈就问身边的同学，有的同学告诉她当然选考试容易"通过"的了，反正修够学分能毕业就行了。有的同学说这有什么难的，自己想选什么就选什么。也有的告诉她说选修课要联系自己以后的发展。小陈的好朋友则对她说："你忙什么呀，到时候看别人选什么，咱们也选什么不就得了，到时候还可以一起考试呢。对了，听说计算机系有个老师讲课挺有意思，要不我们选哪个老师的课好了。"听了这么多的意见，小陈陷入了沉思，到底该如何选课才好呢？经过深思熟虑，小陈考虑到自己的专业特点与自己的兴趣，并询问了老师要开的一些课的教学内容，于是她在大二上学期便选了社交礼仪、女性文学这两门课。

　　两年时间很快就过去了，小陈考上了本校的本科。两年后，她又顺利地通过了研究生考试。回想自己的高职生活，小陈说她在高职期间不只是学到了很多知识，更重要的是学会了如何利用身边的资源。

　　案例分析：小陈的成功经历说明了什么？大学期间善于利用身边的学习资源，进行科学的学习规划对顺利完成自己的职业生涯规划有什么作用？

 【行动指南】

项目一　利用你身边的学习资源

　　学习资源简单地说指可以用来学习的一切条件和途径。通过哪些途径来学习，这是刚刚步入大学校门的大学生们经常遇到的一个问题。由于高中和大学的培养目标不同，相应的学习途径也是不一样的。在高中时，课堂教学几乎是高中生学习的唯一途径，教材和参考书几乎是高中生获得知识的唯一来源。而在大学里，每个学生都需要通过不同的途径和渠道吸收知识，一方面扩展、丰富和充实课堂上所涉及的知识，另一方面发展兴趣、培养能力。大学上课时间较少，学生有较多可供自由支配的时间，这也为大学生通过其他途径学习提供了条件。高职生可以利用的学习资源是非常丰富的。充分利用学习资源，需要做以下几个方面：

一、利用好第二课堂——图书馆

　　许多同学可能发现，高职高专老师讲课和中学老师有很大的不同。高职高专老师上课是对教材只讲重点，这就需要同学们利用自己收集资料进行自选、补充、巩固上课老师所讲的知识。收集资料首选在图书馆，图书馆里有大量的专业和非专业的书，通过看这些书能补充、巩固课堂上所学的知识。小王和小余的故事就充分说明了利用图书馆的重要性。

案例：小王和小余是山东某职业学院建筑专业的毕业生。在大学期间，小王上完课后，经常泡在图书馆，看一些专业方面的书，既能更好地理解老师上课所讲的内容，也学到一些老师在课堂上没讲到的新知识。小余则相反，平时上完课后，就把书扔到一边，即使去图书馆也是借一些武侠方面的小说。到考试的时候，就临时开夜车。就这样一直到毕业，大家都开始找工作。一些单位也到他们所在的系进行招聘。一天，一个比较有名的建筑公司来系里招聘。小王和小余也都参加了。招聘分两个环节，先是笔试，看到笔试题目后，小王很轻松，因为，这些题目自己平时在图书看书时都看到过。小余却很紧张，看着这些题目，好像有点熟悉，毕竟老师在课堂上提起过，可是又很陌生，因为当时老师说让同学们自己到图书馆借几本相关的书看，他没有借过。笔试很快就过去了，小王通过笔试并最后通过了面试。到这时，小余才意识到，自己在大学期间没有充分利用好图书馆是一个多大的错误啊！

　　既然图书馆是大学里重要的学习资源，那么如何利用图书馆来学习，是每个高职高专学生都应该掌握的技能。为了有效地利用图书馆，必须了解自己学校图书馆的一些情况：比如图书馆的资料涉及哪些学科？这些资料分为哪些类型？借阅这些资料的流程是什么？如何查找自己所需的资料？对于这些问题，很多学校在新生入学时都以讲座的形式给同学们介绍。

　　一般高职院校图书馆的藏书量有几十万册，而且现在的图书馆一般都允许读者自己进入书库进行选择。如果提前对自己所借书的学科门类、书名或作者不了解，要从这么多书里选出需要的图书确实很浪费时间。所以借书前最好通过某种途径了解一下拟借图书的一些情况。现在高职高专院校都有网上书名查询系统，不同学校图书馆不完全相同。

二、利用网络上的学习资源

　　老师布置读书任务后，如果一个同学说资料很难找，周围的同学肯定会说："你上网查了吗？用百度搜搜吧。"随着互联网的不断发展，网络已成为当今最大的信息库。网上资源的查询有两种方式：一是专业网站查询，可以进入中国期刊网、万方数据、维普科技信息网等，只要输入关键词或句子很快便能查到与之相关的内容。其特点是专业性强，但查到的主要是论文等研究性内容，而且查看全文需付费。除了这些专业网站外，还有一些数字资源网，这些网站可以提供免费的可供下载的图书。如道客巴巴、豆丁网等。另一种查询方式是一般网站查询，与专业网站相比较而言，其特点是信息资源丰富。虽然也能搜到专业的知识信息，但更多的是非专业的知识信息。一般都是借助于搜索引擎来完成的。目前常用的搜索引擎主要有：百度、谷歌等。当打开一个搜索引擎的网址后，输入搜索的项目，默认状态下，引擎就会提供一个网址列表，其中包括可能需要的信息。因为网络信息量巨大，在搜索时一定要明确自己需要什么样的信息，同时要培养自己从大量信息中选择所需信息的能力。

三、多向周围的人学习

　　大学里，不但要学会利用各种资源，更要学会向身边的人学习。案例中的小陈就是这样做的。一般大学的老师在自己所研究的领域都有独到的见解和较深的造诣，所以老师是学生获得知识的重要来源。向老师学习的主要方式是听课。老师在授课时会不断地把自己新的研究成果告诉大家，让学生和自己共同探讨，这个交流的过程就是获得知识的过程。当然在课下遇到问题时，也可以向老师请教。在大学里除了学识渊博的老师外，朝夕相处的就是身边的同学了，所以平时也要多与身边的同学探讨。要知道，一个苹果和一个苹果交换还是一个苹果；一种思想和另一种思想进行交换，每个人就有两种思想了。

四、留心各种讲座，积极参加社会实践

大学还有一个明显的特色就是各种讲座、沙龙、社团活动特别多。既有学术方面的讲座也有非学术方面的讲座；也有校外一些专家来开设的讲座。学校社团也会经常组织一些活动。这些讲座、报告和各种活动，会给大家提供一些新的知识、新的视角。一般在讲座开始的前几天，学校宣传栏里会张贴海报，提供讲座的时间、地点、主讲人以及所讲内容等一些情况。同学们平时要留心这些信息。不仅要留心本学校的讲座，也要留心附近高校的一些讲座。对于比较好的讲座，要提前去，如果去晚了很有可能难以入场。对高职生来说，还有一个非常重要的学习资源就是社会实践。社会实践对个人综合素质和团队合作精神的培养是课堂教学无法替代的。丰富多彩的社会实践活动使同学们学到很多在课堂上学不到的东西。这也是很多公司招聘时注重社会实践经验的一个重要原因。

五、认真选好课程

现在所有的大学都给学生开设一些选修课。大学里的选修课，就像是一顿丰盛的"自助餐"可是面对这么多具有独特味道和营养的"菜"，大学生应该知道如何选择才能做到既满足自己的口味，又营养均衡呢？很多同学可能会随便选选了事，就像案例中小陈的一些同学。这样就错了一条提高自己综合素质的途径。所以，在选择选修课时，最好根据自己的兴趣，同时结合专业特点，并考虑未来的发展等因素去选择。

案例：小霞现在是湖北某大学的学生，她考入高职的时候学习的是计算机专业，但是由于自己的数学不是很好，学起来挺吃力，而且她也不喜欢学理科。大二时，学校开设选修课，其中有传播学这门课，她平时很喜欢看传播方面的书，觉得很有意思，就选了这门课。经过半学期的学习，加上平时自己看书，她决定报考外校传播专业的本科。经过半年的努力，她最后如愿以偿地考上了一所重点大学传播学的本科。

项目二 规划你的学习生活

对好多同学而言，刚进入高职高专学习时会遇到很多不适应的地方。这就需要同学们主动调整自己，逐渐养成适应新的学习环境的学习习惯。高职高专学生需要的学习习惯是一种自主学习的习惯，需要同学们自己制定目标，自己执行计划，自己安排时间，自己调节各种压力。总之，就是在学习上多一点自我约束、自我监督、自我检查和自我调节。

完成学习技能测验，看看你的学习能力如何？如果你分数很高，那么再接再厉，继续保持。如果分数较低，请你思考究竟哪些方面应该进一步提高。

一、确定学习目标

　　没有切实可行的目标是一些同学在高职高专一、二年级感到迷茫的最主要原因。目标不是随便确定的，在确定目标时可以遵循以下步骤：先确定长期目标，一般是指高职高专学习期间的总目标，是自己经过努力可以接近或达到的水平。在确定的过程中要考虑自己的能力、水平、兴趣和所学专业的特点。可以自己确定，也可以与老师同学交流，了解大家的看法。确定长期目标后找出当前状态和目标之间的差距，然后确定阶段性目标。一般以时间为依据划分阶段，可以是一学年也可以是一学期。确定的目标便表达准确、可以量化。确定后，每隔几个星期最好自我检查一下，到学期或学年结束时，总结一下阶段性目标是否达到。如果没有达到应该找出原因，想想是因为自己没有努力，还是目标定得太高。表 5-2-1 是两个计算机专业大学生制订的学习目标，同学们比较一下，分析并思考自己的学习目标该如何制订。

表 5-2-1　学　习　目　标

目标	A 同学	B 同学
高职期间 总目标	取得优异成绩，熟练掌握本专业的知识与技能，提高自身修养	拿到学位，找到工作，提高自身素质
阶段目标	大一：各门课成绩在 80 分以上；学习计算机并报考计算机二级；参加学校网球协会 大二：各科成绩 80 分以上；过英语四级，练习英语口语；报考计算机三级；参加社会实践 大三：考取技能考试证书；争取过英语六级，练习用英语写文章；做一两份与所学专业相关的兼职，培养自己的实践能力	好好学习，争取好的成绩

二、制订学习计划

　　确立了学习目标后，怎样才能实现呢？答案就是制订学习计划，并对时间进行合理安排。高职生活可以分为几个阶段，每个阶段都有需要完成的重点与难点任务。这些重点和难点也就是计划的核心。以 A 同学为例，大二上学期重点和难点是英语四级，所以制订的英语学习计划如表 5-2-2 所示。

表 5-2-2　A 的英语四级学习计划

9～10 月	每天记一定数量的单词 每天做 4 篇阅读理解 英语泛听
11～12 月	每天做 4 篇阅读理解 每周做一套历年考题 英语精听 每周写两篇英语作文
第二年 1 月	加强英语学习薄弱环节

　　制订完学习计划后，接下来就是合理安排时间来具体执行了。说到时间，可能每个人都觉得自己很忙碌，但却不知道都忙了什么。所以在安排时间之前要了解时间分配的方法。可以先记录自己过去一个星期都做了什么，把超过半个小时的活动都记录下来，如表 5-2-3 所示。

表 5-2-3　时间记录表

日期	活动内容	开始时间	结束时间	活动评估
星期一				
星期二				
星期三				
星期四				
星期五				
星期六				
星期日				

　　通过一个星期的记录，可以了解自己一周的时间是如何度过的。然后对记录的每件事情进行分析。可以问下自己，这件事必须做吗，如果不做会怎样。然后算出自己每周有多少空余时间。知道自己有多少空余时间后，就可以制定周学习计划表，如表 5-2-4 所示。

表 5-2-4　周学习计划表

第　　周　　　　　　　　　　　　　　　　　月　　日至　　月　　日

主要事件 时间段星期	星期一	星期二	星期三	星期四	星期五	星期六	星期日

注：时间段根据自己的实际情况灵活划分

　　在周计划表中，每个时间段先填上所要学习的课程和学校规定的活动，剩下的时间就是自己可以支配的时间。在自己可支配的时间里填上计划要做的事情，就完成了一个周学习计划表。在安排任务时可按照重要性和紧迫性评价事情，再次就是紧迫但不重要的事情，然后是重要但不紧迫的事情。另外，也要根据一天中什么时间最适合做什么事情来安排做某些事，比如早晨更适合背英语单词，晚上更适合看专业书等。

　　时间计划表填写后，就需要同学们以高度的自觉性和毅力来保证实施。在填写周学习计划表时最好留有一定的弹性，这样在遇到意外情况时才能及时作出调整。而且每周也需要对自己执行情况进行检查。反思一下这周的计划是什么？完成情况如何？如果没有完成，原因是什么？是由于计划定制得不合适还是自己不够自觉？如何解决这个问题？下一周学习时间表如何制定？刚开始执行时间表不可能百分百成功，只要不断反思，发现问题所在，并不断调整，就可以形成适合自己的时间管理方式。

三、寻找适合自己的学习方法

大家先看一个小故事：

小娟是湖北省某职业学院一年级学生，学文秘专业。她来自比较偏远的农村，高中时学习成绩在班里还不错，但由于高考那几天身体不舒服以至于发挥失常，以几分之差没有考上理想的学校。知道成绩后，她想过复读，后来考虑到复读又需要一年的时间，而且听说高职可以专升本，于是就填报了这所学校。从入学第一天起，小娟就把专升本定为自己专科三年的目标。平时只要有时间她就去图书馆学习。可是一个学期过去了，她的成绩却不理想。有的科目甚至才刚及格。小娟很苦恼，明明自己很努力了可是还是学不好，是不是自己太笨了，渐渐地也就对专升本失去了信心，对学习也失去了兴趣。很偶然的一次机会，她和班里一个同学小莉聊天，在她看来小莉很聪明，平时感觉学习也不是特别努力，但是成绩却非常好。听了小娟的话，小莉说不是你不聪明，而是你学习的方法不对。于是，小莉就告诉小娟一些自己的学习方法，比如如何自学，如何记笔记，如何准备考试等。小娟也开始主动地寻找适合自己的学习方法。半年过去了，小娟的成绩突飞猛进，她也重新找回了自信。小娟和小莉成为了很好的朋友。

"工欲善其事，必先利其器。"这句话用在学习上就是：如果想取得好的学习效果，必须有高校的学习方法。学习方法是多种多样的，不是每种学习方法都适合自己，但是也有一些通用的学习方法，比如说记笔记。上高中时，老师会一次又一次重复每堂课的关键内容。高职的老师一般不这样，他们大都讲一些课程重点、难点、逻辑联系，很少重复，常常还会穿插一些教材上没有的新信息和一些自己独到的见解。这就需要上课时记录下来，所以掌握有效的记笔记的方法对每个高职生来说是很有必要的。下面介绍几个记笔记的小技巧。

1. 笔记本最好进行区域划分

常用的方法是在笔记本偏右的地方画一条竖线，线左边的部分记老师所讲的内容，右面的部分可以记一些自己的想法或对老师所讲内容的反思等。

2. 寻找记笔记的最优方法

可以自己创造一些小符号来代替常用的术语，这样可以留出更多的时间听课和记笔记。在记录时也可以穿插一些表格、流程图等，以便形象的描述各个部分内容之间的联系。

3. 记录关键的内容

很多同学做笔记时记了很多内容，结果阅读或复习时连重点都找不到。所以记笔记不要试图把老师讲课的内容都记下来，可以简洁记下老师上课时所说的重点内容，老师经常会说"应注意……""别忘记……""重点是……""这点很重要……"这些一般就是老师讲课的重点之处。除了定义或结论之类必须记录原话的知识点外，老师讲课的内容大都可以用自己的话来记录，要明白记录的目的是以后复习时便于理解。

4. 注意标题之间的层次关系，形成知识点之间的逻辑结构

老师讲课的内容往往是按一定的条理组织起来的，所以做笔记时要注意把笔记的内容按一定的层次关系进行组织。形成组织结构后，复习时也容易对知识有整体的把握。

5. 经常复习笔记

做笔记的目的不在于笔记本身，而在于充分利用课堂上老师所讲的丰富的学习资料。很多同学做完笔记就放在一边，等复习迎考的时候匆忙找出来才发现内容太多，难以在很短的时间里消化。这就需要同学们在做完笔记后及时复习。

四、调整心态，缓解学习压力

案例：都是学习压力惹的祸

2006 年 5 月，湖南某职业学院，学生公寓 4 栋发生了女生跳楼事件。后经其宿舍同学介绍了解到，该女生是本校三年级的学生。她平时学习非常刻苦，从大一开始就准备专升本，但是最近一段时间经常出现烦躁不安的情绪，经常自言自语说"我要是升不了本，该怎么办啊？"临近毕业，很多同学都开始找工作，她也没有找。前几天正好专升本成绩出来了，她差几分没考上。晚上 10 点钟的时候，她一个人出了寝室，谁也没想到她会用这种极端的方式结束自己年轻的生命。

当前社会竞争激烈，生活节奏紧张，作为高职高专学校的大学生也面临着各种压力。很多同学走过了独木桥，以为上了大学后终于可以轻松一点了。可是上了大学后，随之而来的计算机考试、英语四六级、专升本又把同学们拉入了为考试和就业而奔波的大军。面对这些压力很多同学不知道如何调节，这样势必会影响学习效率，进而压力增大，有的甚至形成恶性循环。当感到学习压力很大时，同学们可以去学校心理咨询中心找老师咨询，但最好的方法是自己平时注意调节。下面介绍几种避免学习压力产生的方法。

(一) 制定适合自己的目标

所有目标的实现都是需要一定条件的。积极进取、努力奋斗固然值得赞赏，但也要量力而行。如果自己英语不够好，那么考 PETS(全国英语等级考试)二级显然要比考三级明智得多，不要让自己背上一个不能胜任的大包袱。

(二) 与他人交流

当学习感到焦虑时，找一个人谈一谈是很好的调节方法。一般可以找信任的同学、辅导员老师、任课老师或者家人交流。通过交流，可以清楚地认识自己的焦虑，宣泄自己的消极情绪，而且大家也会提供一些消除焦虑的方法。

(三) 劳逸结合、防止大脑疲劳

有些同学进入高职高专的唯一目标就是专升本，他们认为和学习无关的事情都是浪费时间。整天看书、学习，虽然有时候学习效率很低，但却不愿意花一点时间去休息。有一句话说得好，学要学得踏实，玩要玩得痛快。现在高职院校都有活动中心，平时同学们可以去打打网球、乒乓球，锻炼身体的同时也放松了大脑。等休息好了，再全身心地投入学习。

五、了解你的学习风格

前面我们探讨了如何从整体上对学习生活进行管理，但是人和人之间存在着很大的差别，比如说有的同学喜欢动手操作，有的同学喜欢逻辑思考。所以说每个人都有适合自己的学习方式。这种差异也可以说成是学习风格的不同。下面我们做一个学习风格的测试，通过这个测试你可以知道自己的学习风格的类型。知道了自己的学习风格，在以后的学习中就可以采用最适合自己的方式。

找机会进行学习风格测试，看看你主要属于哪种学习风格。

（一）行动型

行动型学习者一直在寻找新体验，他们视野开阔，思想开放，热情地尝试一切新事物，总是先行动起来，之后再考虑效果，喜欢以头脑风暴解决问题。他们对某个活动的激情一旦消失，就会马上忙于寻找下一个目标。他们往往能成功地挑战新经验，但是容易对实施过程以及长期的巩固过程感到厌倦。他们虽然合群，但常常在讨论、合作过程中陷入自我中心。

行动型学习者善于在新体验、新问题和新机遇中学习，适合做一些时间较短且需要全神贯注的活动以及充满刺激性、戏剧性和变化的事情。因此，行动型学习者在学习过程中可以自己创造这种情景。同时行动型学习者思维比较跳跃，要注意发挥自己的创造性。但是行动型学习者不适合做比如分析解释数据，听讲座，独自阅读、书写、思考以及一些比较关注细节的事情。所以在平时学习时，要注意充分发挥自己在行动中学习的优势，当必须做一些处理数据或者独自阅读、书写、思考等事情时，可以适当调节自己的学习方式，并养成在行动前估计将学到什么、行动后评价学到了什么的学习习惯。

（二）实用型

实用型学习者渴望尝试新的想法、理论及技术，以证明它们在实践中是否可行。他们积极地探寻新的想法，而且尽早试验它们。他们喜欢与事物打交道，而且对吸引他们的想法反应敏捷且充满信心。他们很实际，喜欢做实用的决定并解决问题。他们对待问题和机会就像迎接挑战一般。他们的理念是"总会有更好的办法"和"有用就是好的"。

实用型学习者适合在比较真实的模拟场景中学习，如果把学到的知识立即应用于实践，学习效果会比较好。实用型学习者比较喜欢掌握一些做事的技巧，当他们需要做一些脱离现实，比如说理论性、普遍原理性的讨论学习，或者做一些没有明确准则的事情时，效果不是很好。所以在平时学习过程中，实用型的学习者要注意把自己所学的知识运用于实践，对于一些基本原理可以结合实际运用来学习。当学习没有外部奖励时，要注意激发自己的内部学习动机。

（三）反思型

反思型学习者喜欢反思经历并且从不同的角度审视它们。他们喜欢在作出任何结论前充分思考，他们所考虑的是缜密地收集和分析经历及活动的相关资料，因此他们倾向于尽量推迟做出确定结论的时间。他们的理念是谨慎。这类人深思熟虑，并且喜欢在行动之前考虑到所有可能的角度及牵连的问题。他们常常行为低调，做事情从容镇定。

　　反思型学习者适合做研究工作，比如进行调查、汇总信息、探明事实的活动。他们善于在反思中进行学习，适合在有充足的背景资料、压力较小的情况下进行学习。但是反思型学习者在未经计划就需要行动的情景中学习效果不够好。所以在日常学习中，反思型学习者应注意发挥自己的优势，对待一些活动自己最好提前做好背景资料的准备。当活动任务较多时，要注意调节压力，避免压力影响学习效果。

（四）理论型

　　理论型学习者善于把现象、信息归入特定复杂的理论。乐于分析与归纳，热衷于基本假设、原则、规律、模式，喜欢系统思考。这种人富有哲学素质，逻辑性强。他们常常在关注"这说明了什么原理？""背后的规划是什么？"他们常常很冷静，善于分析，致力于理性的客观的而不是任何主观的或含糊的事情，他们对待问题的方法一贯富有逻辑性，他们喜欢将确定性最大化，对主观判断、横向思维以及任何轻率的事情感到不安。

　　理论型学习者喜欢质疑和探索基本的方法论、假设或事情背后的逻辑，善于分析或归纳成败的原因，适合探索观点、事件、情景间的联系和相互关系。但是如果卷入非结构化的、极为含糊和不确定的活动，则学习效果不够好。所以在平时学习过程中，要发挥自己擅长分析思考的优势，当面对主观性较强的学习任务时，要注意调整自己的学习心态，也可以适当地对学习任务进行逻辑性分析。

　　高职高专学习生活规划见表 5-2-5。

表 5-2-5　高职高专学习生活规划

学习行为	具体做法与注意事项
确定学习目标	了解自己的需要、能力水平、兴趣，制定适合自己的学习目标；目标最好是表达准确和可以量化的，而且是经过自己努力可以实现的；制定学习目标要注意长期目标和短期目标相结合
制订学习计划	确定每个学习阶段学习的重点与难点，据此制定阶段目标；制订学习计划与合理安排时间相结合；设计学习时间表，并定期检查自己学习的进度
调整学习方法	寻找合适自己的学习方法；掌握最基本的学习方法，如记笔记，可以运用自己的语言记录，用符号代替常用术语，注意记住知识点之间的结构关系，经常复习笔记内容
调整心态，缓解学习压力	对自己有合理的定位；平时注意饮食与锻炼，劳逸结合，防止大脑疲劳；经常与别人交流，适当减少自己的压力
了解自己的学习风格	知道自己的学习风格，而且能根据自己的学习风格进行学习，明白自己学习风格的不同，并进行适当的调整和弥补

【拓展练习】

活动目标：

(1) 帮助你制订学习计划，形成学习的自我激励机制。

(2) 帮助你管理你的学习时间，促进学习。

活动内容：

(1) 这学期开学这么多天了，你是不是一直有一个学习目标还没有实现？那么仔细想想吧，再认真考虑一下接下来的 10 天的学习目标和学习任务。

(2) 注意：这 10 天的学习任务要切实可行，同时要符合你的实际，目标不要定得太高因不切实际而完成不了，也不要过低而没有挑战性。

(3) 你所制订的学习计划和学习任务要具体，如每周去 2 次图书馆，每天记住 15 个英语单词，10 天看完 2 本专业书籍等。

(4) 仔细考虑接下来 10 天的学习计划和目标，将这份"与我自己的学习合约"认真填好。

与我自己的学习合约

合约说明：这份合约是我对自己的一个承诺，我会遵守我的学习合约，如期保质保量完成我的学习合约中所规定的学习内容。

合约内容：

合约的期限是 10 天，在这 10 天内我将完成一些学习任务，具体如表 5-2-6 所示。

表 5-2-6　学 习 任 务

学习目标		具体完成情况(10 天后根据学习记录填写)	原　因
学习目标 1	具体项目 1		客观 主观
	具体项目 2		客观 主观
	具体项目 3		客观 主观
学习目标 2	具体项目 1		客观 主观
	具体项目 2		客观 主观
	具体项目 3		客观 主观
学习目标 3	具体项目 1		客观 主观
	具体项目 2		客观 主观
	具体项目 3		客观 主观
说明：你的学习目标和需要完成的具体的学习项目根据你的自身实际情况而定。			

合约定制者：(签名)

＿＿＿＿ 年 ＿＿＿＿ 月 ＿＿＿＿ 日

(5) 将填写好的"与自己的学习合约"交给你的老师或者同学保管，10 天以后再将合约返还给你，同时邀请你的同桌或好友对你的学习情况进行监督。

(6) 你每天记录好自己的学习情况，反思你对你的学习合约的实施情况。

(7) 10 天以后填写好合约的实施情况，反思你对你的学习合约的实施情况。

说明：合约的期限是可变的，为了便于集体讨论和评估，建议整个班级用一个统一的期限。

讨论：

(1) 向大家介绍一下你的合约内容，合约签订以后这 10 天里你的思想和行动有了哪些变化？

(2) 你如期完成了学习合约的内容吗？若完成了你的承诺，谈谈你是怎样信守学习合约并一步步完成的。若你没有完成，谈谈造成你违约的原因是什么。

活动时间：分两次进行，10 天前制定合约 20 分钟，10 天后讨论反馈 30 分钟。

活动地点：教室。

模块六　纸上得来终觉浅，加强实习实践

【人生箴言】

有知识的人不实践，等于一只蜜蜂不酿蜜。　　　　　——萨迪

光有知识是不够的，还应当运用；光有愿望是不够的，还应当行动。　　——歌德

【模块导读】

(1) 结合个人现状，选择性地争取一些合适的实践机会。

(2) 能从多做多想的角度改进自己目前所从事的实践工作。

(3) 能有意识地结合自身需要，寻找兼职机会。

(4) 能以积极的心态理性看待实践中的挫折，掌握实习的有关要点。

 【案例播放】

小韩，男，青岛某学院酒店管理专业学生。下面是他的自述。

由于某些原因，我成了学院勤工俭学送报员。对于这份工作，我当时只是机械地接受了，并不知该怎么做。在工作过程中，我也碰过许多钉子。首先，我不知道将报纸送到哪儿，幸亏办公室的王老师告诉我将报纸交给他就可以了。于是，我只是将报纸从一楼取出然后送到二楼的办公室。但是，每当我看到老师忙碌的身影时，我不仅不能帮忙，还要因为本应是我的工作而去麻烦老师，虽然老师没说我什么，可每当我想到这些，总觉得过意不去。为此，我开始打听并尽量记住每个办公室的位置及所订报纸的名称，尽管有时老师说完，不一会儿我就忘了，还要再去问；尽管有时我也因记错了而尴尬；尽管有时我也因着急而想放弃……然而，渐渐地，我可以准确地将报纸送到各个办公室。

可另一个难题却摆在我的面前。随着老师和同学信件的增多，每次我都要拿着一大摞信件去麻烦老师。我就想我能不能把每位老师的名字都记住。这个想法是不错，可实施起来却很难，整个学院仅任课老师就有70多位。正在我为难之时，又是王老师帮我解决了难题，他把每个教研室里老师的名字都记下来给了我一份名单。虽然，我还是经常知道名字不认识老师，可这已足够了。我也开始熟悉这个工作了。

记得我姐常对我说，对工作可以选择不干，但若选择了就一定要尽心尽力。我也常在心中默念这句话。在熟悉送报员的工作后，每次只需二十几分钟就足够了，我便有了更多的剩余时间。这时，一个想法冒了出来：既然有空闲，干嘛不试着多做一点？巧的是，这时王老师告诉我会议室和两个书记办公室需要人打扫，我就顺便干起了这个工作。我也懂

得了刚工作要用心去做，要多想点。在打扫整理完房间后，还有空闲时，我便提水；若还有空闲，我便整理老师的文件……总之，只要有空闲，我便试着多做一点。在此过程中，我也从老师肯定的眼神中体会到了工作的快乐。

从开学至今已快一年了，在这一年的勤工俭学生活中我学到了许多，也感受到了许多。过去我在家时，家人对我的娇宠使得我很少为他人着想，也因此失去了许多朋友。在工作中，渐渐地，我发现当你真心去为他人服务时，就会赢得他人的尊重。也许你做的事并不大，但只要你用心为他人着想，同样能感动对方。回到家，家里人都说我像变了个人，懂事多了，我既惭愧又庆幸。惭愧的是从前我做得不好，庆幸的是这份勤工俭学的工作让我懂得了如何为他人着想，像一只迷途的羔羊找到了回家的路。尽管路上还有很多坎坷等着我，但我已找到了家的方向，对于今后的工作，我还没有想太多，我正在尝试着将我在酒店管理专业学到的服务理念用到我的工作中，我想这也许是对我的一个考验吧。在这个过程中，我会学到许多，放弃许多。但有一条，我将坚持下去。如果还有时间，我会试着多做一点。

案例分析：

1. 小韩说自己"像一只迷途的羔羊找到了回家的路"，对此，你是怎么理解的？
2. 如果你是小韩，面对类似送报的简单任务，你会怎么想、怎么做？

　【行动指南】

项目一　挖掘内需，搞好校内实践

如同小韩，认真做好校内某一项工作，我们一样可以获益匪浅。这种心态的调整和职业能力的发展，有时也影响职业价值观的形成与变化。

所谓职业能力，通俗地说，就是做好工作、完成任务的能力。如任课教师的主要职业能力包括备好课、上好课、做好教学研究等。既然搞好校内职业实践很有必要，对自己很有好处，那么，同学们不禁要问：具体该怎么做呢？

一、改变轻视校内实践的态度

不少同学认为，各种校内实践，如送报纸、打扫校园卫生、布置会场、在学校食堂做服务员，大都是伸伸手、弯弯腰、端端茶、送送水，给老师打打杂、跑跑腿之类，能有什么价值？由此，这些同学轻视校内实践。

其实，任何能力的发展都是一个循序渐进的过程，需要从点滴做起。职业能力也不例外。好比一位出色的教师，通常是从练好板书、发音、口语表达等看似简单的能力一步步形成自己独特的教学魅力一样。所以，同学们要想提升自己的职业能力，并不是只能到校外真实的工作场合才行，校内许多看似简单的工作一样可以很好地锻炼我们。

依然以小韩同学为例。虽然，他的工作始终很简单，也就是送报纸、帮老师整理文件、扫扫地等，但是，这些简单的工作却一样不简单地改变着认真体验的他。也许，起初面对送报员的工作，他是不情愿的，只是"机械地接受"。可是，在工作的过程中，各种人和事，比如王老师的友善，记住每个老师办公室的位置及所订报纸名称的难题等，却不断地改变着他的看法。正是在一件件小事的发生，一个个小问题的解决中，小韩同学学到了许多：友善待人、为他人着想的人际交往心态，用心做事、多想点、试着多做点的职业态度，用心改进自己的服务、赢得"客户"更多认可的心态，尝试融入酒店管理专业学到的服务理念的技能……而这些，正是他不断成长的体现，是简单工作的回报。经历了这些，他正式工作后，可能比多数同学更能形成平和、积极、不断改进的职业心态，扎实、细致的工作风格，友善、互助的人际关系，从而赢得领导、同事和客户的认可。

事实上，同学们毕业后，实际的工作虽然可能较为复杂、要求更高，但它们同样是由一些简单、具体的任务组成的。只有认真对待，做好每一件简单、具体的任务，我们才能成长为一流的员工，受到雇主和客户的青睐。

因此，要真正搞好校内实践、拓展自己的职业能力，部分同学首先需要反思和改变轻视校内实践的态度。否则，即使给予机会，我们也不会珍惜，当然也就少有收获。试想，如果小韩始终轻视送报员的工作，他又会怎么样？

二、了解一些主要的校内实践机会

参加实践，首先要知道有哪些机会。通常，校园内主要有以下一些实践机会。

1. 担任各种学生干部

担任各种学生干部，包括班级干部、年级干部、院系干部等，既是协助学校和老师做好有关学生管理和教育工作，也是最常见的可供同学们自我锻炼的舞台。在学生干部的舞台上，不少同学通过组织、参与各类活动，大大提升了自己的综合素质，形成了某一或某些方面的职业能力或专长，如组织、协调、管理等能力。

2. 学校提供的各种勤工助学机会

勤工助学，指同学们在课余时间，参加各种兼职锻炼，获得一定劳动报酬的各种实践活动。对学生来说，主要有两类：一类是学校提供的，一类是自己寻找的。其中，学校提供的勤工助学机会，一般是校内各种实践机会最多的一类。

通常，学校提供给学生的校内勤工助学机会包括：

(1) 协助学校相关部门管理维护校内环境与治安，如协助学校保卫部门维护校内治安，协助学生管理部门管理学生寝室。

(2) 协助学校内部一些产业和后勤部门的有关工作，如学校食堂餐厅服务员，绿化部门兼职员工或助理管理人员，校内教室、马路、楼道卫生清扫人员，送报员，校园影视放映员。

(3) 协助老师管理学生、指导低年级学生，如从高年级学生干部中选拔助理班主任、助理辅导员等。

(4) 协助一些老师做一些办公室工作，如报纸的整理、文档的输入、来访人员的接待等。

(5) 协助任课教师的教学和科研工作，如协助校内知名教师从网络、图书馆等收集和整理有关教学和科研资料等，协助专业课教师准备课程或实验材料等。

(6) 一些企业单位在校内举行的促销活动，这些活动通常会通过校内勤工助学管理部门招聘学生促销员、礼仪人员、促销活动主持人和临时演员等。比如一些食品企业招聘学生促销员，在学生食堂前免费发放或低价促销饼干、饮料等，一些手机、MP3、U 盘等的经销商招聘临时礼仪、主持和演员，在校园搭台宣传和促销其经营的产品等。

……

对同学们来说，参加校方提供的勤工助学，可以一举多得：可以适当缓解自己读书的经济压力；可以培养良好的工作态度，形成一定的实践技能；可以熟悉学校有关部门的工作，更加了解母校的方方面面。对此我们可以从小韩同学的实践案例中得到验证。

3. 校内实习基地的见习与实习

一些学校，尤其是一些工科类高职院校，拥有教学实验室、实习车间、实习工厂等用于教学的实习基地。这些见习、实习活动，部分就在高校内。对于同学们来说，认真地对待校内见习与实习活动，也一定会受益多多。

4. 各种学生社团，尤其是带有职业性质的社团

我们前面已经对大学生社团进行了介绍，同学们对社团也有了比较深入的了解，这些社团尤其是一些带有较强职业性质的社团，负责人往往会设法开展一些诸如请专业人士做讲座，到企业见习等活动。同学们可根据自己的需要，在先了解的基础上，有选择地参加一些学生社团，给自己一定的锻炼机会。如有文艺特长或爱好的同学可以申请参加学校的艺术社团，希望从事记者和编辑职业的同学可以申请参加学生记者站，希望锻炼自己口才的则可以参加辩论会。此外，同学们还可以根据自己的实际情况，经学校批准，创建新的学生社团。

5. 用人单位的校内职业宣讲活动

一些用人单位，通常是各类企业，会不定期地前往部分高职院校召开校园宣讲会。校园宣讲会的内容，不仅包括招聘新员工或实习生，往往还可能应学生的现场要求而变得十分广泛，如详细介绍实习生招聘的岗位、实习期间一系列的培训计划、实习期间的薪酬福利，甚至是企业的文化等。通过企业了解其状况、用人需求，也许能从中发现新的实践机会。

三、努力争取适合的校内实践机会

相对于众多的学生，校内各种实践参与机会，如勤工助学信息、校内职业性社团的活动信息、企事业单位的职业宣讲活动，通常显得有些僧多肉少。因此，我们既需要通过同学、老师、校内宣传栏、校园网 BBS 论坛等途径广泛收集校内各种实践信息，并从中选择适合自己、更能锻炼自己的实践项目，也需要当仁不让，努力争取校内适合自己的实践机会。

机会往往来之不易。面对机会，如果自己确实是最合适的人选，就应当当仁不让，努力争取，以免留下遗憾。市场经济讲究效率和效益，企业不仅需要从业人员的风险警示，更需要那些能给企业和社会带来更高工作效率和更多工作收益的人才。这需要同学们有意识地形成"毛遂自荐、唯才是举"的观念，用正当的手段，获取适合自己的锻炼机会。

四、妥善处理实践与课程学习的冲突

实践并非越多越好，也并非我们担负的职责、享有的职务权力越大越好。这是因为，过多的实践、过重的工作任务，往往会影响我们的学业。

作为学生，如果课程学习不能保证，最后难免留下遗憾。因此，当我们从事的各种校内外实践与课程学习发生冲突时，首先要考虑调整学习和工作的方式方法，力争做到既保证学习又保证工作。万一无法同时兼顾，建议同学们以课程学习为重，适当放弃部分兼职工作，以确保自己有足够的精力完成课业学习。应当提醒大家的是：得到就有付出，机会并非把握得越多越好；只需抓住一两个你特别在意的机会，全力地把它们做好，你就将终身受益。

我们就如何做好校内兼职实践，设计了一个"如何做好校内职业实践"参照表，如表6-1-1 所示，以供大家参考。

表 6-1-1　　"如何做好校内职业实践"参照表

措施	具 体 做 法
改变轻视校内实践的态度	认真反思自己对校内实践的态度。认真审视校内实践的功能。仔细思考凡事从简单小事做起的道理。调查走访部分校内实践活动
了解一些常见的校内实践机会	(1) 各种学生干部；(2) 学校提供的各种勤工助学机会；(3) 校内实习基地的见习与实习；(4) 各种学生社团，尤其是带有职业性质的社团；(5) 用人单位的校内职业宣讲活动；(6) 校内举办的各种比赛，尤其是职业技能大赛等
努力争取适合的校内实践机会	选择性地争取适合自己的锻炼机会。如果确实是适合自己的，就应当当仁不让，但不能通过不正当途径搞恶性竞争
认真做好每一份校内实践工作	在工作中多想有关实践工作的性质、要求、如何改进、收获等问题。在工作中坚持从小事做起，从顺利完成每项任务做起，保持良好心态，积极主动开展工作
妥善处理实践与课程学习的冲突	调整工作与学习方式，确保课程学习，不要见机会就抓，认真做好手中的工作

项目二　珍惜机会，做好校外职业实践

校外职业实践更能锻炼人，我们应该更加认真对待。通过校外职业实践，可以更好地接触社会、了解社会，不断提升自我的综合实践能力，可是有的同学可能会提出疑问，如何进行校外实践呢？

一、合理安排课余生活，适当从事课余兼职

大学生活中，课余时间比较多。怎样度过课余时间，大家做法不同。例如，在日常生活中，谈恋爱、看小说、打球、打扑克、打游戏、看电影、逛街、跳舞、吃喝、聚会、看书、打"温暖牌"毛衣、打工、做生意……都是存在的。

然而，从职业发展，尤其是职业能力提升的角度来说，对课余时间利用率的不同，会带来完全不同的结果。不少同学因对课余时间的不当使用和不当休闲给自己造成了苦恼。同样，也有很多同学因合理安排了课余生活，而使自己进步更快。

同学们在课余兼职时，如果能找到与自己梦想相关的工作，当然更好；如果没有，只要你认真体会，也一定能获益良多。从另一个方面来说，如果大家只在校园内学习与生活，不了解社会的就业需要，这对自身职业素质的提高和职业能力的培养是很不利的。适当从

事兼职，既可以帮助我们了解社会，了解职业岗位的需要，寻找与社会的最佳结合点，尽早进行职业探索，寻找适合的职业岗位，又可帮助自己顺利就业。

二、集中利用寒暑假时间，积极开展假期实践

很多学校对同学们都有暑假实践的要求。这种实践，通常有两种方式：学校组织和自行寻找。相对而言，在多数学校和院系，经申请后学生能够参加学校组织的暑期实践，如文化下乡、科技下乡、假期义务支教、农村调查、企业调查、企业实习，但这类实践名额相对有限；大多数同学要开展暑期实践还必须通过亲戚、朋友帮忙等方式自己寻找。

有幸参加学校组织的暑期实践的同学应当好好珍惜，按照带队老师或同学的要求认真地付出和体验，而不是"搞搞形式、吃吃喝喝、看看玩玩就结束了"，否则，就不会有多少收获。而对于大多数不能参加学校组织的实践的同学来说，又该怎么办呢？

或许，你曾听到过"暑假难得的两个月可以集中做事、从事各种社会实践，应该加以珍惜、利用"之类的话。然而，怀疑的声音也从未消失过，诸如"炎炎夏日，酷暑难当，放着家里和商场的凉快不去享用，为什么要去搞什么暑期实践？""既然是放假，首先当然该休息""暑期实践，短短两个月，又能学到什么？""我暑假去实习了，可是无非就是接接电话，并无什么收获""暑期社会调查，调查什么？有必要吗？"……这类反对或不大赞成的声音，在同学、家长甚至老师当中也并不少见。

抛开这些争议，我们不妨先看一则关于暑期实习的典型报道节选。

【案例】大三学生小鹏在一家咨询公司实习两个星期了，本来期望"市场助理"这个岗位能带给自己很多难得的经历，但她一天的工作竟然是打4个小时的电话，询问一些电话号码，以方便公司职员进行电话推销，并且美其名曰"开发潜在客户"。小鹏无奈地感叹："这样的实习太没劲。"

上海大学文学院的小陈现在在一家电视台实习，至今已经过去两个星期了。然而每天做的只是一些杂事，这令小陈十分失望，"原本我以为进这样的单位实习一定可以学到很多实用的工作技能和社会技能，大大提高自己的社会竞争能力，但是没想到我到现在还没有做过一件实事。"小陈每天的工作就是整理资料、接电话、复印文件和发送传真。"每天做着与电视台无关的事情，反而更像是在打杂一样。"小陈感叹道。

复旦大学社会学系的小李，在一家社会服务机构实习，虽然岗位与自己所学的专业对口，但是她也有着同样的感叹。机构里的员工们认为小李是在校大学生，有理论无履历，所以她每天只能打打字，做些类似于端茶送水的事情，她自嘲成了"茶水小妹"。

对于实习生的抱怨，一些用人单位往往认为，实习生的暑期实习期最长不会超过两个月，刚刚学会一点简单的技能实习期就结束了，于是难以组织一些"本质性"的工作。

对于大学生"实习中只做杂事"的抱怨，一位人事经理也指出，实习生中存在眼高手低的问题。上海大学成才服务中心的李志芳老师也忠告大学生，在实习的时候，不可能依赖别人手把手指导，而要自己留心观察，"比如打电话时说话的技巧、待人接物的方式、办公的具体流程等，这些都是要通过自己去发现，去学习的。"

这则报道中，小鹏、小陈、小李的遭遇，是比较具有代表性的。面对他们的遭遇和用人单位的解释以及旁观者的看法，你是怎么想的呢？是认同他们的感慨，还是认同人事经理和李志芳老师的忠告？或者，你还有其他的看法……

　　作为学生，很多同学同情并认同小鹏他们的感慨，觉得实习单位是在找借口糟蹋人，觉得某人事经理和李老师"站着说话不腰疼"。可是，如果单位的领导，面对"还是半大孩子"，经常还"心高气傲""动手能力差""连简单的小事都做不好""暑假时间短，还没适应工作又要离开""还不了解此人的真实人品和能力情况"的暑期大学生，你愿意接受吗？愿意委以重任吗？

　　由此，大家不难明白，为什么自己去找暑期实习会那么困难；而找到的，往往做的事情也都是比较简单的，甚至只是打打杂。然而，正是因为难找，找来的机会才应该更加珍惜。而且，人事经理和老师们的忠告也不无道理：大事有大事的学问，小事有小事的学问。当前，一方面，同学们普遍缺乏社会阅历，自身水平及实践能力还不足；另一方面，很多地方暑期实习生明显供大于求。在此种背景下，机会难得，同学们更不要小看接电话、发传真、送文件之类的小事、杂事。通过它们，你一样可以学到很多东西，如打电话可以锻炼语言表达能力和沟通技巧，送文件可以锻炼人际交往能力，而整理文件则可以获悉内部信息，还可培养做"细活"的耐力。只有不怕吃苦、吃亏的同学，愿意从基层做起，谦虚好问、善于观察，把自己当做"实践中学习的学生"，才更能受到暑期实习单位的好评，自己也才能得到更多的收获和机会。

　　所以，建议大家，应尽可能充分利用暑假这段较为集中的时间，通过企业网站、学校就业网、亲朋好友或老师的介绍等途径寻找各种暑期实践机会，如行业调查、企业实习等。得到机会后，不管你当时是否觉得有意义，都应认真、仔细地做事，多学习、多观察、多请教、多反思、多总结、多改进。只要能坚持这样做，你一定会有收获。

　　当然，如果你能找到与自己所学专业对口或感兴趣的暑期工作，如果用人单位愿意与你签订暑期实习合同，如果你能有幸进入那些乐意培养暑期实习生的企业……这更是求之不得。不过，无论如何，请勇敢地去实践，用心地感受和总结你在暑期实践中的一切经历，充分利用暑期开展个人职业探索。

　　如果说积极开展暑期实践，多数同学还比较容易理解和接受的话，那么连与家人团聚的寒假时间也要利用起来，开展实践或职业调查之类的职业探索活动，多数同学可能就难以理解了。

　　其实，趁寒假春节期间的探亲访友、同学聚会等时机，与亲朋好友们在喝茶、聊天、看电视等愉快的氛围中相互交流一年来的学习或工作的经历与感受，询问一下对方在职场上的所见所闻，不仅不用刻意占用多少时间，而且能够体现我们对亲朋好友的关心和信任，使双方能够更好地巩固感情。这是件一举多得的事情，通常我们的亲朋好友并不会反感这样的话题。

　　另外，春节期间，城里的同学还可以利用很多店家搞促销活动的机会，在休闲购物中注意观察，了解这些行业，尤其是服务行业的相关情况。

　　总之，要充分抓住每一个寒暑假实习实践的机会，利用寒暑假期间集中实习实践对提升自身综合素质有着非常重要的意义。做好假期实践，为自己的职业生涯规划和职业生涯发展路线打下坚实的基础。

三、积极参与专业实践，加速个人专业成长

　　专业实践，就是运用自己所学的专业知识从事实习实践活动。它包括的范围很广，如

与专业相关的社会调查、技能比赛、参观见习、课余兼职、暑期实习、工艺设计、毕业实习等。这里，我们重点谈一下专业见习和专业技能比赛。

1．专业见习

为培养应用型人才，很多学校积极组织学生开展专业见习。它的形式主要有两类：一类是到相关企业实际参观，一类是听企业人士做有关企业情况、个人工作经历和感受等方面的交流报告。

专业见习，无论是参观，还是交流，都有助于我们更好地了解所学专业的有关信息，如对应的行业和岗位情况、行业发展前景、当前员工素质状况、对新员工的要求等。现实中，由于多种原因，一些同学往往对专业见习并不在意，认为只是走马观花或者随便听听而已。实际上，如果我们能够更加认真地对待专业见习，仔细地观察或倾听，及时地询问和记录，并于事后反思，对照个人当时的状况，我们将会有更多收获，尤其是在思考如何改进专业态度和专业技能方面。

2．专业技能比赛

专业技能比赛是指由学校或其他机构组织的，运用某些专业技能解决问题，并予以优胜者一定奖励的一类活动。在认真学好专业的同时，选择性地参加一些由学校、学校上级主管部门或学校联合相关企业等组织的正规技能比赛，不仅能够让我们围绕解决问题更好地学习和运用专业知识，发现不足，而且很有可能得到奖金、证书、推荐实习甚至就业机会等意外惊喜。

四、全力搞好毕业实习，把握潜在就业机会

毕业实习，不仅是高职教育人才培养最重要的一环，而且往往还是就业预演。因此，对于毕业实习，同学们需要高度重视。

【案例】

小侯，男，青岛某学院家电维修专业学生

大三上学期，我到青岛金鹿车业有限公司实习，被安排到天津分公司。首先是两个礼拜的车间实习，主要学习自行车、电动车的组装流程。在订单多的旺季，组装线一天到晚没停过，晚上还要加班，和我在学校时想象的车间工作相差甚远，感到很窝火，甚至萌生了要回学校的念头。后来，我被安排到国际贸易部，先是熟悉环境，然后跟师傅学习储运，具体工作是监柜。后来，因工作踏实，经理让我跟着学习制订计划，跟师傅学习做商检、报关。我学的是家电专业，做这个工作，对我来说确实是一个很大的转折与考验，但仅一天的实习，我就发现自己的英语及计算机水平很差劲。看着同事们和外国客户侃侃而谈，而自己竟然无法开口，看着订单上竟然有许多我不认识的单词。为了尽快融入工作环境，我从同事那里借来有关贸易专业的课本，从头学起。为了提高自己的英语水平，我从书店买来专业英语课本及磁带，利用下班后及休息时间学习。因为计算机操作不是很好，我经常向师傅们请教，以提高操作水平。凭着这些，我终于又很快适应了新的工作。实习结束，我得到了实习单位领导和同事们的好评。

通过这次实习，我认为，要想超越自己，首先要相信自己，相信自己并不比别人差。实习中的挫折，是对自己的锻炼，要从中懂得什么是压力，什么是责任，什么是自力更生。

要生存、要发展，就不能只看眼前的得失，只有这样才能真正沉得住气。如果为眼前的情况所困，甚至久久不能自拔，就有可能为其所惑而陷入一种迷乱之中，无法看到自己的潜能。

另外，我认为毕业实习是我们步入工作十分关键的环节。通过听、看、做使一些看起来繁杂的专业知识很快被理解和掌握，这是在课堂上学不到的，毕业实习是培养我们能力的一种有效形式。我还认为，我们不能局限于自己所学的专业范围，要敢于尝试其他的专业，这样才能发现自己的潜能所在。

案例中，小侯同学从起初的"窝火"、"想回学校"，然后经过"仔细想想"克服了思想波动，到最后决定"脚踏实地"地做。由于"工作踏实"，得以"跟师傅学做商检、报关"。然而，新的问题又来了，商检、报关与自己所学专业完全不同，自己甚至连订单都无法看懂！怎么办？他选择了迎难而上：向同事们借贸易类的书，从头学起；从书店买来英语书籍和磁带，抓紧补上；向师傅们请教计算机操作，提高水平。经过努力，他又很快适应了新的工作，最终受到了好评。总结实习经历时，小侯同学强调了相信自己的重要性，强调了以积极心态面对实习困难及冷静处理问题的重要性，真切表明了自己对毕业实习环节重要性和效果的认可，并根据自身经历，建议同学们勇于尝试别的专业。

毕业实习中，虽然我们可能会遇到很多困难，但是认真付出和体会的同学必将有很大收获。此外，在现实中，还有许多同学通过毕业实习，顺利找到了工作——对于企业来说，由于对已在本单位实习过的学生有比较多的了解，包括个人修养、学习技能、综合能力等，那么在选择人才时自然就会优先考虑。

那么，对待毕业实习，我们究竟应当怎样做呢？

1. 尽可能有针对性地选择实习岗位

毕业实习，往往又被称为就业实习，通常是为就业打基础的。因此，如果有可能，同学们应结合个人特征，包括性格、兴趣、所学专业、个人专长等，尽可能选择与个人特征较为吻合或靠近的行业、企业和岗位。简单来说，就是尽量选择与自身专业相关的岗位和自己有兴趣的岗位，这样才能最大限度地展现自己的专业能力，为自己的转正增加砝码。

2. 以正式员工的标准要求自己

即使不是为了获得就业机会，但无论是从社会责任感的角度来说，还是从赢得个人声誉和好评来说，一旦进入实习单位，我们都需要以正式员工的标准来要求自己。因为，只有当我们把实习当成自己的第一份工作，把自己当成企业的一名新进的正式员工来要求，努力为企业带来更好的声誉和效益，包括在着装、打卡等一些细节上都按照企业的规章制度、要求和职业人的标准要求自己时，我们才能真正受到企业的认同。这样，企业才会真正相信我们的人品和能力，乐意逐步提供一些实质性的锻炼机会给我们，而不是一味地打杂。否则，如果我们在心态和言行上总把自己当成一个与企业毫无关系，实习后就走人的"旁观者"，谁愿意信任我们呢？——换成你是企业领导或正式员工，你愿意吗？

以正式员工的标准要求自己，就需要有强烈的责任心，需要快速提高业务素质，需要与同事们坦诚沟通、友好合作，需要在仔细观察的基础上积极提供合理化建议。

(1) 强烈的责任心。

既然在企业某一岗位实习，就要承担起这个岗位应有的责任。作为实习生，我们需要有强烈的责任感，对负责的事情要负责到底，对确实有困难的工作应及时、主动向主管说明，决不能含糊应承却不能按时完工。只有脚踏实地、富有责任感，才会引起公司、部门的注意。

(2) 快速提高业务素质。

作为实习生，我们表现出色与否，最终体现在工作能力上，即业务能力上。即使我们在校期间学习成绩优异，但知识的掌握和知识的运用毕竟不是一回事儿。所谓知易行难，只有我们在实习岗位上，尽量发挥出最大的潜能，快速、高效地适应实习岗位的要求，才能真正受到实习单位的青睐。

(3) 坦诚沟通、友好合作。

在公司内，大多业务的完成是需要与其他同事或部门合作的。所以，良好的沟通意识和沟通能力至关重要。谦虚地求教、坦诚地沟通、友好地合作，不仅有助于我们适应工作环境，而且有助于从前辈那里学习到成功的经验。沟通时，既要和同事多交流，也应和主管多沟通，从而更好地了解他人对自己表现的看法，认识到自己的不足和缺点，以便及时改正。

(4) 积极提供合理化建议。

企业需要不断创造更好的效益。为此，只要方式不偏激，可以带来效益的合理化建议都是会受到欢迎的。我们既需要以积极的态度参与实习，不坐等老师来安排，也需要在仔细观察的基础上多加思考，大胆提出一些合理的建议。通常。企业会青睐既善于合作，又有想法、勤于思考的实习生。或许，就因为某一个合理化建议，你能得到意外的惊喜。

3. 在实习中考察对方

一般来说，实习主要是实习单位对实习生的考察。然而，如果我们有到该企业或该类行业的求职意向，我们也应注意考察对方。主要考察的问题包括：我是否适应这里的工作环境，是否喜欢这份工作，是否能和其他人很好地沟通合作。

经过细致考察和慎重判断，如果答案是肯定的，那么，你就积极争取留下来；如果是否定的，那么你就要考虑自己下一步的选择了。否则，当你正式签约之后，却因为这些原因而离职，既给企业带来损失也耽误自己的时间。

4. 一份正式的实习鉴定

为了增强以后求职简历的说服力，实习结束时，一定要完成一份正式的《实习鉴定》。很多大学生实习了，但在简历上，只有很简单地描述某年某月在某单位实习过，这在求职过程中是很没有说服力的。假如你能出示一份正式的《实习鉴定》，那就很不一样了。《实习鉴定》上可以写明实习的岗位、岗位描述、实习过程中完成的工作或项目、工作评价或项目评估等，最后让指导老师或企业负责人签字盖章。

五、妥善处理校外实践与校内活动的冲突

与妥善处理校内实践与课程学习的冲突类似，我们还需要妥善处理校外实践与校内各种活动之间的冲突。处理的基本策略是使用科学的决策方法，分清轻重缓急，确保重点。

最后，就如何搞好校外职业实践，我们也设计了一个表格，如表 6-2-1 所示，以供参考。

表 6-2-1 "如何搞好校外职业实践"参照表

措 施	具 体 做 法
适当从事 课余兼职	以保证课业学习为前提，以锻炼自己为主要目的，争取与个人职业理想、兴趣、专业等相结合，注意防范兼职中的风险，确保个人人身安全
积极开展 暑期实践	积极参加学校组织的暑期实践，抛弃暑期实践无用论的观点，理性对待暑期实践中遇到各种困难，包括机会难找、不被重视等，认真付出，做好每件小事，及时总结暑期实践感悟
开展寒假 职业调查	利用春节走亲访友的便利，交流职业经历与感情，利用春节厂家、店家促销时机，认真观察、考察一些行业
积极参与 专业实践	认真对待专业见习，及时记录、整理所见所闻所感，积极参加正规专业技能比赛，锻炼自己，条件允许的情况下，积极参加其他各类专业比赛
努力做好 毕业实习	尽可能有针对性地选择实习岗位，以正式员工的标准要求自己，在实习中注意考察对方，要一份正式的实习鉴定
妥善处理校内外 活动安排的冲突	使用科学的决策方法，分清轻重缓急，确保先完成重要而紧急的任务

【拓展练习】

活动目标：通过交流，拟定暑期职业实习计划，指导整个暑期实习进程。

活动内容：

(1) 准备阶段：

① 实习目的方面：希望哪些方面能力得到锻炼和提高？准备寻找怎样的实习岗位？

② 信息收集方面：你将从哪些渠道收集暑期职业实习信息？

③ 信息处理方面：你如何分析收集来的实习信息？你将从哪些角度选择实习机会？

④ 材料准备方面：你打算向实习单位提供哪些个人材料？如何根据这些材料，设计你的个人简历？

⑤ 洽谈准备方面：你如何与实习单位商谈，确定暑期职业实习的具体内容？如何明确实习单位对你的安排与计划？

⑥ 其他准备方面：实习之前，你还需要做哪些心理和知识准备？

(2) 实施阶段：

① 你打算如何迅速适应实习单位的工作氛围、工作进程与企业文化？

② 你打算从哪些方面反思实习效果，调整实习进程？

③ 遇到突发事件，你将如何处理？

④ 实习结束前，如何与实习单位告别？

(3) 总结阶段：

① 你打算从哪些角度总结和评价暑期实习？

② 暑期职业实习结束后，你打算如何在今后的学习与实践中更好地学习和实践？

活动时间：30 分钟。

活动地点：教室或其他合适地点。

模块七　于生活之中，全面提升自我

【人生箴言】

少年重学习，青年重修养，壮年讲功力，老年讲境界。　　——王广亚

行动是治愈恐惧的良药，而犹豫、拖延将不断滋养恐惧。　　——佚名

不是因为这些事情难以做到，我们才失去信心，是因为我们缺乏自信心才使这些事情难以做到。

　　　　　　　　　　　　　　　　　　　　——古希腊哲学家塞涅卡

【模块导读】

1. 生活处处皆学问，生活能教给我们很多；同时，我们也应该为美好的生活努力打造自己。因此，于生活中提高自己是可能的，也是必要的。

2. 本章选取时间管理、情商培养、自信心培养等与个人生活提升紧密相关的内容，以期探讨其对个体的影响及作用方式，并提供可供参考的提升方式与方法。

3. 生活不能只有工作和学习，休闲同样重要。因此，本章也试着探讨生活中的休闲方式及注意事项，培养学生健康的休闲方式，过更优质的生活。

 【案例播放】

初入大学的困惑

偶然在一位大学一年级同学的博客日志上看到了这样一段文字：

"如今大学生活已经过了 3 个月了，整体感觉就是累啊。不知道所做的有什么意义，大部分事情被冠之以锻炼自己的借口，其实整天就是忙。忙学生会的工作，累还不讨好；忙老乡会的事，一下子冒出了那么多的朋友，都要应酬；忙得连读书充实自己的时间都没有了，忙得必须要熬夜补作业；也不知道自己上课在学什么，学了那么多老掉牙的知识以后会派上什么用场；职业生涯规划也做了，可根本执行不了啊！再这样下去我就要完蛋了。我知道我得找个时间反省一下了，可是现在连反思的时间都没有了。人为什么这么累，这才大学啊，以后参加工作呢？更忙啊！现在终于知道为什么有人怀念童年了……"

看了这位同学的日志，恐怕大家都会产生共鸣吧。我们初入大学差不多都会经历一段时间的迷茫，面对新鲜而又陌生的大学生活，既兴奋，又迷惘；信誓旦旦地给自己制订了美好的大学蓝图，却又不知道如何着手去做。在老师的指导下我们都给自己制订了生涯规划，树立了远大的理想和抱负。可是，大家知道吗？有了美好的理想和憧憬，却不能掌握实现理想的正确方法，或者不能为之付出辛勤的努力，再美好的理想也只是水中月、镜中花。

中国有句古语"千里之行，始于足下。"亚里士多德也有一句名言"我听过的，我会忘记；我看到的，我会记住；我做过的，我才会理解。"若要有所提升，就必须能够躬行，而生活中的实践更是必不可少。只有从日复一日的生活中逐渐培养自己的优良品质，才能修炼成我们想要的样子。所以，于生活之中，全面提升自我。

 【行动指南】

项目一　立足生活，培养优良职业素养

一、时间管理

> 校园老树不说话，满园蔷薇又开花
> 四年存了好多话，说不出些许牵挂
> 记忆中的行李箱，那熟悉的寝室啊
> 一幕幕的相片啊，记录那一段年华
> 时间都去哪儿了，还没好好感受就要毕业了
> 风雨同舟四年了，曾经的回忆依稀还在眼前
> 时间都去哪儿了，让我好好看看你模样再走吧
> 酸甜苦辣的日子，转眼就只剩下斑驳的泪痕了
> 黑板前的老师啊，记忆中的面容啊
> 曾经同窗的那个她，前程路上再见吧
> 时间都去哪儿了，还没好好感谢就要毕业了
> 春秋冬夏四年了，回首过去早已是满眼泪花
> 时间都去哪儿了，让我最后抱抱你说声珍重吧
> 朝夕相处的日子，转眼就只剩下满满的离愁了
>
> ——《时间都去哪了》校园版

时间管理是所有大学生不可回避的问题。不会把握时间是大多数大学生的共同体验。"时间就是金钱"、"时间就是生命"、"一寸光阴一寸金，寸难买寸光阴"，诸如此类的话语每位大学生都可以脱口而出，但是他们究竟做得怎样呢？《时间都去哪了》的校园版道出了大学生对时间的无可奈何。

以下是几位"过来人"的体会：

"上大学之初感觉好极了！认识好多人，参加各种社团，没有考试，没有作业……可是，接下来，我发现所有的事情都堆在一起，难以完成！"

"我宿舍的一个哥们整天闭门不出，他几乎把所有的时间都花在 QQ 聊天和网络游戏上。"

"上大学之后我似乎变成了一只懒虫。平生头一回没有人告诉我该做什么，该什么时候做，于是我真的什么也没做——包括学习。"

"我要是在大学多学点东西就好啦!"

"我应该少看些电视剧，好好地约束自己，多读点书!"

可见，时间管理对于很多大学生来说，都是一件懊恼的事情。提到对时间的管理，我们可能都会羞愧地低下头，因为我们知道，时间这样浪费不好，生活这样过不行。我们都有珍惜时间的意识，缺乏的是对时间管理的有效措施以及实施措施的执行力。

(一) 时间的特点

时间看不见，摸不着，它是物质运动的顺序性和持续性，其特点是唯一性，是一种特殊的资源。法国思想家伏尔泰曾出过一个意味深长的谜:"世界上哪样东西最长又是最短的，最快又是最慢的，是能分割又是最广大的，最不受重视又是最值得惋惜的;没有它，什么事情都做不成;它使一切渺小的东西归于消灭，使一切伟大的东西生命不绝。"毫无疑问，谜底就是时间。时间对于不同的人来说有不同的意义。对于活着的人来说，时间是生命;对于从事经济工作的人来说，时间是金钱;对于做学问的人来说，时间是资本;对于无聊的人来说，时间是债务;对于学生，尤其是大学生来说，时间是财富，是资本，是命运，是千金难买的无价之宝。

时间具有以下一些特性。

(1) 不可回溯。时光的隧道是单向的——只有前进，没有后退。昨天过完是今天，接着是明天，逝去的永远不会再回头，一切都将成为历史，它不像空间一样，到过的地方可以"旧地重游"。

(2) 不能买卖。每天清晨只要睁开眼睛，一天 24 小时就摆在眼前。时间不需花一分钱就能到手，也不需努力去争取，但它不能买、不能卖、不能租、不能借，不论是富翁还是乞丐都不能改变这个事实。

(3) 无法暂停。我们毫无选择的余地，被迫以每天 24 小时的固定速率消耗它，时间一过，一切都将成为往事。我们无法像操纵机器一样操纵它，决定何时"开"，何时"关"。没有人能阻挡它前进，它更不会像火车到站，为了让旅客上下车，可以暂停。它像自由落体般没有暂停，只有终止。

(4) 毫无供给弹性。时间的供给量是固定不变的。在任何情况下都不会增加，也不会减少，每天都是 24 小时，所以我们无法"开源"。

(5) 无法蓄积。时间不像人力、财力、物力和技术那样可以被积蓄储藏，无论愿意与不愿意，必须消费时间，所以我们无法"节流"。

(6) 无法取代。任何一项活动都依赖于时间的积累，即时间是任何活动不可缺少的基本资源。因此，时间是无法取代的。

(7) 无法失而复得。时间无法失而复得。它一旦丧失，则会永远丧失。花费了金钱，尚可赚回，但倘若挥霍了时间，任何人都无力挽回。

(二) 时间管理的含义

时间管理学者杰克·弗纳对时间管理的定义是:有效地应用时间这种资源，以便我们有效地达成个人的重要目标。需要注意的是，时间管理本身永远也不应该成为一个目标，它只是一个短期内使用的工具。一旦形成习惯，它就会永远帮助你。一个人之所以成功，时间管理是非常重要的因素。如果我们想要成功，就必须把时间管理工作做得更好。

也有人认为，"时间管理"所探索的是如何减少时间浪费，以便有效地完成既定目标。由于时间所具备的独特性，所以时间管理的对象不是"时间"，而是指面对时间而进行的"自我管理"。

还有人认为，时间管理是在日常事务中执着并有目标地应用可靠的工作技巧，引导并安排管理个人的生活，合理有效地利用可以支配的时间。

综上所述，时间管理就是自我管理，就是事前的规划或长期的计划；自我管理即是改变个人习惯，以令自己更富绩效，更富效能；研究造成时间浪费的所有因素，改掉浪费时间的恶习，这些都是成功者必备的武器，作为大学生应该在大学期间学会或养成管理自己时间的习惯。

对大学生而言，时间管理就是在大学期间学会如何面对时间的流逝而进行自我的管理，其所持的态度是将过去作为现在改善的参考，把未来作为现在努力的方向。好好地把握现在，立刻去运用正确的方法做正确的事。

大学生时间管理的关键就是对事件的控制，即能够把每一件事情都控制得很好。时间管理是日常事务中执行的一种有目标的、可靠的工作技巧，例如，如何安排你的生活，怎样去规划你的学习或者工作的步骤，其关键是合理有效地利用可以支配的时间。

大学生时间管理的目的在于提高工作效率、学习效率、时间利用率，既要抓紧时间，合理利用，又要在单位时间内取得更大的工作学习成果。大学生的时间管理主要包括：学习时间管理；工作时间管理，如班干部事务、社会实践等；生活时间管理，如与同学交流的时间等，这些时间管理中都包含合理的休闲时间管理。大学生的时间管理主要是如何合理地安排时间来完成既定的目标。目标的确定是时间管理的基础，只有有了目标，才能安排时间来实现这些目标。所以时间管理先要确定追求的目标，然后制订一份计划并实践计划，不断地反思时间管理是否合理，以便加以改进。

管理大师彼得·杜拉克曾经说过：不能管理时间的人，就不能够管理一切。

早在 1930 年，胡适先生在一次毕业典礼上的演讲，就告诫大学生时间管理的重要性。他说："诸位毕业同学，你们现在要离开母校了，我没有什么礼物送给你们，只好送你们一句话。这一句话是：珍惜时间，不要抛弃学问。……达尔文一生多病，不能多做工，每天只能做 1 个小时的工作。你们看他的成绩，每天花 1 个小时看 10 页有用的书，每年可看3600 多页书，30 年读 11 万页书。诸位，11 万页书可以使你成为一个学者了。可是每天看 3 种小报也得费你 1 个小时的工夫；四圈麻将也得费你 1 个半小时的光阴。是看小报，还是打麻将，还是努力做一个学者呢？全靠你们自己选择！易卜生说：你最大的责任就是把你这块材料铸造成器。学问就是铸器的工具。抛弃了学问便是毁了你自己。再会了，你们的母校眼睁睁地要看你们 10 年之后成什么器。"

进入 21 世纪，经济一体化、信息全球化及科学技术的日新月异正飞速地改变人类的生活节奏，时间管理之于大学生，显得更加重要和紧迫。慢一步，差之千里；误一时，落后百年。大学生要想成才，要想成就一番事业，就必须对时间进行有效的管理，充分发挥自身的潜能。

（三）培养时间管理意识

有一篇文章这样写道：你想知道一年的时间有多重要吗？你可以问问重考的人；你想知道一个月的重要吗？你可以问问早产的人；你想知道一周的重要吗？你可以问问周报的编辑；你想知道一小时的重要吗？你可以问问等待见面的情侣；你想知道一分钟的重要吗？你可以问问错过火车的人；你想知道一秒钟的重要吗？你可以问问躲过一场车祸的人；你想知道十分之一秒的重要吗？你可以问问奥运短跑选手。

时间管理意识，本质上而言，就是对待时间的态度。在每个人的心里，都有自己的内在时间表，一年 365 天，一天 24 小时，一小时 60 分钟，一分钟 60 秒，但是每个人的主观世界都非常不一样，并且随着当时的情绪与想法而有所不同，具备时间管理意识，不仅仅只是节省时间，而是要能够了解时间，充分意识到时间的重要性，从而好好利用时间。为了解自己时间管理意识到底如何，先让我们做两个小实验：

■ 实验一：测量你的客观时间感

找一位朋友，请他帮你计时，凭感觉说出一分钟与五分钟，注意，不要心里默念记秒，只要静下心来，用心体会，感觉一下时间的流逝。

■ 实验二：评估自己的主观时间感

拿一本笔记本，记下每日你必定会做的事情(例如：刷牙洗脸、洗澡、上网、学习……)，再分别估算你会花多少时间，然后再记录下来。比较估算与实际所花的时间，了解之间的差别。

上面两个实验在帮助你注意时间的同时，时间感则被如此明显地看见，而我们其实一直是与时间同在的，就像是呼吸，当你注意呼吸时，呼吸才变得特别明显。时间管理意识，就是要把时间等同于自己的呼吸一样，不仅仅是要意识到它的存在，而且要认真对待。

（四）时间管理的方法

1. 计划管理

时间管理的重点是列出待办单和计划。待办单就是将你每天要做的一些工作事先列出一份清单，排出优先次序，确认完成时间，以突出工作重点，避免遗忘或未完事项留待明日。待办单主要内容包括非日常工作、特殊事项、行动计划中的工作、昨日未完成的事项等。在使用待办单时需要注意：每天在固定时间制定待办单(一起床就做)；只制定一张待办单；完成一项工作划掉一项；待办单要为应付紧急情况留出时间；每天都要坚持。计划就是针对每个时间段作个详细的计划，比如，每学期末做出下一学期的学习工作规划，每季季末做出下季度的学习工作规划，每月月末作出下月的学习工作计划，每周周末作出下周的学习工作计划等。

2. 时间"四象限"法

究竟是什么占据了人们的时间？这是一个经常令人困惑的问题。著名管理学家科维提出了一个时间管理的理论，把工作按照重要和紧急两个不同的程度进行划分，基本上可以分为四个"象限"：既紧急又重要(如学习任务、四六级考试等)、重要但不紧急(如建立人际关系、新的机会等)、紧急但不重要(如电话铃声、不速之客进入等)、既不紧急也不重要(如客套的闲谈、无聊的信件、个人的爱好等)，如图 7-1-1 所示。

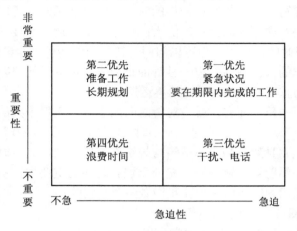

图 7-1-1　时间管理象限

时间管理理论的一个重要观念是应有重点地把主要精力和时间集中放在处理那些重要但不紧急的学习与工作上，这样可以做到未雨绸缪，防患于未然。在大家的日常生活工作中，很多时候往往有机会去很好地计划和完成一件事。但常常却又没有及时地去做，随着时间的推移，造成学习和工作质量的下降。因此，把主要的精力有重点地放在重要但不紧急这个"象限"的事务上是必要的，也需要很好地安排时间。

3. 面对诱惑，训练自己的需要延迟满足能力

需要延迟满足，就是我们平常所说的"忍耐"。为了追求更大的目标，获得更大的享受，要求大学生们训练自己克制与长远目标不符的欲望和诱惑的即时满足的冲动。事实上，那些事业有成的人往往能够面对诱惑而依然坚持自己应该做的事情，而时间管理能力差的个体，则常常面对眼前的诱惑而不能自拔，从而将大量宝贵的时间浪费在对职业生涯目标无效的地方。因此，有效的时间管理能力应该包括需要延迟满足的能力，大学生应该在平时有意识地训练自己这方面的意志力。

20 世纪 70 年代，在 Walter Michel 的策划组织下，美国斯坦福大学附属幼儿园基地内进行了著名的"延迟满足"实验。实验人员给每个 4 岁的孩子一颗好吃的软糖，并告诉孩子可以吃糖。但是如果马上吃掉的话，那么只能吃一颗软糖；如果等 20 分钟后再吃的话，就能吃到两颗。然后，实验人员离开，留下孩子和极具诱惑的软糖。实验人员通过单面镜对实验室中的幼儿进行观察，发现：有些孩子只等了一会儿就不耐烦了，迫不及待地吃掉了软糖，是"不等者"；有些孩子却很有耐心，还想出各种办法拖延时间，比如闭上眼睛不看糖、或头枕双臂、或自言自语、或唱歌、讲故事……成功地转移了自己的注意力，顺利等待了 20 分钟后再吃软糖，是"延迟者"。

后来，等参加实验的孩子到了青少年时期，研究人员对孩子的家长及教师进行了调查，发现："不等者"在个性方面，更多地显示出孤僻、易固执、易受挫、优柔寡断的倾向；"延迟者"较多地成为适应性强、具有冒险精神、受人欢迎、自信、独立的少年。两者学业能力的测试结果也显示，"延迟者"比"不等者"在数学和语文成绩上平均高出 20 分。

4. 树立时间观念，并立即将要做的事付诸实践

人的一生总共才有几十年，如果我们不珍惜，等到年老时便会追悔莫及。要想实现自己的职业生涯规划目标，头脑中就必须有时间观念。苏霍姆林斯基曾经写信给他的儿子："要改掉某些坏习惯，我指的是：开始工作以前闲坐15分钟；毫无必要地翻阅那些明明知道不需要阅读的书；睡醒了，在被窝里躺15分钟等。"拖延是一个很不好的习惯，就像是侵入木头里的蛀虫，如果任其发展，就会毁掉自己的前途。因此，合理利用时间的一个基本前提是立即行动，把要做的事情付诸行动。墨子曾说"志行，为也"，也就是说意志付诸行动，那是作为。现在广为流传的一句响亮口号"执行力就是生命力"，也说明了行动力的重要性。

二、情商培养

(一) 情商的概念

20世纪90年代初期，美国耶鲁大学的心理学家彼得·萨洛韦和新罕布什大学的约翰·梅耶提出了与智力和智商相对应的概念——情感智力(Emotional Intelligence)，并将其定义为"监察自身和他人感情和情绪的能力，区分情绪之间差别的能力，以及运用这种信息以指导个人思维和行动的能力。"主要是指人在情绪、情感、意志、耐受挫折等方面的品质。

1995年，美国哈佛大学心理学教授丹尼尔·戈尔曼出版了《情感智商》一书，明确提出了"情商"的概念。他认为，情商是一个人重要的生存能力，是一种发掘情感潜能、运用情感能力影响生活各个层面和人生未来的品质要素，是指人对自己情绪的控制管理能力和在社会上的人际交往能力，且更能决定一个人的成功和命运。戈尔曼在他的书中指出，情商不同于智商，不是天生注定的，其主要包括"五大能力"：自我觉察能力、情绪管理能力、自我激励能力、理解他人情绪的能力、人际关系管理能力。

(1) 自我觉察力——能及时觉察自我情绪的变化，并且能够找到情绪变化的原因。自我觉察能力是 EQ 的基石，这种随时随地认知自身感觉的能力对于了解自己非常重要。了解自身真实感受的人才能成为生活的主宰，否则必然沦为感觉的奴隶。

(2) 情绪管理能力——即根据自身情况、环境状况、人际交往状况，把握、控制、适当表现、发泄自己情绪的能力。自我情绪控制不等于压抑正常情绪的表现、发泄，能根据外部环境尺度与自己的内部尺度的统一，适当控制或合理发泄情绪。

(3) 自我激励能力——能够整顿情绪，保持高度热忱，让自己朝着目标不懈地努力。充分认识自我、激发自我潜力是成功的内在动力。自我激励能力强的人善于度过困境，也能在顺境中把握自己。

(4) 理解他人情绪的能力——能够理解他人的感受，觉察他人的真实需求。能否设身处地理解他人的情绪是了解他人需求和关怀他人的先决条件，戈尔曼用 Empathy(同理心)来概括这种心理能力，具有同理心的人常能从细微处体察出他人的需求。理解他人情绪，控制自我情绪，是改善人际关系的一个重要条件。

(5) 人际关系管理能力——指与同事、同学、上级、下级、友人等和谐相处的能力，是一个人社会适应能力的表现，也是一个人成功的重要条件。

在这五个方面中，前三个方面只涉及"自身"——是对自身情绪的认识、管理、激励

与约束。后两个方面则涉及"他人"——要设身处地理解他人情绪，并通过正确理解他人情绪来达到人际关系的和谐。由此，情商较高者有两个基本特征：内在(Intrapersonal)层面，妥善管理自己的情绪，懂得自制和自我激励，心灵保持健康；人际(Interpersonal)层面，了解他人的情绪，善于与他人和谐相处、合作，人际关系良好。

(二) 情商对职业发展的影响

以前人们认为智商高、学习成绩好的学生将来一定有出息，能成才。然而，现在我们越来越多地发现，那些在校时很聪明、学习成绩优秀的学生，走上社会后，工作业绩平平，甚至人际关系紧张，事业发展不顺者大有人在。而有些在校期间虽然学习成绩不是很突出，但在情商与智商方面和谐发展的大学生，毕业后，却能在事业上成就斐然。因此，人们得到一个经验：情商同智商一样，也是决定一个人成功、成才的重要因素之一。

一个高智商的人只具备了取得成功的机会，而高情商则决定他能否成功。对即将毕业的大学生来说，绝不只是具备专业知识和技能就能面对就业竞争、立足社会，还要有足够的社会交往和适应能力。当一个学生进入了特定的职业领域，他的社会生活、经济生活等都会发生很多变化。进入企业后，要适应新环境；要努力工作，树立良好形象，建立自己的职业地位；除了成家立业以外还要不断学习、提高，以避免知识和技能的老化。面对这些变化和未知的压力，我们不能原地踏步，只能调整自己的状态，使自己和社会的发展变化相适应。因此，在个体智力差距不大的情况下，情商就越来越显得重要了。

现代科学研究发现：情商对工作的影响力是智商的 9 倍；一个人的成功 20%取决于智商，80%取决于情商。以往认为，一个人能否在职场中取得成就，智力水平是第一重要的，即智商越高，取得成就的可能性就越大。殊不知，除了具备必要的智商和工作技能外，还要有职场为我们提供工作的机会。现代社会"非我莫属"的工作职位毕竟太少了。绝大多数的职位、岗位是用人单位的市场，而用人的标准往往取决于综合素质的高低；"能工作"和"能有效地工作"成了截然不同的概念和标准。有效地工作包括人的良好习惯、沟通能力、适度地自我表现能力等，而这些就是一个人在职场中情商的外在表现。掌握科学理论和专业技术是重要的，但是，要将科学理论和专业技术有效地运用和发挥出来，就必须要有良好的情商，即良好的习惯和心态等。

在中国当前大学生人才就业市场中，招聘单位常常在招聘广告中明确地写着应聘需具备良好的组织、协调能力及团队协作精神。对此，一些单位的负责人解释，企业的发展不是一两个人成就的，而是靠全体员工的共同努力，这就需要不仅业务熟练，还得具有亲和力、善沟通的"高情商"人才。目前，社会上流传一种说法"智商高、情商高，春风得意；智商高、情商低，怀才不遇；智商低、情商高，贵人相助"。这些观点虽然不是绝对科学和准确的，但足以说明情商对个人职业发展的重要作用。

(三) 情商的培养

智商是先天赋予的，而情商是可以培养的。情商如同人的影子，表现在学习、生活的各个方面，因此，作为当代的大学生，我们应当有意识地在学习、生活的细节中培养良好的情商。

1. 驾驭情绪

面对情绪，我们可以有两种选择：一是完全被情绪控制，成为情绪的奴隶；二是正确管理情绪，成为情绪的主人。成为情绪的奴隶还是主人，不取决于情绪本身而是取决于自己。现实生活中，有些人在面对情绪时，完全被情绪所控制，任由情绪牵制他们的一切思想、感受和行为。有效管理自我情绪，绝不是压抑或控制情绪，而是学习接纳情绪，允许自己有情绪，并通过适当的方法、在合适的场合缓解或表达自己的情绪。例如，我们不必因为害怕某物而感到不安，对触怒你的人生气也没有什么不对。这些感觉与情绪都是自然的，应该允许它们适时适地存在，并表达出来，这远比压抑、否认健康多了。接纳自己情绪的存在，才能谈及有效管理情绪。至于管理情绪的方法，就是要能清楚自己当时的感受，认清引发情绪的理由，再找出适当的方法缓解或表达情绪，我们可以将其归纳为以下三部曲。

(1) WHAT——我现在有什么情绪？

由于我们平常比较容易压抑感觉或者常认为有情绪是不好的，因此常常忽略我们真实的感受，因此，情绪管理第一步就是要先能察觉我们的情绪，并且接纳我们的情绪。情绪没有好坏之分，只要是我们真实的感受，我们都要学习正视它并接受它。只有当我们认清自己的情绪，知道自己现在的感受，才有机会掌握情绪，也才能为自己的情绪负责，而不会被情绪所左右。

(2) WHY——我为什么会有这种感觉(情绪)？

我为什么生气？我为什么难过？我为什么觉得挫折无助？找出原因我们才能知道这样的反应是否正常，只有找出引发情绪的原因，我们才能对症下药。

(3) HOW——如何有效管理情绪？

想想看，可以用什么方法来化解自己的情绪呢？平常当你心情不好的时候，你会怎么处理？什么方法对你是比较有效的呢？以下是四种常见的化解不良情绪的方法。

① 能量排泄法：对于不良情绪所产生的能量可用多种办法加以调整。例如，当生气和愤怒时，可以到空旷的地方大喊几声，或者去参加一些重体力劳动，也可以进行比较剧烈的体育活动，如跑两圈，扔几个铅球，把心理的能量变为体力上的能量释放出去，气也就顺些了。在过度痛苦和悲伤时，哭也不失为一种排解不良情绪的有效办法。

② 环境调节法：大自然的景色能扩大胸怀，愉悦身心，陶冶情操。到大自然中去走一走，对于调节人的心理活动有很好的效果，千万不要一个人关在屋子里生闷气。长期处于紧张工作状态的人，定期到大自然中去放松一下，对于保持身体健康，调节身心紧张大有益处。

③ 请人疏导法：人的情绪受到压抑时，应把心中的苦恼倾诉出来，特别是性格内向的人，光靠自我控制、自我调节还远远不够，可以找一个亲人、好友或可以信赖的人倾诉自己的苦恼，求得别人的帮助和指点，请旁观者指导一下，可能就会豁然开朗，茅塞顿开。

④ 自我激励法：自我激励是人们精神活动的动力之一，也是保持心理健康的一种方法。当遇到困难、挫折、打击、逆境、不幸而痛苦时，要善于用坚定的信念、伟人的言行、生活中的榜样、生活的哲理来安慰自己，使自己产生同痛苦作斗争的勇气和力量。

2. 敢于吃亏

敢于吃亏，单从字义上理解，肯定以为这是傻子的理论。其实，吃亏是一种福气。首先，吃亏可以锻炼一个人的心胸，锻造和打磨人的心理承受能力。这样做起事来就能百折不挠，哪儿倒了从哪儿爬起来，成为一粒蒸不熟、煮不烂、打不碎、响当当的金豌豆。再者，吃亏可以强化记忆，促使吃亏者进行自我反思并了解人情世故，可以从中总结经验，得出教训。经验教训会提醒自己哪些事可以做，哪些事不能做，哪些可以参与，哪些不能涉足，现在吃亏就是为了以后少吃亏，或者不吃亏。在学习、生活中，有些同学总是感觉自己做得多、获得少，吃了大亏。殊不知"做得多"已经为自己积攒了很多的实践经验，并在无形中

提升了处理和解决问题的能力，而这些能力也自然成为我们初入职场的竞争优势之一。

3. 注重细节

情商是个人情绪管理的能力，是个人综合素质的体现。每一个行为，无论是大型的谈判会议还是朋友间的卿卿细语，都可以反映出一个人的情商。人的一言一行，一颦一笑，都是整个人内心的真实写照。有些同学平时就很注意自己的语言表达习惯，"您"、"请"、"谢谢"等这些细小且常被人忽视的用语常常出现在这些同学的语言中。虽然这些都是语言表达的细节，但是就靠这一个个细节的不断积累，使得这些同学养成了礼貌用语的习惯，也使得这些同学受到他人的尊重与喜爱。情商的修炼不仅仅是读几本书、听几个讲座、做几次活动、记下几条行为准则就可以完成的，而是要将那些有益的心得和体会践行到自己每一个细小的行为中去。

【案例】

成功的应聘者

某著名大公司招聘职业经理人，应者云集，其中不乏高学历、多证书、有相关工作经验的人。经过初试、笔试等四轮淘汰后，只剩下 6 个应聘者，但公司最终只选择一人作为经理。所以，第五轮将由老板亲自面试。

当面试开始时，主考官发现考场上多出了一个人，出现 7 个考生，于是就问道："有不是来参加面试的人吗？"这时，坐在最后面的一个男子站起身说："先生，我第一轮就被淘汰了，但我想参加这轮面试。"

人们听到他这么讲，都笑了，就连站在门口为人们倒水的那个老头子也忍俊不禁。主考官也不以为然地问："你连第一轮都过不了，又有什么必要来参加这轮面试呢？"男子说："因为我掌握了别人没有的财富，我自己本人即是一大财富。"大家又一次哈哈大笑，都认为这个人不是头脑有毛病，就是狂妄自大。

男子接着说："我虽然只是本科毕业，只有中级职称，可是我却有十年的工作经验，曾在 12 家公司任过职……"这时主考官马上插话说："虽然你的学历和职称都不高，但是十年的工作经验倒是很不错，不过你却先后跳槽 12 家公司，这可不是一种令人欣赏的行为。"

男子说："先生，我没有跳槽，而是那 12 家公司先后倒闭了。"在场的人第三次笑了。一个考生说："你真是一个地地道道的失败者！"男子也笑了："不，这不是我的失败，而是那些公司的失败。这些失败积累成我自己的财富。"

这时，站在门口的老头子走上前，给主考官倒茶。男子继续说："我很了解那 12 家公司，我曾与同事努力挽救它们，虽然不成功，但我知道错误与失败的每一个细节，并从中学到了许多东西，这是其他人学不到的。很多人只是追求成功，而我更有经验避免错误与失败。"

男子停顿了一会儿，接着说："我深知，成功的经验大抵相似，容易模仿；而失败的原

因却各有不同。用10年学习成功经验，不如用同样的时间经历错误与失败，所学的东西更多、更深刻；别人的成功经历很难成为我们的财富，但别人的失败过程却是!"

男子离开座位，做出转身出门的样子，又忽然回过头"这10年经历12家公司的培养，锻炼了我对人、对事、对未来的敏锐洞察力。举个小例子吧——今天真正的考官，不是您，而是这位倒茶的老人……"

在场所有人都感到惊讶，目光转而注视着倒茶的老头。那老头诧异之际，很快恢复了镇静，随后笑了："很好，你被录取了，因为我想知道——你是如何知道这一切的?"

老头的言语表明他确实是这家大公司的老板。这次轮到这位考生笑了。

4. 学会沟通

沟通也需要学习吗? 当然。回想我们的日常生活，室友之间也经常为一些小事闹得不愉快。

【案例】

李同学在家养成了经常晒鞋子的习惯，一天艳阳高照，他想把大家的鞋子都放到窗外晒晒，但是窗台太小放不下所有的鞋子。李同学心想自己的鞋子经常晒，这次就先满足其他室友的，于是他就帮其他三个不在寝室的室友将鞋子放到窗外去晒。没想到等他也出去上课后，突然下了暴雨。当大家下课赶回寝室时，窗外的鞋子也全湿透了。李同学觉得虽然结果不好，但是自己是在做好事，应该不会被室友误会，所以就只是诚心地说了一句"对不起"就没作其他解释了。而其他三个同学虽然口上没说什么，但是心里都觉得李同学是在故意捉弄他们。从此，他们就开始疏远李同学。

这个真实的案例说明：沟通并不简单，沟通需要学习。

下面这个例子可以对不良人际沟通有一些启示。

【案例】

天热了，小娟回到宿舍，觉得吹吹风可能会凉快点儿，于是把窗户打开，然后上了一趟厕所，但回来之后，发现窗户又被关上了，而此时屋里只有小红。当时，小娟肯定会有很多想法。假设小娟有四种想法：第一想法是小红这人怎么这样啊，前两天她就跟我对着干，今天她又这样，故意跟我作对。第二种想法是她是不是不舒服、怕着凉了，所以才关上窗户? 第三种想法是她是不是在窗台边拿或挪动什么东西，需要暂时把窗户关上? 第四种想法是是不是要变天了? 面对坐在宿舍的小红，小娟脑海中的想法不同，她对小红的态度和言行就会有相应不同。

在没有进一步了解情况之前，上述四种情况出现的概率应该均等。如果小娟瞬间冒出的是第一种想法，并在此想法的支配下采取行动，那情况就会变得很糟糕。小娟或许会对小红出言不逊或暴怒开窗、摔窗，而小红自然也会不甘示弱，两个人自然会吵得不可开交，关系随之进一步恶化。如果脑海中闪出的是第二种情况的话，情况就完全不一样了，小娟会过去对小红嘘寒问暖，表达她的关心。小红也会做出积极的回应，那么关窗的摩擦就会在相互的关爱下消失于无形；如果是第三种、第四种情况的话，小娟就会对关窗这一行为没有特殊反应，而一如既往地和小红打招呼。

沟通不仅仅是简单的对话，而是知己知彼的心灵交流。良好的沟通建立在情商之上，高智商的人自省能力强，是善于聆听自己内心的人，他们能很好地将自己的情绪调整到一个最佳状态，并用流畅的语言和得体的动作表达感情。在与人交往时，他们很容易沟通。因此，良好的沟通必须从了解自我开始，一方面，了解自己的情绪变化，摆正自己的位置，在沟通中才可能扬长避短，达到沟通的目的。另一方面，了解自己的情绪能更好地了解他人的情绪，也就是我们常说的"换位思考"。沟通时，多设想如果自己在对方的处境中，会有怎样的感受。先了解自己的感受，这样才能更真实地了解对方的感受。

沟通时还必须尊重对方的感情。只有尊重对方的感情才能赢得对方的信任。在信任的基础上，沟通的双方才会有心与心的交流。此外，在沟通时还要学控制和调整自己的情绪。由于每个人的立场、信息、价值观等不同，每个人对待问题的态度也会有所不同，因此，在沟通中难免会出现观念上的差异甚至抵触的情况。这时候，就需要我们能控制和调整自己的情绪，不能大动干戈，恼羞成怒。待双方都调整好各自的情绪，恢复平静、理智的心态时，再做沟通也为时不晚。

【案例】

公主的月亮

一个小公主病了，她娇憨地告诉国王，如果她能拥有月亮，病就会好。国王立刻召集全国的聪明智士，要他们想办法拿月亮。

总理大臣说："它远在三万五千里外，比公主的房间还大，而且是由熔化的铜做成的。"

魔法师说："它有十五万里远，用绿奶酪做的，而且整整是皇宫的两倍大。"

数学家说："月亮远在三万里外，又圆又平像个钱币，有半个王国大，还被粘在天上，不可能有人能拿下它。"

国王又烦又气，只好叫宫廷小丑来弹琴给他解闷。小丑问明一切后，得到了一个结论：如果这些有学问的人说得都对，那么月亮的大小一定和每个人想的一样大、一样远。 所以当务之急便是要弄清楚小公主心目中的月亮到底有多大、多远。

于是，小丑到公主房里探望公主，并顺口问公主 ，"月亮有多大？""大概比我拇指的指甲小一点吧！因为我只要把拇指的指甲对着月亮就可以把它遮住了。"公主说。

"那么有多远呢？""不会比窗外的那棵大树高！因为有时候它会卡在树梢间。"

"用什么做的呢？""当然是金子！"公主斩钉截铁地回答。

比拇指指甲还要小、比树还要矮、用金子做的月亮，当然容易拿啦！小丑立刻找金匠打了个小月亮，串上金链子，给公主当项链，公主好高兴，第二天病就好了。

5. 培养团队精神

团队精神就是团队成员为了共同的目标和利益而相互协作、尽心尽力的意愿和作风，是将个体利益和整体利益相统一从而实现团队高效率运作的动力，其核心就是具有共同的理念、信念和目标。

前复旦大学校长杨福家院士认为，21世纪的高等教育，第一个要强调的就是教会学生怎样做人，如何在团队中与人相处。他说："今天的科学试验已经不像20世纪初那样，仅靠一两个人就可以获得科研成果了，就拿发现第六个夸克存在的证据来说吧，发现者是两个实验组，每个实验组都有超过300个工作人员，总共加起来超过了800人。身为其中之一，要与其他人很好相处，讲起来容易，做起来并不容易。很多人从小是尖子，尖子与尖子碰到一起，肯定有人不再成为尖子。有些人这个时候承受不了。我感到这个课题值得我们每个教师深入思考，如何教育学生与人相处。"

在经济全球化的今天，企业在招聘过程中越来越强调团队精神。企业内部也越来越注重团队建设。与人协作不仅能使自己受益也能让别人受益，只有懂得协作的人，才能明白协作对自己、对别人乃至整个团队的意义。

建立团队精神时必须掌握的沟通语言：

最重要的八个字：我承认我犯过错误。

最重要的七个字：你干了一件好事。

最重要的六个字：你的看法如何？

最重要的五个字：咱们一起干。

最重要的四个字：不妨试试。

最重要的三个字：谢谢您。

最重要的两个字：我们……

最重要的一个字：您……

三、自信心培养

(一) 自信心的重要性

在生活中，有的人说起话来滔滔不绝，口若悬河，还能做到声情并茂；有的人却吞吞吐吐，语无伦次；也许你曾经遇到这样的情形：当老师提问时，你想过要站起来，而结果却没有站起来；集体讨论时，你想好了要说的话，可内心却一推再推，始终没能说出来；面试前，你已经做好了充分的准备，可是面试时你却脑袋一片空白，究其主要原因是自信心不足。

曾经有一位大学生到一家非常著名的企业去应聘。在等待面试时，他听到面试官询问他前面的面试者一道计算题："12 乘以 14 等于多少？"他听到这个问题时感到非常奇怪，不知面试官的用意何在，但他还是默默地在心里把这道计算题仔细地算了几遍并把答案记了下来。轮到他面试时，面试官果然又问了这道计算题，他很快就把答案说了出来。面试官又追问了他一句："你确定这个答案是正确的吗？"这时他犹豫了，虽然他事先就在头脑里计算了好几遍，但他仍然不敢做出肯定的回答，结果他落选了。原来面试官并不是考察他的计算能力，而是要考验他的自信心，他的犹豫不决实际上就是他没有自信的表现。

可见，对于大学生来说，在大学期间有意识地培养自信心是非常重要的。它将有助于你在职业生涯中更好地把握机遇、发掘自己，创造职场和人生的辉煌。

莎士比亚说得好："自信是走向成功的第一步，缺乏自信即是其失败的原因。"下面的两个故事，就很能说明自信对于胜败的重要作用。

【案例】

尼克松败于缺乏自信的故事

尼克松是我们极为熟悉的美国总统，但就是这样一个大人物，却因为一个缺乏自信的错误而毁掉了自己的政治前程。1972 年，尼克松竞选连任。由于他在第一任期内政绩斐然，所以大多数政治评论家都预测尼克松将以绝对优势获得胜利。然而，尼克松本人却很不自信，他走不出过去几次失败的心理阴影，极度担心失败再次出现。在这种潜意识的驱使下，他鬼使神差地做出了后悔终生的蠢事。他指派手下的人潜入竞选对手所在的水门饭店，在对手的办公室里安装了窃听器。事发之后，他又连连阻止调查，推卸责任，结果在选举胜利后不久便被迫辞职。本来稳操胜券的尼克松，却因缺乏自信而导致惨败。

小泽征尔胜于自信的故事

小泽征尔是世界著名的交响乐指挥家。在一次世界优秀指挥家大赛的决赛中，他按照评委会给的乐谱指挥演奏，敏锐地发现了不和谐的声音。起初，他以为是乐队演奏出了错误，就停下来重新演奏，但还是不对。他觉得是乐谱有问题。这时，在场的作曲家和评委会的权威人士坚持说乐谱绝对没有问题，是他错了。面对一大批音乐大师和权威人士，他思考再三，最后斩钉截铁地大声说："不，一定是乐谱错了！"话音刚落，评委席上的评委们立即站起来，报以热烈的举声，祝贺他大赛夺魁。原来，这是评委们精心设计的"圈套"，以此来检验指挥家在发现乐谱错误并遭到权威人士否定的情况下，能否坚持自己的正确主张。前两位参加决赛的指挥家虽然也发现了错误，但终因附和权威们的意见而被淘汰。小泽征尔却因充满自信而摘取了世界指挥家大赛的桂冠。

(二) 自信心的培养

在做任何事情以前，如果能够充分肯定自我，就等于已经成功了一半。当你面对挑战时，不妨告诉自己，你就是最优秀和最聪明的，你要做胜利者，你要成功。从这一刻开始，改善你的自我心像，利用心理暗示的力量，使自身进入一个成功者的身心状态，让积极的信念影响你的一生。

1. 悦纳自我——相信自己独一无二

首先，要认识到世界上没有任何一个人是和自己一样的，自己是独一无二的，正因为自己身上的优点和缺点，才构成了"独特的我"。不要拿别人的标准来衡量自己，因为你不是别人，也永远不可能用别人的标准来要求自己。你也不必与别人攀比，俗话说：人比人，气死人。如果你总是希望自己处处超人一等，必然会变得心胸狭窄，整日被嫉妒搅得心神不定。所以，不必为自己某些地方比别人强而沾沾自喜，也不必为自己某些方面不如别人而灰心丧气。其实人与人之间是没有可比性的，就好比要比较马与青蛙谁更优秀一样没有意义，如果比赛跑步，马要比青蛙优秀；如果比赛游泳，青蛙则要比马优秀。因此，应学会经常暗示自己："我和别人是不一样的，我不和别人比，我只将自己的现在和自己的过去比，并努力去发挥自己的潜力。"

其次，要树立独立的自信心。要学会从自己的角度，而不是从社会的角度来评价自己。一个人的自信心并不是通过和别人的比较才能建立起来的，真正的自信心应当是当自己身处逆境或事情未做好时，仍然相信自己能克服困难把事情做好。因此，应学会根据自己的实际情况，树立独立的自信心。此外，还要善待自己的缺点。一般来说缺点有两种，一种是可以改正的，如不良的学习习惯、恶习等；另一种则是不可能改进的，如身材矮小、相貌不佳以及其他不能矫正的缺陷等。对于那些可以改正的缺点，就应学会勇敢地承认并积极地去改正它。对于不可能改进的缺点，则要坦然地承认它、接受它，并尝试着通过发挥其他方面的优势来加以补偿。你只有相信自己是独一无二的，树立独立的自信心，并学会善待自己的缺点，才能真正地接纳自己、找到自信，实现自己的价值。

2. 发现自我——尝试做自己的伯乐

一个人之所以会缺乏自信，是因为他体验到了失败感并扩大了这种感觉。因此要增强自信心，就要多创造机会发现自我，捕捉成功心理体验。如果你自认是一匹千里马，但却一直苦于找不到欣赏自己才能的伯乐，那么，不如先给自己做伯乐吧，给自己一个发展和表现的机会，做自己的知音。

约翰是某家公司的工程师，个性沉默寡言的他，因为不擅交际，所以很多人总是把他当作透明人一样视而不见。直到有一次参加大学同学会，他的生命才有显著的改变。当时，有人请他谈一谈关于国外旅游的经验，由于这是他第一次在一大群人面前说话，所以他不断地出现紧张、口吃的情况。约翰觉得自己说得不知所云，因此感到相当懊恼。但是，就在同学会结束后，有一位老同学却对他说："约翰，你讲的内容非常有趣，希望以后能有机会再听你演讲。"自从被这位老同学称赞了之后，约翰开始觉得自己其实并不差，对自己的口才也多了一点点的信心。后来，他开始拓展自己的人际关系，尽情展现自己的才华，终于获得公司高层赏识，一步步获得晋升，现在已经晋升为公司的经理，不仅负责公关，还负责处理对外联系与交际业务。

不管别人怎么认定自己，也不管那些认定的优劣，只要我们心中认定了自己的能力，我们必然能充满自信地前进。每个人都希望能遇上懂得鉴赏自己的伯乐，但这毕竟需要一点运气，如果一千万个人中只有一个是你的知音，那怎么办？不如就做自己的伯乐吧！你一定知道自己有哪些能力与才华，只要你能够不断地发现自我，并且相信自己，那么你就有机会遇到真正的知音。

3. 改变自我——努力把劣势变成优势

其实，你所认为的劣势或缺点，都只是你没有信心的借口，就算你拥有良好的竞争条件，如果缺乏自信，也会变成阻碍前进的劣势。

以前，许多人喜欢看 NBA 的夏洛特黄蜂队打球，更喜欢看明星球员伯格士的奋力表演。伯格士的身材并不高，即使按照东方人的标准来看也算矮小，更不用说在身高两米都嫌矮的 NBA 了。但伯格士却是 NBA 表现最杰出、失误最少的后卫之一，不仅控球一流、远投精准，甚至穿梭在高个子队员中带球上篮也毫无惧色。每次看到伯格士像一只小黄蜂般满场飞奔，许多人都会激动地惊呼。因为，他不仅安慰了所有身材矮小而酷爱篮球的人的心灵，也鼓舞了许多人的意志。伯格士是个天生的篮球高手吗？当然不是，他是靠着自己的意志与苦练，一步步累积磨炼出来的。伯格士从小就长得特别矮小，但他非常热爱篮球，几乎天天都和同伴们在篮球场上玩。从小他就梦想有一天可以去 NBA，成为明星球员。每次伯格士告诉他的同伴"我长大后要去 NBA"，所有听到的人都会忍不住哈哈大笑，因为他们认定这个只有一米六的矮个子，是绝不可能进入 NBA 的。但是，他们的嘲笑并没有阻断伯格士的志向，他用更多的时间练球，终于成为全能的篮球运动员，也成为最佳的控球后卫。他运用了自己个子矮小的优势，行动灵活迅速，几乎没有失误，而且正因为个子小，抄球反而更容易得手。伯格士不在乎别人的嘲笑，并巧妙地把自己的劣势转换成优势，创造了一个球坛奇迹。

其实，成功与失败真正的差别，只在于你有没有信心，有没有努力前进的活力和动力，是否拥有一颗永远积极向上的心。只要努力并做好心理建设，完全可以将劣势变成优势，走向成功。

4. 决定自我——莫让别人决定你的一生

激励大师安东尼·罗宾在演讲时，经常告诉台下的听众说："其实，我们可以为自己做选择，勇敢地为自己做决定，不要让别人承担你的成败，更不要让任何人决定你的一生。"你是否曾经因为别人替你做了决定，而唠唠叨叨埋怨过对方？也许你错怪了他，因为，今天的结果全部是你的决定，是你自己决定让别人为你做决定的。

有一次搭乘飞机，安东尼·罗宾的旁边坐了一个非常喜欢抱怨的人，他调侃地说，如果奥林匹克有抱怨这项竞赛的话，他身旁的这个人一定能够拿到一面奖牌。当空中小姐前来询问乘客晚餐要吃鸡肉还是牛肉时，安东尼·罗宾要了鸡肉，而他旁边的旅客则表示随便。不久，空姐端来了安东尼·罗宾要的鸡肉，并给了他旁边的人一份牛肉。接下来的20分钟，安东尼·罗宾只听到他不断地抱怨他的牛肉有多难吃。这位旅客一定在心里认为，这是空姐帮他挑选的晚餐，他却忘了，这顿难吃的晚餐其实是他自己决定的。实际上是他自己把选择权交给了别人。

不知道你有没有这样的经验：自己决定不了的事，请别人做决定之后，你却又后悔听从了别人提供的意见，或是抱怨别人为你做的决定。如果不想事后抱怨，凡事就要自己决定。让生活的主控权回归到自己手中，不要依赖别人，不要一味地和别人攀比，也不要一味地别人怎么说你就怎么做，让自己决定自己的人生吧！如此一来，生活中，你将不会再有抱怨和后悔！

项目二　合理调控，让休闲生活更充实

一、关注休闲

求学不易，有相当一部分同学，尤其是家境贫寒、爱好读书、勤学上进的部分同学，在大学中按部就班地过着"睡觉、读书、吃饭"的简单生活，几乎把所有的时间和精力都放在学习上。在他们看来，所有的休闲都是浪费生命的表现。可这样，却也容易导致悲剧。

【案例】

学习狂，败在体质上

小吴是山东某学院大三的学生。她来自农村，家里三姐妹中，她是最小却最懂事、最孝顺的一个。她个子虽然很小，但有一双美丽的大眼睛，忽闪忽闪的，很是可爱。歌喉像百灵鸟般动听，人很聪明，成绩一直不错，深受老师和同学的喜欢。爸爸一直以她为骄傲，把她当成儿子看待，给予了她更多的期望。小吴没有因为受宠而自满，相反，她承受了更多的压力。小吴出生在一个传统的家庭，从小接受的是传统的教育，"好好学习、天天向上"是她的座右铭。当初读高中的时候还是校运会上长跑亚军的她，进入大学后，三年来过的都是三点一线的生活，她把所有的时间都花在了学习上。晚饭通常就是一个馒头涂上点豆腐乳，两天只用一小瓶开水，一是为了节约时间，二则也是为了节俭。身边的好友看不过去了，硬拉她出去一起玩，到外面的饭馆炒上几盘小炒，可每次她出去玩总有一种很强的犯罪感，有时控制不住情绪也怪罪同学。渐渐的同学平常都不再找她玩了，只有临近考试的时候才会跟她一起进教室看书。她唯一大方的时候就是买书，床头堆积了数不清的专业书。三年过去了，知识是增长了，可是身体也垮了，成天戴着耳机的她现在听别人说话都很是吃力，视力也急剧下降，三年中还因为肾结石动过手术，发生的这一切都让聪慧的她变得越来越不自信。临近毕业了，同学们都在紧张地准备答辩的关头，小吴又一次住进了医院，这次是因为中耳炎要动手术。躺在病床上的她，此刻留下了后悔的泪水。

上述案例中，小吴把全部的时间和精力都投入到了对知识的学习和掌握之中，却忽略了休闲，忽略了自己的身体健康，最后导致了临毕业病倒在床上的悲剧。漫漫求学路，健康是保障，身体才是革命的本钱。如果她能够适当关注休闲，关注自己学习以外的需要，情况将会完全不同。因此，适当的休闲，对于调节相对紧张、乏味的学习生活是很必要的——"磨刀不误砍柴工"，它不仅有益于我们身心健康，还能提高我们学习和工作的效率。所以，关注休闲，有时就是关注健康，我们不仅需要学习一门熟练的技术，也需要一个好身体。请大家关注自己的休闲状况，及时发现和解决问题。

二、健康休闲

休闲，也是有讲究的，不同的人休闲结果是不一样的：有的人用休闲放松了自己，有的人用休闲学习了东西，也有的人用休闲荒废了光阴，甚至有的人还在休闲时犯罪入狱。

那么，如何度过休闲生活，让自己更充实呢？

健康休闲主要有两点：一是尽量选择有益身心健康的休闲方式，远离那些有害身心健康的"玩法"；二是即使是无损身心健康，甚至有益身心的休闲，也要适可而止。

一些玩法，比如沉迷于校园附近地下黄色录像，对我们的身心是有害的，请远离它们。

【案例】

无聊影视，我的青春

小张是四川德阳某职业技术学院大学二年级学生。下面是他接受采访时的自述：

我刚进大学时，感觉时间一下多了许多——平时课又少，几乎没有作业，再加上双休日，除了吃饭、上课，就是睡觉，虽然比高中三年的"痛苦"岁月好了很多，但一天天没什么事，日子就变得很无聊。

有一个星期六的下午，我正在睡觉。同寝室的一个同学从外面回来，吵吵闹闹的。我也睡不着了，就起来和他聊天。他说学校附近有一家出租影碟的小铺子，老板允许在他自己家里放映，可以自己选碟片，价格也便宜。我一听便提议去看，还邀约了其他宿舍的几个同学，反正闲着也没什么事。

到了后，同学和老板攀谈。我们提出要找房间看碟片，老板摇头说房间已经满了，得等一会儿。十多分钟后，一个中年妇女过来领着我们过了一个小巷，来到一套住宅房。妇女拿出钥匙打开门，我们跟着进去了。这是一套简单的两室一厅的住房，两间卧室分别都放着一台电视和一台VCD，一个布艺沙发。她向我们作了一些交代，便出去了，顺便把门也锁上了。我们几个津津有味地看了起来，当我们看完第四张碟片时，已经到了吃晚饭的时间了，时间过得真快啊！

自从那一次以后，我一有空就叫上几个同学一起去看，既消磨了无聊的时间，又大饱了"眼福"——不用说,老师您也知道,有些是什么片子。这样一来二往,我就和老板混熟了。老板答应以后我们可以预订房间,租五张送一张看,就这样我对看影片有了浓厚的兴趣。最初每次去看都是利用课余的时间和周末,后来下午不想去上课,就逃课去看。很多时候即使人在课堂上,心也没有在学习上。有几个星期六的晚上,我看完影片后发现太迟了,就干脆不回学校了,直接看了个通宵。就这样,什么影片都看,看完就算了,纯粹消磨时间。后来由于白天看影片比较贵,而晚上只需10元钱就可以看通宵,于是我就改为晚上看影片,白天睡觉。渐渐地迷失了自我,我的光阴就这样一天一天消磨去了……

还有一些玩法,比如网络游戏,本身不一定有害,但是一旦痴迷进去了,就有害了。甚至,还有一些休闲方式,本身对我们很有益处。可是,一旦过度了,也会让我们后悔不已的。

【案例】

英雄,还是狗熊

小蒋曾是上海某大学的学生。他绝对是一个网络游戏狂,每天大部分时间他都是在网络游戏中度过的。他每天上午或下午"有选择地"上几节课,其余时间全部花在了网络游戏上。据小蒋自称,他在网络游戏的世界里地位很高。因为在那个世界里,他富有——无数的游戏币;他凶猛——想"杀"谁就"杀"谁;他强势——作为著名游戏工会的领袖,他"手下"的"会员"有好几百之多。小蒋常常开玩笑说,要是他的考试成绩有自己网络游戏里的人物的等级一半那么高,自己就非常满足了。其实我们都知道这是不可能的,因为他网络游戏里的人物已经接近200级。小蒋觉得那个网络游戏的世界仿佛就是为自己准备的,至于我们的这个真实世界:只要能毕业就行,其余的反正都无所谓了。上个学期很少在教室里见到小蒋。听说他找到一个"工作",就是在网络游戏里打装备然后卖掉赚钱。这个学期没在教室里见过他,经过打听得知,他因为所欠学分太多,已经被勒令退学。

【案例】

兴趣,原来也误人

小宋是上海某职业学院会计系的大一学生。她从小兴趣广泛,但是迫于高考的压力和家人的束缚,一直被压抑着。上大学后,小宋第一次开始了远离父母的住宿生活,感觉特别自由自在。大学校园的生活多姿多彩,令小宋着迷不已。终于像小鸟一样自由了!她欢呼着!

第一个学期,她就开始了对兴趣的狂热追逐,似乎要弥补高中以前留下的遗憾。小宋一口气报名参加了四个协会:羽毛球、乒乓球、网球还有户外活动协会。每周三次早晨5点45起床练网球、两次两个小时的乒乓球、两次两个小时的羽毛球,这些是每周必需的安排。另外,还时不时会有球友约伴额外练习。小宋几乎每天都穿着运动服,宿舍楼下的阿姨误认为她是体育专业的。确实,她各种球技提高很快,还时不时参加学校组织的各项比赛,得个小奖什么的,小宋心里也挺乐滋滋的。可是临近考试,小宋傻眼了,每本书上都是空白,一点笔记都没有,复习也不知从何下手。原来,因为每天的运动量过大,小宋一上课就犯困,老师的讲课自然没能听进去,所以结果也就不想而知了。看着同学们沉着地应付自如,小宋开始反思自己了,"我发展自己的兴趣,到底对不对"?

上面三个案例中，包括黄色碟片在内的无聊影视，虽然还没有使小张走到不得不退学的地步，可是却已经不仅花费了他大量的时间、金钱，也让他不知不觉"渐渐地迷失了自我"。再看小蒋，虽然在虚拟的网络世界里，他是当之无愧的"英雄"；可现实生活中，他却忘记了学业，最后因所欠学分过多，被勒令退学，成了不折不扣的"狗熊"。至于小宋，她有许多有益身心的兴趣爱好，这本是令人羡慕的事情；但是，她把过多的精力投在了兴趣上面，以致把作为学生当前最重要的任务——学习给耽误了。最后，她也苦恼不已。

三人的经历已经足以说明：

我们需要远离那些不良嗜好，调控一些过度休闲的生活方式。如果实在难以自控，如痴迷网络游戏或聊天者，也可寻求心理咨询老师或其他同学、朋友的帮助。

随着科技的进步，我们的休闲方式变得多样了，人与人交流的方式也多样化了。这多元化的社会给人们带来了许多便捷，同时也带来了很多困扰，对涉世不深的同学们尤其如此：网络游戏以及铺天盖地的影视剧等让我们中的许多人迷失了方向，忘记了自己作为学生的首要任务——学习，甚至给自己带来了不能承受之痛。所以，提醒同学们既要懂得休闲的价值，更要控制那些过于沉迷的行为。请你擦亮眼睛，选择健康的休闲方式吧！

三、安全休闲

安全休闲，是指选择那些不会危害自身人身安全的休闲方式，尽量避免那些可能直接危害人身安全的玩法。例如，很多学校一再要求学生不要到社会上那些营业性歌舞厅、迪吧等地玩耍，就是出于安全考虑——这些地方各色人员都有，同学们涉世不深，很容易在里面被坏人瞄上。

【案例】

春风得意时，请别忘了安全

小孟是四川德阳某学院电子专业二年级的学生。由于他处事讲义气，又很冲动，所以大家都叫他"毛哥"。"毛哥"是"Hip-pop"一族的，街舞是他的强项。他经常应邀参加一些宣传性活动，这也给他提供了一些展示街舞的机会，当然，每次活动都会获得观众的捧场和喝彩，尤其是一些女孩子更是为他倾倒。渐渐地，"毛哥"不再满足，开始找寻新的刺激，因此，便开始光顾迪吧。蹦迪和街舞都是节拍运动。没有多长时间，在学院附近的一家"音乐大世界"里，他以熟练的技术和高难度的动作赢得了一批粉丝，成为"音乐大世界"里的主打人物。

当"毛哥"正春风得意的时候，在一次晚会上无意中得罪了一个叫做"狗哥"的黑老大。"狗哥"一群人也是这里的常客，但没有"毛哥"这样大的影响力。"狗哥"等人来"音乐大世界"不仅是来消费和享受的，有时还是来找事的。"毛哥"的走红好像妨碍到了"狗哥"等人的眼睛。在"五一"这天，当"狗哥"一群人再次来到"音乐大世界"时，"毛哥"跳得正嗨。这"欲加之罪"使得"狗哥"和"毛哥"正面相对了，"狗哥"一群人心狠手辣，"毛哥"和他的粉丝哪里会是"狗哥"的对手？结果，"毛哥"受了重伤，有几个粉丝还为此住进了医院，"狗哥"也有几个兄弟受到了不同程度的伤害，真是"狗、毛"满天飞！……"狗哥"因多次惹是生非又打架吃上了"国家粮"(被拘留了)，而"毛哥"呢，也因这次事件被给了一个留校察看的处分……

案例中，小孟由于经常光顾迪吧，不小心与社会上的黑老大发生了冲突，争斗中受了重伤。之后，他还被校方给了一个留校察看的处分。这次事件，可以说是令他"身心俱损"。再比如，无论出于何种想法，网恋也是一种很不安全的休闲做法。我国每年都有很多年轻女性，尤其是初中到大学的女生，被"网恋男友"骗财骗色，甚至惨遭奸淫杀害。平日上网对此稍有关注的同学，一定会看到过很多报道。因此，同学们在选择休闲时，要增强安全意识，注意课余校外休闲生活中的自我防护，这对女生尤其重要；对那些危险系数较大的休闲安排，如野外探险等，要多方征求意见，慎重行事，即使最终选择了，也要妥善做好安全措施；至于那些明显危险甚至违法的休闲，比如你可能有些朋友以"打架斗殴"为乐、还喜欢邀请你参加，更要综合考虑、坚决远离。

四、量力休闲

量力休闲，主要是指考虑家庭和自身经济状况，在经济条件允许的情况下休闲。一些同学缺少理财概念，往往因旅游、交友、购物等休闲把每月生活费很快花完，最后不得不向同学、朋友借钱度日，或者一再向父母伸手。

【案例】

她为什么缺钱？

小高是上海某学院计算机专业二年级的学生，家境殷实，父母每个月给小高的钱不低于 800 元，但自从她上大学以来，除了每学期开学那半个月以外，她总是觉得从来没有宽裕过，连她自己也不知道为什么。800 元，这个数目对于工薪阶层的孩子来说已经是个不小的数目了，可她总是嚷着没钱。她说，800 元，这是一个饿不死也撑不饱的数目，没有1000 元，难以脱贫，为什么？表 7-2-1 是小高某月的消费清单(10 元以内的消费不列入该清单)。

表 7-2-1　小高的月消费清单

时间	内　容	价格/元
1 日	购入手机充值卡一张	100
2 日	充饭卡	100
3 日	同学生日，购买礼物——公仔熊一只	65
7 日	购买一条新手机链	20
8 日	购买一双百事运动鞋	199
10 日	购入洗面奶一瓶	25
11 日	购新上市彩妆化妆品一套	105
12 日	购买新款睫毛膏一支用于搭配化妆品	65
14 日	办上网卡	50
20 日	同学聚会	100
21 日	购买手机充值卡一张	50
24 日	缴英语四级过级费	20
合计		899

我们很多同学，家境并不宽裕，选择休闲方式，理应适当节约，量力而行，以免增加

自身和家庭的经济负担。至于那些家境较好的同学，毕竟自己还缺少能力挣钱，也不应一味挥霍父母的血汗钱，让自己养成奢侈的坏习惯。

为此，我们制作了表 7-2-2。

表 7-2-2　"如何让休闲生活更充实"参照表

措施	具体做法要点
关注休闲	反思和关注自己和身边同学的休闲状况，看看存在哪些问题，寻求改进的办法
健康休闲	选择健康的休闲方式，远离那些有害身心健康的玩法；对那些无所谓好坏的休闲，甚至有好处、但也不是越多越好的休闲方式，也要适可而止
安全休闲	尽量选择对自己人身安全没有危害的休闲方式；远离那些可能对自己人身安全有威胁的地方或休闲方式；万一选择了，要特别注意防范危险
量力休闲	考虑自身和家庭的经济状况，选择经济条件许可的休闲方式

【拓展练习】

一、你会管理自己的时间吗

同学们，如果你们能够把时间分配得合理，那么你的学习效率就会提高，就不会总觉得时间不够用了。你会管理好自己的时间吗？测试一下你时间管理的能力吧。

(一) 测试题目

1. 星期一上学的时候，老师通知周五下午有一个重要的考试，你会：

A. 取消放学后的简单休息，马上投入复习。

B. 主要整理以往的笔记，辅助同步练习。

C. 从周一到周四都在考虑这件事情，周五早上开始抽空复习。

D. 在自己情绪好的时候复习。

E. 想复习，但总是被各种原因打断。

2. 你的记事本里写了什么内容？

A. 下周的详细日程安排。

B. 要去的地方和要做的事情。

C. 自己的涂鸦和喜欢去的地方。

D. 醒目大字写着一些重要的事情。

E. 每天要做的事情列出长长的单子，并标出优先要做的。

3. 你约的朋友又迟到了将近一个小时，你会觉得：

A. 不高兴——你是个很守时的人。

B. 没关系，你宁愿多看几本杂志也不想马上就回家。

C. 心情不好，一整天都会为此别别扭扭。

D. 很惊慌，觉得耽误了自己的学习时间。

E. 庆幸自己出发前打了电话，知道他(她)还没到，你也推迟了。

4. 你抽屉的状态：

A. 尽管像个垃圾堆，但你用起来效率很高。

B. 从来没有装满，里面的东西经常会丢失或被扔掉。

C. 堆满了没看完的复习资料。

D. 当你想找几样东西时，需要把整个抽屉翻个底朝天。

E. 堆得很满——是为了证明你的作业确实很多。

5. 你的好朋友全家旅行，把他(她)的小狗托付给你照顾两天：

A. 让我问问爸爸妈妈，明天再答复你。

B. 这礼拜我也可能要出去，但我会尽量挤出时间来。

C. 交给我好了，保证完成任务。

D. 没问题。但真的到了交接的时候，你会迟到一个小时。

E. 可以——然后让他(她)写清楚详细的时间安排。

6. 你做事延误了时间，是因为你：

A. 担心做的事不能百分之百完美。

B. 沉浸在空想里。

C. 在你进行下一步前，需要时间来把自己可能的选择一一考虑。

D. 感到不知所措。

E. 总是觉得时间充裕。

7. 要招待朋友，你会：

A. 自己很快地烧好一些简单的饭菜。

B. 为了精益求精地做一道你拿手的饭菜，耽误了开饭时间。

C. 胡萝卜用完了，让第一个来的客人去买。

D. 忘记煮米饭了，只好出去买面食。

E. 力求面面俱到——诚意邀请，准备好饭菜，也准备鲜花、蜡烛营造气氛，但结果自己都不太满意。

8. 对你而言，生活像：

A. 变戏法。

B. 马拉松。

C. 海滩漫步。

D. 做游戏。

E. 一场战斗。

9. 你要写一篇文章：

A. 先写别的作业。

B. 看看别人的文章。

C. 希望有人能够帮助自己完成这个作业。

D. 觉得厌烦，昏昏欲睡。

E. 把它放在一边，先玩一会儿。

10. 下面哪种情况最令你恼火：

A. 平庸。

B．不注意小节。

C．把记事本放错地方。

D．烧坏东西。

E．缓慢、沉闷、毫无新意的日子。

(二) 记分方法

选择 A、B、C、D、E 选项，分别记 1 分、2 分、3 分、4 分、5 分。根据你每题所选择的答案，计算对应的得分；然后，把你得到的 1 分、2 分、3 分、4 分、5 分的次数分别相加，然后对照下面的结论和建议。

(三) 测试结果

得 1 分最多的人：忙碌型。

建议：留出更多让自己心平气和的时间——做运动或每天安排几次沉思、外出散步等活动，会令你效率倍增。

得 2 分最多的人：白日梦型——你宁可迟到也不愿做时间的奴隶。从来搞不清小事要花多少时间，经常不能有始有终地完成计划。

建议：买两本日历，一本用于学习，一本用于日常生活——给每件事情定个最后的期限，在日历上标明。每完成一件事，就在日历上划掉一次记录。

得 3 分最多的人：完美主义者——追求尽善尽美，没有时间观念，把大量的时间花在细枝末节上。

建议：按照事情的重要性分配你的时间和精力。记住，清楚事物的重要程度是你节省时间的关键所在。

得 4 分最多的人：紧张、刺激型。

建议：做每件事情都比计划提前。

得 5 分最多的人：把握时间型。

建议：学习之余尽量放松自己，不要苛求别人同自己一样高效率。

二、学习"聆听"

在人际交往中，"聆听"是对人的尊重，是积极、认真地倾听。做一个好的"倾听者"并不是一言不发。这一活动可以让每位同学通过自己亲身体验，学会在人际交往中积极地"倾听"，以增强人际交往能力。

(一) 活动步骤

1．按两个人一组分组。如出现单数，可组成三人小组，使每个人都有交谈伙伴。

2．每组事先商量确定交谈项目(项目①讲一件"我最高兴的事"或热点话题；项目②交代某一项工作任务等)，并确定一个人为"主讲者"(或任务交代者)，另一个人为"倾听者"。

3．开始交谈，并互换角色进行训练，每人交谈的时间控制在 5 分钟内。

(二) 参考语言模式

在相互交谈中，"倾听者"试做积极的反应，可参考以下语言模式做呼应：

"那么你的意思是……"

"我想和你确认一下，你刚才说的大意是……"

"我对你的话是这样理解的，你的想法(你所说的这件事或观点)是……"

"你交代的这个任务，是不是说包括这样一些内容……"

"我理解，这个文件的主要要求是……"

"也就是说……"

三、学习沟通技巧

(一) 学习目的

提高沟通技巧和语言运用技巧。

(二) 活动步骤

1. 分组：每 2 个人分成一组，互相以甲、乙相称。

2. 活动开始

第一轮：

(1) 甲提出一个建议，例如："咱们去逛街吧。"

(2) 乙采用"好吧，但是……"的句式回答，例如："好吧，唱 K。"

(3) 甲也继续用"好吧，但是……"的语句回答，例如："好，先睡觉吧。"

(4) 一直照这样的谈话方式进行下去，直到时间结束为止。

第二轮：

(1) 用同样的建议开始这段谈话。("咱们去逛街吧。")

(2) 这一次双方的回答都要使用"好吧，而且……"的句子，可以是："好吧，而且我们还可以去唱 K。"

(3) 一分钟以后游戏结束。

(三) 学习讨论

1. 第一轮和第二轮的应对是否给你的感觉不太一样？在第一轮中你是否有时候会觉得你的搭档总是抬扛而让你生气，而在第二轮中，这种现象还会发生吗?

2. "好吧，但是……"的语句是否使矛盾激化？相反，即使你不同意某个人的观点，用"好吧，而且……"是否会让大家的心情好一些，并更容易达成共识呢?这就是沟通技巧。

(四) 学习提示

沟通是一门学问，其中词语的选择更是一门学问中的学问，同样的话用不同语言表达出来，就会带来不同的效果。本活动的目的就是让大家体会沟通中词语运用的技巧，提醒大家注意使用恰当的语言。

1．昔日曾国藩兵败，上书朝廷，乃言："臣屡战屡败。"其一幕僚将其改成："臣屡败屡战。"则战败之气顿消。同样的一句话用不同的句序表达出来就有这么大的差异，可见语言的力量是惊人的。

2．同样，一样的言语在不同的时间、地点，针对不同的任务对象讲出来，效果也是不同的。比如你对你的家人可以略微随便一些，但对上级就不行；在KTV里面说话可以略微大声一些，但在工作时间就不行。

3．在工作中，对待同事的想法应该用一个更为积极的态度，积极地欣赏其闪光点，而不是将人家的想法贬得一文不值。否则，不仅容易引起矛盾，而且会错过很多好的想法，导致整个团队利益的丧失。

四、自我激励的小笔记本法

在每一天工作结束时，花5分钟的时间做笔记，写下两件让自己感到快乐与满意的事，并写出自己的哪些优点有助于上述两件事的达成。持续此作业三星期，并将这21天的记录汇总到一张表格上，你将会发现，在这21天里你取得了很多成绩，发现自己以前从未注意的优点和能力。通过这种自我激励，建立起你的自尊心、自信心，发现人生的积极面，帮助你顺利度过疲劳和寂寞期。

五、学会欣赏自己

第一步，请认真思考，写下你最欣赏自己的8个方面。

我最欣赏自己的外表是_____

我最欣赏自己对朋友的态度是_____

我最欣赏自己对学习的态度是_____

我最欣赏自己的一次成功是_____

我最欣赏自己性格的哪些方面_____

我最欣赏自己对家人的态度是_____

我最欣赏自己做事的态度是_____

我最欣赏自己的能力是_____

第二步，用上面的结果描述一个最棒的自己。例如：我是最棒的，我有一双明亮的大眼睛，我对朋友热情大方，对家人体贴孝顺，对学习认真，对工作负责……

第三步，和其他同学分享活动成果和感受。

第四步，每天晚上睡觉前和早上起床后，默念或读一遍这个"最棒的我"。

六、红色轰炸

(一) 目的

学习发现别人和自己身上的优点，促进相互肯定。

(二) 时间

50分钟。

(三) 操作

5～10 人一组围圈坐。请一位成员站在或坐在团体中央，其他人轮流说出他的优点和值得欣赏之处(如性格、相貌、为人处世等方面)。然后由被称赞的成员说出哪些优点是自己以前察觉的，哪些是不知道的。每个成员都轮流到中央一次，规则是必须说优点，态度要真诚，不能无根据地去吹捧。参加者要注意体验被人称赞时的感受如何，如何用心去发现他人的长处，怎样做一个乐于欣赏他人的人。

模块八　知行合一，完善发展自我

【人生箴言】

　　路是脚踏出来的，历史是人写出来的。人的每一步行动都在书写自己的历史。

——吉鸿昌

【模块导读】

　　(1) 制定大学生生涯与发展规划实施方案。
　　(2) 掌握大学生职业生涯规划评估、修正方法。
　　(3) 客观评估、修正自己的职业生涯规划书。

 【案例播放】

　　吴华学的是市场营销与策划专业，她想将来在大商场做个部门经理。毕业后，商场没进，却进了服装厂，被安排在负责订单、看样、发货的部门工作。这个部门最关键的岗位是负责在网上开展服装出口业务，可是吴华既不懂服装，对出口业务也不熟悉，计算机操作能力也很一般，只能给别人打下手。

　　不服输的吴华，看到随着出口业务的扩展，关键岗位需要不断增加人手，她考虑自己有市场营销与策划的底子，却缺少服装出口业务的知识，只要弥补这个不足就一定能胜任关键岗位。于是，吴华下决心调整发展方向，按新目标重新制定了达到目标的措施。上班时向前辈虚心请教，勤学苦练，业余时间上成人大学函授课或自学专业知识。功夫不负有心人，他现在已经能独立承担东南亚地区的服装出口业务，成为服装厂独当一面的业务经理。

　　案例分析：外部条件的变化，虽然会对从业者发展目标的实现带来困难，但也会给职业生涯发展带来新的机遇。正视就业现实，及时进行自我条件剖析和发展机会评估，看到自己的优势，明确自身差距，及时调整目标，就能在新的发展目标激励下，取得职业生涯发展的成功。

 【行动指南】

项目一　制订大学生生涯与发展规划实施方案

一、大学三年的行动方案

　　法国著名军事家拿破仑有句名言，非常明确地概括了凡事抓落实的重要性，这就是：

"想得好是聪明，计划得好更聪明，做得好是最聪明的。"做，即是行动。"立即行动"是一个成功者必须具备的基本素质。唯有行动才能决定你的价值。行动可以让你的梦想和目标从思想领域步入现实。不论是朝向自己心中的圣地，还是那使命的征途，抑或那平凡的不朽，这一切都需要我们现在就迈出行动的步伐，一步一步踏踏实实地走下去。

再伟大的目标，不去执行也是徒有虚名。大学生生涯目标规划制订好之后，下一步的关键是根据这一规划制订配套的实施方案，并依据实施方案来行动。如果说目标是结果，那么实施方案就是过程，是根据目标所制订的为了达到目标必须采取的行动措施。

实施方案必须具体，可以分为年度实施方案(年计划)、月实施方案(月计划)、周实施方案(周计划)和日实施计划(日计划)，它们相对应地规定了不同实施阶段的行动计划；年度计划从宏观上规定你一年要做的事，所以可以以总体或每月要干什么来做计划；而月计划则应以每周要干什么来计划，四周完成则月度计划完成。周计划则以日为单位来计划，则每天要完成多少事，日计划则必须以小时来计划，从而指导自己一天之中，什么时间应该干什么。

在现实生活中，经常有人做事半途而废。究其原因，有很多是因为目标难度过大，觉得成功离自己很远，没有对目标进行阶段性分解并制订科学、可行的实施方案。因此，我们制订大学生涯目标实施方案时，应该把大学三年的最终目标，分解成一个个阶段性目标，相应的制订出一个个阶段性实施方案。这样的话，只要坚持实施这些阶段性方案，完成这些阶段性目标，自己大学三年的生涯目标就一定能实现。

在制订实施方案时，我们还必须了解的是：生涯规划是一个动态变化过程，规划方案的超前性包含了方案实施过程中的诸多不确定因素。因此，我们在制订职业生涯规划的时候，手里同时要备好一块"橡皮"，也就是说，必须要重视规划方案实施过程中的行动和结果反馈，如可能出现目标制订过高或过低的情况；或者实施方案与目标吻合度偏低；或者尽管方案与目标吻合，而自己在执行中不坚定、放松要求等，这些因素都有可能导致目标与结果之间出现差距。这时，我们就要对出现的差距进行分析，找出原因，重新调整自己的目标，或者修改自己的方案，或者改变自己执行不力的习惯。

大学三年的整体规划是根据你的毕业去向总目标制订的行动方案，它可以按照年度为单位来制订行动计划。大学三年的行动方案如表 8-1-1 所示。

表 8-1-1　　大学三年的行动计划方案

实施时间		学业方面		成长方面		实践方面	
		目　标	方　案	目　标	方　案	目　标	方　案
第一学年	上学期						
	下学期						
第二学年	上学期						
	下学期						
第三学年	上学期						
	下学期						

二、年度(或学期)行动计划

年度(或学期)计划是为了完成年度任务而制订的配套实施方案。比如第一学年要考试通过英语四级，那么每月要记住多少单词，或者在考前三个月内分配时间与规划学习进度，完成单词准备、语法提升以及阅读听说能力提高等，考前一个月做模拟考试和考试技巧的培训等。8-1-2 为年度(或学期)行动计划表。

表 8-1-2　年度(或学期)行动计划表

实施时间	学业方面		成长方面		实践方面	
	目　标	方　案	目　标	方　案	目　标	方　案
1 月						
2 月						
3 月						
4 月						
5 月						
6 月						
7 月						
8 月						
9 月						
10 月						
11 月						
12 月						

三、月度行动计划

月度计划围绕月度目标来制订，它应以周行动方案为单位，如每月安排 3000 个单词的学习，那前两周每周安排 1000 个单词的学习，后两周每周 500 个单词的学习等。这些计划都包括对要做的工作、应完成的任务、达到目标要求等。表 8-1-3 为月度行动计划表。

表 8-1-3　月度行动计划表

实施时间	学业方面		成长方面		实践方面	
	目标	方案	目标	方案	目标	方案
第 1 周						
第 2 周						
第 3 周						
第 4 周						

四、周行动计划

周计划围绕周目标来制订，但应以每天的行动方案为单位来制订。还是以英语学习为例，比如一周要完成 1000 个单词的学习，那每天至少要完成 150~200 个单词的积累。表 8-1-4 为一周行动计划表。

表 8-1-4　一周行动计划表

实施时间	学业方面		成长方面		实践方面	
	目　标	方　案	目　标	方　案	目　标	方　案
星期一						
星期二						
星期三						
星期四						
星期五						
星期六						
星期天						

五、日行动计划

日计划是计划中最细小的单位，它围绕每天的目标来制定，一般计划到每小时的工作安排，非常具体。比如，每天安排早上 6:00~7:00 一个小时、晚上 9:00~10:00 两个小时学习英语等。每天晚上进行当日总结和考虑明天的计划，但特别提醒的是，大学生同时也要给年轻的自己留出足够的休息和休闲时间。表 8-1-5 为一日行动计划表。

表 8-1-5　一日行动计划表

实施时间	学业方面		成长方面		实践方面	
	目　标	方　案	目　标	方　案	目　标	方　案
6:00~7:00						
7:00~8:00						
8:00~12:00						
12:00~14:00						
14:00~17:00						
17:00~18:00						
18:00~19:00						
19:00~21:00						
21:00~22:00						
22:00~6:00						

总之，有了科学合理的大学期间职业生涯规划和与之配套的实施方案，就必须根据该方案严格执行，才能使自己的生涯规划目标向着既定目标迈进。

在许多情况下，大学生活中可能出现许多意外或紧急的工作或事情，干扰你的计划，打乱你的安排，这时你就应该加倍地珍惜时间，把耽误的时间抢回来。同时，在制订具体方案时，要留有一定的机动时间处理这些特殊事件。为了保证自己的行动能与努力的目标一致，就需要最大限度地根据所确定的职业生涯发展规划，约束自己的行为。

这里提出几项措施，帮助大学生们更好地落实自己的大学生涯规划实施方案。

(1) 保证经常回顾构想和行动规划，保持积极心态和主观努力方向。有些人有计划，但总是不将计划放在心上，只要有事做，就不知道自己努力的方向在哪里，缺乏时间观念，结果贻误职业生涯发展机会。

(2) 如果自己的理想蓝图发生变化，职业生涯构想和行动规划也要做出相应的变动，从而目标和策略也应随之改变。计划毕竟是计划，往往需要和现实结合起来，实施动态管理，否则，缺乏灵活性，也会导致计划执行过于僵硬甚至最终落空。

(3) 把学业构想和任务方案存入电脑文件或贴在床头等可经常看见的地方。为了避免自己忘记重要的学习目标和时间表，最好将这些内容放在自己经常能看得见的地方，如写在日历上，时刻提醒自己。

(4) 当做出一个对学习和生活极其重要的决定时，请考虑一下职业生涯构想和行动规划，并确定正在仔细考虑的决策与自己的本意相符。有的情况下，可能有一些重要的诱因，能获得短期内的收获，但从长期考虑有损失。比如，很多大学生在对待毕业后是升本还是就业的问题上犹豫不决，这时就应该拿出自己的规划好好看一下，明确自己的本意和设想，这样可避免出现随大流的盲目行为。与亲朋好友讨论自己的职业生涯构想和行动方案，并询问实现该构想的途径。向亲朋公开自己的职业生涯规划，往往能督促自己行动。如果计划只是自己知道，往往在遇到困难时容易退步，而且心理上没有压力。反之，如果事先将自己的设想告诉家人和朋友，先征求别人的意见和建议，然后采取行动，一方面可以集中集体的智慧，帮助自己设计最优的策略和方案；另一方面，可对自己进行约束，增加责任心及感激力量。

(5) 保证至少每三个月检查一次自己的学习进度。过程督促十分重要，督促可以发现职业生涯规划中存在的问题，可以考察计划的落实情况，可以有针对性地提出解决方案。如果感到生活过于忙乱，那就意味着目标不合理，需要进行调整，适时适当地调高目标，可以使自己的目标难度更合理，使成就水平更高。如果感到自己的生活节奏很慢，效率很低，没有实现原职业生涯规划的目标，首先要考虑自己的动机水平是否够高。

(6) 要有毅力。在大学里，可能朋友交际会比较多些，有时很多人都在娱乐，自己也有兴趣参加，如果没有职业生涯规划观念和自觉性，通常会使计划流产，一旦开始的职业生涯落空，以后也容易放弃，这是同学们一定要注意的地方。

项目二　大学生生涯与发展规划方案的评估与修正

影响职业生涯规划的因素有很多，有的因素是可以预测的，而有的因素则是难以预测的。在此情况下，要使生涯实施方案行之有效，就需要不断地对职业生涯规划进行评估与修正。

一、生涯规划评估

有些问题，必须在探索途中才能找到答案，例如：你正在做的事是最想做的事吗？你真的适合做这个职业吗？你能如期完成既定目标吗？是否将重心放在了最重要的地方？

经常自省是必要的。根据自己的短期规划.宜在每一个规划阶段进行一次系统全面的评估,如每年或每半年进行一次。即在学习工作努力一段时间之后,有意识地回顾得失,检查验证前期的策略措施执行效果,纠正分阶段目标中出现的偏差。

评估可以参照各类短期、中期预定目标和实际结果比照而行。一般来说,任何形式的评估都可以归结为自我素质和行为对现实环境的适应性判断,分析自己的现实情况,特别是针对变化的环境,找出偏差所在,并做出修正。

(一) 评估的切入点

1. 找到突破方向

有时候,在某一点上取得突破性的进展将使整个局面发生意想不到的改变。想一想,你先前规划中的策略方案,哪一条对于目标的达成应该有突破性的影响?达到了吗?如何寻求新的突破?

2. 抓住最重要的内容

猎人如果同时瞄准几只兔子,那么他可能一只兔子也打不到。同样,在大学生的职业生涯规划的评估中也不必面面俱到。而是抓住一两个关键的目标和最主要的策略方案进行追踪。在大学生职业生涯的某一阶段,1～2年内,或者3～5年内,总有一个最重要的目标,其他目标都是指向这个核心的,你完全可以通过优先排序,重点评估那些可能达到这个核心目标的主要策略执行效果。

3. 分离出最新的需求

针对变化了的内外环境,要善于发掘最新的趋势和影响。俗话说"跟上形势",对于新的变化和需求,怎样的策略才是最有效而且最有新意的。大学生职业生涯规划过程中,要善于抓住外部环境的最新变化而做出适当的策略,使自己的职业生涯规划不落伍。

4. 突出"优势我"

看看设定目标时,是否考虑了你的优势。或者,经过学习和培训,你的优势是否更加突出,突出后则需要重新进行自我认知和职业定位。

测测你工作效率的高低(仅供参考)

周末了,你邀请三五好友来家里吃饭,最可能出以下哪种状况?

A. 忘记煮米饭,只好出去买面食

B. 为了精益求精地做道你最拿手的菜,误了开饭时间

C. 很快地烧煮一些做法简单的菜,以节省时间

D. 胡萝卜用完了,让第一个到来的客人去买

解释:

选A,迷糊型。从来搞不清做一件事要花多少时间,经常不能有始有终地完成计划。

温馨建议:买两本台历,一本用于工作,一本用于日常生活,放在显眼处,给每一件事订个计划。

选B,完美主义者。追求尽善尽美,没有时间观念,把大量的时间花在细枝末节上。

温馨建议:按照每件事的重要性程度来分配时间,这是你节省时间,提高工作效率的关键。

选 C，把握时间型。你做得不错。

温馨建议：工作之余尽情放松自己，不要苛求别人同自己一样的高效率。

选 D，紧张刺激型。做事总是慌慌张张，丢三落四。

温馨建议：做每件事都比计划提前一点点开始行动，才能从容应对。

(二) 评估差距产生的原因

目标和结果出现差距的原因主要有以下几个：

1. 目标定的过高或过低

(1) 目标过高超过个人能力，再努力也没有用。这时要适当调低自己的目标，否则，会伤害自己的自信心；

(2) 目标过低自己不需要花费很大的精力就可以达成，这种目标也没有什么价值。这种情况你就要及时调高自己的预期目标，使自己的能力能够充分发挥出来。

2. 目标合适而行动方案与之不配

当目标合适而行动方案与之不相配时，会导致目标无法实现。如大一的学业规划目标有考英语四级，但却在实施方案中没有安排足够的英语学习时间。

3. 目标和行动方案都合适，但执行不力

比如，目标是考大学英语四级，实施方案中安排了英语学习的具体时间，但由于有其他许多事情耽误了英语学习，导致目标无法实现。这是执行过程中存在的问题。

(三) 生涯评估的方法

1. 对比法

每个人有自己追求的方法，所以在职业生涯与发展规划时应多比、多思、多学，吸取别人科学的方法。对别人职业生涯与发展规划的分析，往往有助于自己对职业生涯与发展规划进行修改。

2. 反馈法

许多高校建立了严格的学生活动情况登记制度，班级团支部定期填写活动记录本，团支部小组活动登记有团小组活动手册，团员个人参与活动登记有大学生素质拓展卡。如果没有活动登记制度，大学生本人可以自己建立自己的活动档案。活动记录本要从思想道德素质、智育素质、体育素质、文化素质和心理素质等方面来记录，形成一个综合素质评估值，并定期检查督促，及时反馈，这样可以使大学生知道自己的哪些能力需要发展提高，从而改进其学习、工作中的表现和行为。

3. 分析、调查、总结法

每个月或每个学期结束后，要认真总结一下自己这段时间的收获有哪些，这些收获对实现最高目标有无帮助。

有的大学生把专升本当作自己近期最主要的目标；有的大学生想节省时间，学习第二专业成了他们的最好选择；还有的大学生准备毕业后踏入社会，因此为了给自己积累资本，各种职业证书就成了他们要攻克的难关；有的大学生选择加入学生会，并把学生会锻炼当

作大学阶段必不可少的一门实践课。大学生可以根据自己的阶段成果获得情况，提供正确的信息反馈，使之符合合格的大学生的标准和条件。

大学生职业生涯规划要在每一个近期目标实现后，对下一步的主(客)观环境和条件重新进行调查、分析，看看条件是否变化，哪些变好，哪些变坏，总体如何，要心中有数。然后，根据变化了的情况，恰如其分地修改下一步拟定的计划。

4. 反思法

对职业生涯与发展规划实践的回顾，职业生涯与发展规划中计划的学习时间达到了没有，学习效率如何，学习有什么收获，还有哪些问题，方法上有何体会，等等。

5. 交流法

这种方式非常简单，就是大学生在日常学习、工作交流中互相提供反馈信息。大学生首先要把自己的职业生涯与发展规划、追求公告于知己学友，让他们关注自己，由老师或同学(朋友)对自己的缺点或错误提出意见。其次要虚心、主动、积极、经常地征求别人对自己计划的看法及修改意见，往往会受益匪浅。

6. 评估法

全方位反馈，也称 360 度反馈。在 360 度评估法中，评估者不仅是被评估者的上级主管，还包括其他与之密切接触的人员(如同事、下属、客户等)，同时也包括自评。可以说，这是一种基于上级、同事、下级和客户等收集信息、评估绩效并提供反馈的方法。

大学生职业生涯与发展规划全方位反馈评估应包含学校领导、老师、学生和被评估者自身等主体。实施大学生职业生涯与发展规划全方位反馈评估要重点做好以下三个环节：

做好同学间评议。同学间提供评估意见可以借助同学们的智慧与经验，让被评估的学生更清醒地认识到自身的优势和不足，明确努力方向。

做深自我评估。自我评估更便于大学生进行自我反思，由被动接受评估转变为主动反省和总结学习工作的得失，同时可以要求大学生用学习成绩作为核心创新点，使大学生评估成为自我认识、自我改进、自我管理、自我完善的有效途径，使评估成为大学生专业发展的"助推器"。

做实评估反馈。大学生全方位反馈评估最后能否改善职业生涯与发展规划状况，在很大程度上取决于评估结果的反馈。因而应通过选择合适的时间、地点和反馈途径，综合各方面的评估信息并经过实际分析反馈给自己，从而帮助我们评估和调整职业生涯与发展规划的发展和行动计划，从而增强反馈的效能。

评估可以参照各类短期、中期预定目标和实际结果比照而行。一般来说，任何形式的评估都可以归结为自我素质和行为对现实环境的适应性判断，分析自己现状，特别是针对变化的环境，找出偏差所在，并做出修正。

(四) 科学评估要注意的几个方面

1. 注意评估职业生涯发展的各个要素

有的人对职业生涯成功的定义就是事业的成功，为了事业可以牺牲健康或家庭；有的人对职业生涯成功的定义是职业生涯成为个人事务和家庭生活保障的基础，即如果能起到基础的保障作用，就视为职业生涯的成功；有的人认为个人事务、职业生涯、家庭生活的协调发展，才是职业生涯真正的成功。

如何全面评估职业生涯？按照人际关系范围，将职业生涯是否成功的评估分为自我评估、家庭评估、组织评估和社会评估四类评估体系。如果一个人能在这四类体系中都得到肯定的评估．则其职业生涯无疑是成功的。

2．注意评估职业生涯成功的多种不同价值取向

很多人以为职业生涯成功就是获得地位和财富的满足，于是，为了达到这个标准而拼命努力。一旦没能在期望的时间内达到这一目标，便灰心地以为自己的职业生涯失败了。其实，这种成功观是一种偏见。很多时候，在有限的生命里，我们无法达到所有的目标，但这并不意味着职业生涯的失败。怎样的职业生涯才算是成功的？每个人的价值观不同，职业需求不同，职业生涯目标各异，对成功的定义也会有所差别。对不同的人来说，成功的标准不一样。对有的人来说，成功意味着一定数量的金钱，对有的人来说，成功意味着较高的地位声望；有的人或许将成功定义为抽象的概念，例如，和谐工作环境带来的愉悦感，完成具体的成果带来的成就感，帮助别人带来的满足感等。

每个人都可以，也应该对自己职业生涯的成功下定义。成功没有统一的标准，但是，每个人都应当有自己明确的成功标准，并时时用这个标准来检验实际的行动。在职业生涯中，有的人追求职务提升，有的人追求工作实质内容的丰富。职业生涯的成功，只有在内职业、外职业生涯平衡的基础上才有真正的意义。成功没有统一的标准，大致有五种成功方向。

(1) 进取型。视成功为升入组织或职业的最高阶层。特别注重在群体中的地位，追求更高职务。

(2) 安全型。追求认可、稳定，视成功为长期的稳定和相应不变的工作认可。

(3) 自由型。追求不被控制，视成功为经历的多样性。希望有工作时间和方法上的自由，最讨厌打卡机。

(4) 攀登型。希望得到挑战、刺激，爱冒险，愿意做创新工作，视成功为螺旋式不断上升、自我完善。

(5) 平衡型。视成功为家庭、事业、健康等均衡协调发展。

每个人职业锚的不同，决定了其职业需求类型与职业目标的差异，这也造成了个人在职业生涯成功标准上的多样性。即使对于同一个人，职业生涯成功的意义在不同的人生发展阶段也可能不同。

(五) 要注意个人职业生涯成功的要素

不容否认，一个人职业生涯能否取得成功，与来自外部环境的机遇有关，但最根本的，还是个人素质与努力的结果。

有学者从 20 世纪美国最成功的几百位名人的终生经验中提炼出 17 条职业成功条件：积极的心态；确定的目的；多走些路；正确的思考；自我控制；集体心理；应用心理；令人愉快的个性；个人的首创精神；热情；集中注意力；协作精神；总结经验教训；创造性的见识；预算时间和金钱；保持身心健康；应用普遍规律的力量。

高度概括和总结已有的实践经验，我们欲获取职业成功，个人必须具备的基本要素或条件是：信心、目标、行动。

(1) 信心。要想做一个成功者，首先要有想成为成功者的内心，明白人生掌握在自己手中，一定要有坚定的意识和信念，这是成功的先决条件。

(2) 目标。确定总目标，又确定达到总目标的步步为营的具体目标。人生意义在于追求一个目标，人生就是不断打破现状，追求超越。一个人的职业人生尤其如此，只需瞄准顶峰目标，步步攀登，定可抵达巅峰。

(3) 行动。这是获取职业成功的关键。如果不付诸行动，所谓信心、目标只是空谈。如下是争得职业成功的必要活动：

• 积极主动，坚持不懈，保证旺盛激情。不能坐等成功，必须付出极大的努力和汗水，始终充满信心和热情，锲而不舍，积极主动争取成功，脚踏实地采取可行步骤去发现，去把握，去争取，甚至去创造。

• 适应形势与环境，不断有所创新。客观形势与环境，是个人职业成功重要的影响和制约因素。个人面对经济政治形势、政策制度等大环境自然无能为力，应当适应环境要求与变化，以自己的想法、新的生活、新的活动作为催化剂，继续个人的职业成长。与此同时，对自己周围的小环境，变不利为有利。

• 把握机遇，有助于职业成功。在职业生涯中，一般会出现几次转折关头或几次大的考验，这正是争取个人职业成功的机遇，要善于把握机遇，创造机遇，发现和挖掘机遇。

• 有超前眼光。要有远见、有预见力、如果比别人早一步行动，就先占了主动。

• 善于利用时间，学会时间管理。

(六) 评估的结果

在自我评估之后，可以回过头来看看你在制订实施策略前，通过 SWOT 分析发现的劣势点，如今是否通过阶段行动的努力而有所改观。如果没有，为什么会行而无效，或者行不通？差距又在哪里？

一般来说，你的短木板可能存在于下列几个方面：

(1) 心理素质差距。很多时候，我们没有取得预期的进步，并不是规划得不够好，或者措施不够得当，而是心理素质不够。一个人职业生涯的发展，首先是心理素质的成长过程。要根据评估的结果进行目标和策略方案的修订。修订的内容包括：职业的重新选择；职业生涯路线的选择；阶段目标的修正；实施措施与行动计划的变更；等等。通过反馈评估和修正，应该达到这样的目的：对自己的强项充满自信，知道自己的强项是什么。对自己的发展机会有一个清楚的了解，知道自己什么地方还有待改进。找出关键的有待改进之处，为这些有待改进之处制订详细的行动改变计划。以合适的方式答复那些给予反馈的人，并表示感谢。实施你的行动计划，确保你能取得显著的进步和职业成就。

(2) 观念差距。观念陈旧往往会造成策略的失误，导致行动失效。

(3) 知识差距。按照实施策略所积累的知识仍然不够？还是学错方向了？

(4) 能力差距。环境在变化，对人的能力的要求也在不断变化。彼时你通过种种努力提高了某些能力，但此时可能又会出现新的差距。另外，前一阶段是否坚持按计划措施来提高能力了？提高了多少？遇到什么困难？这对以后都是一个重要的启发。

　　总之，职业生涯规划是一个持续动态的过程，有效的职业生涯规划需要不断地修正职业生涯目标，反省策略方案是否恰当，以能适应环境的改变，同时可以作为下一轮规划的参考依据。

二、大学生生涯与发展规划方案的修正

　　所谓修正，是改正、修改使其正确、优化的意思。职业生涯与发展规划修正的内容包括：职业目标的重新选择、职业生涯路线的重新设定、阶段目标的修正、实施措施与行动计划的变更等等。

(一) 生涯目标实施方案修正的目的

通过评估和修正，应该达到下列目的：

(1) 决定放弃或者坚持自己的目标，并进行必要的调整；

(2) 明确影响实施效果的关键因素，对实施方案的合理性加以认识；

(3) 对需要改进之处制订调整计划，以确定修订后的实施方案能帮自己达成生涯目标。

(二) 生涯目标实施方案修正的内容

以上问题的答案将作为修正新的职业生涯与发展规划的参考依据，对职业生涯与发展规划进行修正的内容包括：

(1) 生涯目标的重新选择；

(2) 生涯发展路线的重新确定；

(3) 阶段性生涯目标的调整；

(4) 生涯发展目标的调整；

(5) 生涯目标实施方案的变更等。

在此过程中，应注意回答以下问题：

(1) 你的人生价值是什么？

(2) 你有哪些知识、技能和条件？

(3) 你最感兴趣的事情是什么？

(4) 你的人格特质是什么？

(5) 你是否好高骛远？

(6) 你建立了自己的就业信息网络吗？

总之，职业生涯规划完成并实施后，我们必须对阶段性的结果进行评估，根据评估的结果找出规划与结果之间的差距，分析出差距产生的原因，并针对性地对计划进行调整，并按新调整的方案有效地围绕目标行动。评估和修正可以按以下模式进行。

(三) 修正应考虑的因素

1. 环境因素

包括社会环境、政治环境、经济环境、科技环境、自然环境、法律环境等。从宏观层面认识到职业生涯发展的局限和可能，个人只能适应而不可改变。

2. 组织因素

包括组织规模、组织结构、组织文化、组织发展状况、人力资源规划、人力资源管理系统类型、晋升政策、人际关系等，一切与职业生涯发展有关的组织因素。要改变组织因素非常困难，但个人可以选择，到最适合自己发展的组织中工作。

3. 个人因素

年龄、性别、学历、工作经历、家庭背景、人格等等。一方面你要正确认识自己，另一方面要不断完善自己。组织和个人只能适应第一因素，正确认识和分析第二、第三因素，寻求个人发展和组织发展的最佳匹配。

(四) 修正行动计划

实施生涯规划时，必须为日后可能的计划修改预留余地，修正的依据是每次评估后反馈回来的信息。至于计划修正的时机，必须考虑下列四点：

(1) 以周、月或学期为单位，定期检查预定目标的达成进度及取得的效果；

(2) 每一阶段目标达成之时，要依据实际效果，修订未来阶段目标可采用的策略

(3) 主观因素、客观环境改变影响到计划的执行；

(4) 有效的生涯设计还要不断地反省修正，反省策略方案是否恰当，能否适应环境的改变。

(五) 职业生涯规划调整的时机

1. 职业生涯规划的调整时机

在职业生涯发展的过程中，会出现这样或那样的问题，职业生涯规划本身就是在发展中不断再调整的，所以，当你的工作中出现以下问题时，你应该停止挣扎而另外去找一份你真正喜欢的工作了。

(1) 怀疑自己不合格。

如果你工作感到痛苦，这可能是自己工作表现不佳而又不愿正视这个问题所致。因此应该扪心自问：自己干得到底如何？你可以请上司对你的表现做一个评定，以确定是否符合他的要求，或是请教一位精明且诚信的同事，让他为你做一个非正式的评估。

(2) 与上司不合拍。

一种较好的测试方法是：你在上司身边时感觉如何？是自在放松还是紧张不安？

(3) 与同事不合拍。

你可以问问自己：当你与单位的人交往时，是否觉得格格不入？你是否对引起他们兴趣的话题感到乏味和无聊？如果是这样的话，那你可能已陷入一个无法展现自己的环境。

(4) 工作过于轻松。

如果你闭着眼睛都能工作时，这可能表明你的能力已远远超越你的职位而自己却不知道。你可以问自己几个问题：你仍然能够从工作中学习别的东西吗，想进一步发展你正在使用的技能吗？

(5) 对于这一行不感兴趣。

如果你可重新选择，你还会选择同一职业吗？你有兴趣阅读这一领域有名人物的自传吗？如果不是，你该考虑去见职业咨询顾问或参加求职测试了。

2. 最完美的转型时期

日本的猎头公司普遍认为，人生有三个转换职业的最佳时期，即所谓"转职适龄期"，如果想要转职就应该尽量选择在这三个时期内。

第一阶段：25～30岁。这个时期正是"自我独立、精力充沛、年轻有为"的阶段，无论哪家公司都需要这样的人才。这个时期可以大胆地到那些没有接触过的行业里去试试。

第二阶段：35岁前后。这个时期可以从事管理职位，但是只能在经验许可的行业内专职。

第三阶段：40～50岁。其中又分为45岁以前和45岁以后两个阶段。45岁以前是充分显示个人能力的年龄段，而且企业也有多种多样的职务需求，选择的幅度和可能性都很大。如果是对一生只有一次的转职者来说，这是最佳时期。45岁以后也被称为过激时期，对有能力者而言，外企的部长、高级职务应为其目标。在这个阶段转职，不应较过去的经历有太大的变化。

猎头公司总结出的最完美的职业生涯应是：二十七八岁之前全力投身从事的职业，经过五六年历练取得一定资历，在35岁左右就任中层管理职务。在这个岗位上应充分发挥10年左右的能力，同时，要确立最终的工作场所及职位。不必一开始就打算40岁左右一定转职，但不断寻觅最终的职位却是必要的。

(六) 调整职业生涯规划需要注意的事项

每个人的职场路上都不是一帆风顺的，或多或少总会遇到困难，而转型是很多人都会做出的选择。在看似南辕北辙的职业道路上，怎样算好自己手中的牌，让转型胜算更大呢？

需要注意的是，职业转型时应注意避免下列情况：

1. 感情用事；
2. 在低谷选择转型；
3. 追求一时的稳定和舒适而拒绝转变；
4. 被动转型；
5. 从零开始。

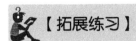【拓展练习】

结合所学知识，对自己制订的职业生涯规划进行全面、客观的评估修正。

附录一　职业选择理论

一、帕森斯的特质因素论

1909 年，美国波士顿大学教授弗兰克·帕森斯(Frank Parsons)在其《选择一个职业》的著作中提出了人与职业相匹配是职业选择的焦点的观点，他认为，个人都有自己独特的人格模式，每种人格模式的个人都有其相适应的职业类型。特质因素理论(人职匹配理论)是最早提出的职业辅导理论，用于职业选择与职业指导，强调个人的特质、因素与职业选择的匹配关系。"特质"指个人的人格特征，包括能力倾向、兴趣、价值观和人格等，这些都可以通过心理测量工具来加以评量。"因素"指在工作上要取得成功所必须具备的条件或资格，这可以通过工作了解。

(一) 特质因素论的基本观点

帕森斯认为，在选择职业时，首先须通过心理测量工具评估个人的能力，以及对自己的态度、能力、兴趣等有清楚的了解；其次，要了解各行各业达到成功的需要和条件、优缺点、酬劳、机会以及未来展望等；最后，要以个人和职业的相互配合作为职业辅导的最终目标。他认为，只有这样，人才能适应工作，并且使个人和社会同时得益。

(二) 职业选择的步骤

职业选择的步骤如下：

第一步，评价求职者的生理和心理特点(特性)。通过心理测量及其他测评手段，获得有关求职者的身体状况、能力倾向、兴趣爱好、气质与性格等方面的个人资料，并通过会谈、调查等方法获得有关求职者的家庭背景、学业成绩、工作经历等情况，并对这些资料进行评价。

第二步，分析各种职业对人的要求(因素)，并向求职者提供有关的职业信息，包括：① 职业的性质、工资待遇、工作条件以及晋升的可能性；② 求职的最低条件，诸如学历要求、所需的专业训练、身体要求、年龄、各种能力以及其他心理特点的要求；③ 为准备就业而设置的教育课程计划，以及提供这种训练的教育机构、学习年限、入学资格和费用等；④ 就业机会。

第三步，进行人职匹配。指导人员在了解求职者的特性和职业的各项指标的基础上，帮助求职者进行比较分析，以便选择一种适合其个人特点又有可能得到并能在职业上取得成功的职业。

(三) 人职匹配的两种类型

人职匹配有两种类型：

(1) 因素匹配(活找人)。例如需要有专门技术和专业知识的职业与掌握该种技能和专业知识的择业者相匹配；脏、累、苦劳动条件很差的职业，需要有吃苦耐劳、体格健壮的劳动者与之匹配。

(2) 特性匹配(人找活)。例如具有敏感、易动感情、不守常规、个性强、理想主义等人格特性的人，宜于从事审美性、自我情感表达的艺术创作类型的职业。

(四) 生涯辅导上的应用

在职业辅导中，帕森斯强调规划师必须帮助来访者客观地评价自己的劳动力市场申请工作时存在的优势和劣势，并由此提出理性的策略帮助来访者做出正确的抉择。规划师首先要协助来访者对个人的能力、兴趣、人格等特质进行评估，这主要借助于对心理测量工具的使用及解释。其次是要指导来访者进行职业调查，通过研究、实地参观和访谈从业人员等方式收集信息和对工作进行分析。而职业辅导的目标就在于将个人与职业进行匹配。

(五) 评价

特质因素论的辅导方法十分具体，易于学习和操作。由于特质因素论注重心理测量工具的使用，对心理测量的发展和应用曾起到了极大的推动作用。但这一点也招到了很大的质疑。因为测量工具本身存在信度与效度的问题，同时，特质因素论假定个人的特质与工作的特征是稳定不变的。但事实上，二者都是不断发展变化的。因此，静态测量的结果未必能真正反映出个人的长处与内心深层次的冲突。此外，他强调理性的适配，而忽略了情感在决策中的影响作用，因此，基于此模式的辅导有可能仅止于表面的帮助。

二、认知信息加工理论

Peterson 和他的同事将信息加工理论引入到职业决策领域，以一个信息加工金字塔来说明职业生涯发展的认知信息加工理论，这个金字塔的基础是斯滕伯格理解人类智力的方法。人们认为职业生涯决策涉及三个成分间的联系和配合，并且需要经过五个阶段。

(一) 认知信息加工的成分

他们认为个人要做好职业生涯决策主要涉及三个领域之间的联系。他们的关系可以用附图 1-1 表示。

我们可以看出职业选择所涉及的内容主要包括三个领域：执行加工领域、决策技巧领域和知识领域，每个领域又包含一些具体的内容，下面具体进行介绍。

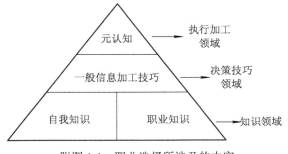

附图 1-1　职业选择所涉及的内容

(1) 知识领域，它包括自我知识和职业知识。

① 自我知识(Self-knowledge)：关于自我的知识。如我具备什么样的价值观、兴趣和技能等；我喜欢的工作是什么；我为什么要工作和学习。

② 职业知识(Occupational knowledge)：关于职业的知识。如我能找到什么样的工作；

工作的人每天都会干些什么事情；为了干好某项工作，需要经历哪些经验和训练；企业和雇主可以分为哪些类别等；工作世界是如何运作和组织的。

(2) 决策技巧领域，指个人加工自我和职业信息的能力和技巧。比如"找到一个符合我要求的职业需要经过哪些步骤"以及"我通常是怎样做重大决策的"等。

(3) 执行加工领域，这主要涉及元认知的过程，包含三种成分：自我谈话、自我觉察和监控。① 自我谈话(Self-talk)，如"我需要做一个决定"，自我谈话可以是积极的，也可以是消极的。"我可以做出一个好的职业生涯决策"、"我能够收集很多有用的职业信息"以及"我能很好地掌握工作所需的技能"等这些是积极的自我谈话。消极的自我谈话与决策的困难联系在一起。它包括一些评论，如"我所做的决策都很失败"、"我做任何事都不能成功"等。② 自我觉察(Self-Awareness)，指个人知道自己正在做什么和为什么这样做，如"我现在对于从事工作有些紧张"等。当个人知道自我觉察以后，他就更能做出好的决策和解决问题。③ 监控(Control and Monitoring)，指的是个人随时监控自己的认知和执行过程，如"为了做好决策，我现在需要了解什么信息，有哪些途径可以了解这些信息"等。

知识领域内的自我知识和职业知识是决策技巧领域和执行加工领域的基础，它为决策提供背景和材料。个人通过决策技巧领域内的一般信息加工技巧加工现有的知识，作出恰当的决策。而元认知通过自我谈话、觉察等来监控整个信息加工过程，从而提高决策的效率和效果。

(二) 通用信息加工技能的五个步骤

CASVE 循环是职业生涯规划一种有效的决策方法。职业生涯规划决策是一种问题解决活动，你对有关职业问题的解答，如同你对数学问题或科学问题的解答一样。你的职业生活质量是以你怎样进行职业决策和怎样解决职业问题为基础的。学习生涯决策技术中的 CASVE 循环，可以帮助你提高这方面的能力。

CASVE 循环包括五个阶段：沟通(Communication)、分析(Analysis)、综合(Synthesis)、评估(Valuing)和执行(Execution)。它可以在整个职业生涯问题解决和决策制订过程中为你提供指导。此循环如附图 1-2 所示。

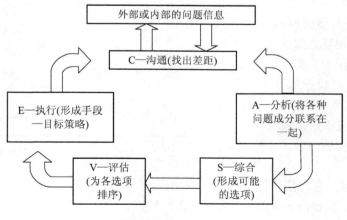

附图 1-2　CASVE 循环

1. 沟通(Communication)

在这个阶段，我们收到了关于职业理想与现实之间存在差距的信息，这些信息可能通过内部或外部交流途径传达给我们。内容沟通包括情绪信号，例如不满、厌烦、焦虑和失望，还有身体信号，如昏昏欲睡、头痛、胃部疾病等。外部沟通包括父母对你的职业规划的询问，同事、朋友对你的职业评价，或者是杂志上关于你的专业正在逐渐过时的文章。这是意识到自己需要做出选择的阶段，在这个阶段，我们通过各种感官和思考充分接触问题，发觉存在一个差距已不容忽视。

2. 分析(Analysis)

分析是通过思考、贯彻和研究，对兴趣、能力、价值观和人格等自我探索以及各种环境因素进行分析，从而更好地理解现存状态和理想状态之间的差距。

自我探索，包含了兴趣：我喜欢做什么？做什么事情的时候我最能投入？做什么事情能让我得到享受？能力：我擅长做什么？什么事情是我能做得比别人好的？我都掌握了哪些专业知识？价值观：我看重什么？我这辈子希望达到的目标是什么？我希望工作可以带给我什么？性格：我是内倾的还是外倾的？我关注宏观抽象的事物还是具体细节？我倾向理性思考还是感性体验？我习惯于有条不紊还是随机应变？

在这阶段，问题解决者需要花时间去思考、贯彻、研究，从而更充分了解差距，了解自己有效地做出反应的能力。好的生涯决策者阻止用冲动行事来减小在沟通阶段所体验的压力或痛苦，因为他们知道，这是无效的，甚至可能令问题恶化。他们清楚，要解决这个问题我需要了解自己的哪些方面，了解环境的哪些方面，需要做些什么才能解决问题，为什么我有这样的感受，家庭会怎样看待我的选择等等问题，这是了解我自己和我的各种选择的阶段。在这一阶段，生涯问题解决者通常会改善自我知识，不断了解职业世界和家庭需要。简单说，在分享阶段，生涯决策者应尽可能了解造成在第一阶段发现的差距的原因。

分析阶段还需要把各种因素和相关知识联系起来，例如，把自我知识和职业选择联系起来；把家庭和个人生活的需要融入到职业选择中。

3. 综合(Synthesis)

综合阶段主要是综合和加工上一阶段提供的信息，从而制定消除差距的行动方案。其核心任务是，确定我可以做什么来解决问题。

这是一个扩大并缩小选择清单的过程。首先，尽可能多地找到消除差距的方法，发散地思考每一种办法，甚至采用"头脑风暴"进行创新思维。然后，缩小有效方法的数量，通常缩减到3～5个选项，因为我们最有效的记忆和工作容量就是这个数目。

4. 评估(Valuing)

评估对于综合阶段得出的3～5个职业进行具体的评价，评估获得该职业的可能性，以及这个选择对自身及他人的影响，从而进行排序。比如，可以问：对我个人而言什么是最好的？对于我生活中的重要他人而言什么是最好的？大体上，对我所处的环境而言什么是最好的？

5. 执行(Execution)

执行是整个 CASVE 的最重要的部分，前面的步骤只是确定了最适合的职业，还不能带来职业选择的成功，需要在执行阶段将所有想法付诸实践，如：开始具体的求职过程；也为再一次回到沟通阶段提供线索，以确定沟通阶段所存在的职业问题是否得到了很好的解决。在执行阶段，需要制订计划，进行实践尝试和具体行动。如果没有解决可以再次回到沟通阶段，重新开始一次 CASVE 循环，直到职业生涯问题被解决为止。

需要注意的是，成功地完成这个过程有赖于每个步骤的成功。研究表明，在任一步骤出现问题，都会减缓或影响整个问题解决。

首先是在交流步骤，我们可能会被眼前的问题所难倒，会感到沮丧、焦虑、害怕和消沉。多数情况下，我们又想不出克服困难的方法，因此也就无法摆脱这些感受而进入分析或综合步骤。其次，在评估步骤出现迷惑、在缩小了选择范围之后，还是无法做出选择。这种情况发生时，人就会有挫折感，变得焦虑、消沉，且发现自己又重新回到了最初的步骤。第三个是实施步骤。这是最困难的步骤，因为：第一，我们不能把实施分成若干小的行动步骤；第二，我们不知道先做什么；第三，我们被巨大的、不明确的任务所吓倒，我们把外在的负面影响看得太重，以至于把任何尝试都视为无意义的。因此，认真地完成每个步骤的任务是非常重要的，都能帮助我们成功地解决生涯问题和决策。

(三) 在职业生涯规划和职业咨询中的应用

这一理论为职业生涯规划和职业咨询提供了操作的框架和流程。按照信息加工模型，在生涯管理中，针对最高层，我们需要辨别消极思维、进行积极的自我对话、提高自我控制和调节水平等，以此来完善我们的元认知。CASVE 循环提供了一种能用于职业生涯中问题解决的通用方法。当我们能成功、快速、有效地使用这一策略，来处理生涯问题时，我们的生涯状况将得到极大改善。而自我知识和职业知识构成职业生涯规划的基础，没有全面而准确的知识，个人就无法做出恰当的职业生涯决策，职业生涯规划时需要对其完善。

附录二　职业发展阶段理论

一、舒伯的生涯发展理论

著名职业生涯规划大师舒伯(Super)经过二十多年的大量实验研究，提出了一整套的人生职业生涯发展阶段模式。他认为人的一生可以分成几个阶段，每个阶段都要执行各种人生角色。在不同的阶段对自己的各个不同角色的侧重又有所不同。尤其是在职业这一角色上，在各个阶段中经历了从无到有，从成长发展到衰退的过程。

舒伯认为，职业生涯的发展是一个持续渐进的过程，一直伴随个人的一生。其主要理论观点是：

(一)　自我概念

"自我概念"是舒伯生涯发展理论中的核心概念。"自我概念"，就是指个人对自己的兴趣、能力、价值观及人格特征等方面的认识。一个人的自我概念在青春期以前就开始形成，至青春期较为明朗，并于成人期由自我概念转化为职业生涯概念。工作与生活满意与否，就在于个人能否在工作和生活中找到展现自我的机会。用舒伯的话说，"职业生涯就是对自我的实践"。

(二)　生涯发展阶段

舒伯认为人的职业生涯发展分为五个阶段，见附表 2-1。

附表 2-1　生涯发展阶段表

阶　段	年　龄	特　点	发　展　任　务
成长阶段	出生～14 岁	敢说敢做,逐渐从不切实际的幻想接近成年人的想法	发展适合自己的概念，发展对工作世界的正确态度，了解工作的意义。逐渐意识到自己的兴趣所在，从机会中学习到和职业相关的最基本的技能
探索阶段	15～24 岁	青春期,逐步形成自己的人生观、价值观。通过学校生活、社团活动、工作对自己进行全面的探索。有了自我追求的方向	职业观念与学习紧密联系，发展相关的技能，是职业偏好逐渐具体化。开始将一般性的职业偏好转化为具体的职业选择

续表

阶　段	年　龄	特　点	发 展 任 务
建立阶段	25～44 岁	尝试选择适合自己的职业领域，逐步积累自己的社会知识、能力和经验，形成自己的职业核心竞争力。从原来依赖性强逐渐走向独立和创造性时代	在适当的职业领域稳定下来，巩固地位，并力求晋升。这个阶段如果发展的好，则在特定的领域建立长久的地位，生涯发展处于上升期，如果发展不理想，则会选择跳槽，直至找到合适的领域
维持阶段	45～64 岁	维持已经获得的成就和职业地位，对家庭和社会有责任心、义务感，形成完整的人生观、价值观，开始与衰老斗争	通过不断的努力获得生涯的发展和成就，维持既有成就与地位，按照既定方向工作，更新知识与技能，创新
衰退阶段	65 岁以上	心理上迈入返璞归真的新起点，个人已退出工作岗位开始安享晚年	职业角色逐渐减少，社会角色增多，工作投入减少，计划安排退休生活，为退休做准备

(三) 职业循环发展理论

舒伯在后期，提出在一个人一生的职业发展过程中，职业发展的五个阶段：成长阶段、探索阶段、建立阶段、维持阶段、衰退阶段是一个循环再循环的过程。职业发展的五个阶段并不完全和年龄相关，而且各阶段之间并不存在严格的界限，可能有交叉，在人生中的不同时期，都可以经历由这五个阶段构成的一个"小循环"。职业生涯发展是一个循环往复的过程。

(四) 生涯彩虹图

生涯彩虹图是舒伯作为分析和描述个人生涯过程的一个重要方法。为了让大家在回顾自己过去发展历程的同时，也能够更好地展望和计划未来，面对今后的不同人生预期，作出初步的计划和时间分配，舒伯提出了一个更为广阔的新观念——生活广度、生活空间的生涯发展观。这个生涯发展观，除了原有的发展阶段理论之外，较为特殊的是加入了角色理论，并将生涯发展阶段与角色彼此间交互影响的状况，描绘出一个多重角色生涯发展的综合图形。这个生活广度、生活空间的生涯发展图形，舒伯将它命名为"生涯彩虹图"。

1. 横贯一生的彩虹：生活广度

在一生生涯的彩虹图中，横向层面代表的是横跨一生的生活广度。彩虹的外层显示人生主要的发展阶段和大致估算的年龄：成长期(约相当于儿童期)，探索期(约相当于青春期)，建立期(约相当于成人前期)，维持期(约相当于中年期)以及衰退期(约相当于老年期)。在这五个主要的人生发展阶段内，各个阶段还有小的阶段，舒伯特别强调各个时期年龄划分有相当大的弹性。应依据个体不同的情况而定。

2. 纵贯上下的彩虹：生活空间

在一生生涯的彩虹图中，纵向层面代表的是纵贯上下的生活空间，是由一组职位和角色所组成的。舒伯认为人在一生当中必须扮演九种主要的角色，依序是：儿童、子女、学生、休闲者、公民、工作者、夫妻、家长和退休者。

生涯彩虹图可以很好地显示个人生涯中各个角色的变化，需要注意的是：

第一，某个角色之间是互相作用的，某个角色的成功能带动其他角色的成功，反之，一个角色的失败，也可能导致另一角色的失败。而且，为了某一角色的成功付出太大的代价，也有可能导致其他角色的失败。

第二，人的社会任务或职业生活不断变化，角色也随之变化，从一个角色进入另一个角色。

第三，每一个人的生涯彩虹图都是不同的。所以，我们从附图 2-2 中可以看到不同的生涯规划，这就是科学规划职业生涯。

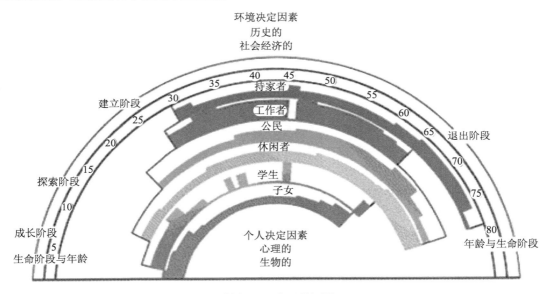

附图 2-2　生涯彩虹图

舒伯认为发展的各个阶段为生活广度，称个人扮演的角色为生活空间。生活广度和生活空间交汇成为生涯彩虹图，它描绘出了生涯发展阶段与角色彼此间交互影响、多重角色生涯发展的状况。以下是生命彩虹图的绘制。

第一步：拿出一张空白纸，在上面画上 10 个同心的半圆，如附图 2-2 所示。在彩虹的最外围弧线上写上年龄，从出生到预期死亡年龄，一般是从 0 岁到 80 岁按等比例划分；彩虹的纵向，也就是彩虹内部的多道同心弧线表示角色，一共有九种角色：儿童、子女、学生、休闲者、公民、工作者、夫妻、家长和退休者，在彩虹图半圆底部相应位置写上各角色的名称。

第二步：根据你自己的现实状况及预想的将来情况，判断在某个阶段你把主要精力和时间放在了哪些角色上，你就把该角色弧形的相应年龄段涂上某种颜色，依此方法从 0 岁开始一直画到 80 岁为止。你要始终牢记，画彩虹图的原则是根据你的每个年龄阶段来判断，在该年龄阶段中，你的主要时间和精力投入到哪些角色中。比如，0 岁～8 岁，虽然你扮演着"子女"这个角色，但你的主要精力和时间基本都投诸在"儿童"这个角色上，因此，只画 0 岁～8 岁儿童角色部分的彩虹，不必要画 0～8 岁子女角色段的彩虹。

　　第三步：等你画完所有年龄、所有角色的彩虹之后，你就可以来分析自己在某些角色上的时间精力投入是否符合你本身的期望。每个人的彩虹图都是不一样的，因此它只能帮助你找到某一阶段你潜意识认为的最重要的事，但不能告诉你一个放之四海而皆准的做事法则。比如，在 30～40 岁阶段，某人的彩虹图显示其主要精力投诸工作者、公民和夫妻角色上，因而在这个阶段，这几个方面的事情对他来说就是最重要的，而作为子女的角色可能暂时不是那么重要。

　　画完之后请看看，你的选择和自己的实际行动是否一致？

二、明尼苏达工作适应论

(一) 基本观点

　　起源于一项在明尼苏达大学进行的旨在探索如何帮助残障人士适应工作的研究，由罗圭斯特与戴维斯于 1964 年提出，经过数十年发展成为强调人境符合的心理学理论。

　　工作适应论仍属于特质论的范畴，但其重点在与就业后个人需要的满足及对工作要求的满足，亦即就业后的适应问题。戴维斯等人认为，每个人都会努力寻求个人与环境之间的一致性(Correspondence)，而"工作适应"(Work Adjustment)就是指个人为了能维持此一致性所做的努力，以在同一个职位上的工作持久程度为衡量指标。当工作环境能够满足个人的需求(即给予个人"内在满足"，Satisfaction)，而个人亦能够满足工作的技能要求(即达到"外在满意"，Satisfactoriness)时，个人与环境的一致性就较高。但由于个人与环境都是动态发展的，相互之间会产生影响，因此，个人与环境之间是否一致是一个互动过程的产物，而不是一成不变的。随着时间的推移，个人的需求会改变，工作的要求也会变化调整。如果个人或雇主能努力创造并维持这种个人与环境之间的协调关系，则个人的工作满意度和雇主对其员工的满意程度就会越高，个人在该工作领域也越能持久发展，见附图 2-3。

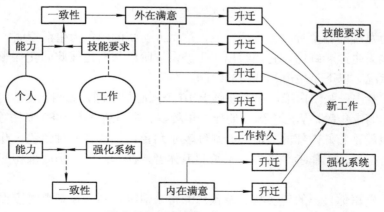

附图 2-3　明尼苏达工作适应模式

(二) 生涯辅导上的应用

罗圭斯特与戴维斯编制了一系列的量表来对个人的人格特质和工作环境进行评量。他们认为个人的心理需求主要反映在其价值观上，因此编制了明尼苏达重要性问卷(Minnesota Importance Questionnaire)来加以评量，并以明尼苏达能力测试(Minnesota Ability Test Battery)和明尼苏达满意感受问卷(Minnesota Satisfaction Questionnaire)对个人的技能及其内在满意程度进行评估。至于工作环境所提供的强化系统(是否能强化个人的心理需求)及职业技能要求，则分别使用职业强化模式量表(Occupational Reinforcer Patterns)、职业能力倾向模式量表(Occupational Aptitude Patterns)来进行分析，并通过明尼苏达满意指标量表(Minnesota Satisfaction Questionnaire)对机构对于员工的外在满意程度进行评估。将这两组测量工具的结果一一对应，就可以对于个人与环境之间的一致性和个人的工作适应程度进行评估和分析，见附图 2-4。

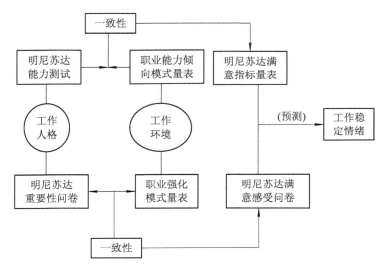

附图 2-4 明尼苏达工作适应理论模式

在生涯辅导上，工作适应理论对于各类就业问题及不同的来询人群均有其应用值。他不仅适用于就业适应问题，也对未来职业选择的标准提供了参考。无论来询者是在职人员、即将就业的大学生、下岗人员还是正在考虑跳槽的人士，都可以运用该理论对其就业／转变过程中的问题进行探索，帮助其做到更"满意"和更"令人满意"。

(三) 评价

罗圭斯特与戴维斯的工作适应论为研究个人的工作满意程度及工作适应问题提供了一个比较完善而系统的理论框架。传统上对这方面的探讨仅限于个人内心需求的满足，而工作适应论提出了外在满意的概念，对于就业适应问题具有重要的指导意义。此外，它从不同的角度(价值观与能力)讨论适配的指标，是对于特质因素论和霍兰德类型的补充。它还为生涯辅导提供了具体的测量工具与探讨的具体结构，对于各类人群的生涯辅导及相关培训都有相当价值。

三、克朗伯兹生涯决定社会学习论

克朗伯兹兼顾心理与社会的作用，他认为外部环境和内在的发展对个人生涯选择均有影响。一是认为"机会"的因素在个人选择职业的过程中扮演着角色，这些"机会"因素包括社会经济地位、性别、种族、文化及教育机会等个体无法自主控制的变量；二是个体内在的发展也对个人生涯选择有影响，"非机会"的变量如个体的兴趣、价值、人格和能力倾向等因素对个人生涯选择的影响。

克朗伯兹认为四类因素影响到一个人的生涯决定，这就是：遗传因素和特殊的能力、环境状况和事件、学习经验以及工作取向的技能。

(一) 遗传因素和特殊的能力

个人得自于遗传的一些特质，在某些程度内限制了个人对职业或学校教育选择的自由。这些因素包括：种族、性别、外在的仪表和特征等。比如女性一般不适合操作大型机械设备和高危工作。某些个人的特殊能力也会影响其在环境中的学习经验，伴随这些学习经验而来的兴趣与技能，对个人未来的职业选择将具有相当密切的关系，个人的特殊能力包括：智力、音乐能力、美术能力、动作协调能力等。比如音乐家的后代大多都有比他人更强的音乐天赋。

(二) 环境状况和事件

克朗伯兹认为，影响教育和职业的选择因素中，有许多来自外部环境，而非个人所能控制。这些环境状况和事件来源于人类活动(如社会、文化、政治或经济的活动)，也可能由自然力量引起(如自然资源的分布或天然灾害)。这些因素具体包括：工作机会的数量和性质；训练机会的多寡和性质；职业选择训练人员和工作人员的社会政策和过程；不同职业的投资报酬率；劳动基准法和工会的规定；物理环境的影响，如地震、洪水、干旱、台风等；比如，汶川特大地震带动建筑规划类专业成热门；哥本哈根会议会催生出生物能研究、气候学等专业的兴起。

(三) 学习经验

克朗伯兹认为，每个人独特的学习经验，在决定其生涯路径(career path)时扮演重要的角色作用。日常生活中，个体受到刺激与强化的类型、性质以及两者配合出现的时机常常错综复杂，因而没有一个理论能够很好地解释：这些不定的变量究竟是如何影响个人生涯偏好和生涯技能发展的，又是如何影响生涯选择的。

克朗伯兹的社会学习理论认为，凡是成功的生涯计划、生涯发展和职业或教育的表现所需的技能，均能够通过连续的工具式学习经验而获得。

(四) 工作取向的技能

前面提到的各种因素，如遗传因素、特殊能力、社会上各种影响因素，以及不同的学习经验等，会以一种交互影响的方式使个人形成特有的工作取向技能，这些工作取向的技能包括解决问题的能力、工作习惯，工作的标准与价值、情绪反应、知觉和认知的历程(如选择、注意、保留、符号知觉等心理过程)等。

按照社会学习理论的看法，上述四类因素在不断地交互作用，交互作用的结果是形成个体对自我的推论、世界观的推论和工作取向的技能和行动。

第一，自我观察的推论。

以过去的学习经验为基准，个人会对自己的表现作出评估与推论。评估的参照对象，可能是自己以往的成就，也可能依据其他人的表现。

克朗伯兹等人认为，一般心理学家所测量的个人兴趣、工作价值，都是属于他们认为的"自我观察的推论"。在解释生涯决定方面，自我观察的推论最重要的内容之一是"爱好"(preferences)，比如喜欢教书而不喜欢做生意，或喜欢走入人群而不喜欢坐办公室等，这些爱好是学习经验的重要结果，也是生涯决定的衡量标准。

第二，世界观的推论。

同样，基于自己的学习经验，个人也会对环境及未来的事物作出评估与推论，特别是在职业的前途与展望方面。世界观的推论和自我观察的推论一样，不一定完全正确，要视个人的学习经验是否丰富而定。

第三，工作取向的技能。

前面在影响生涯决定的四类因素中已经提到工作取向的技能，所以，它既是"因"，又是"果"。在这里，工作取向的技能是个人所习得的各种认知与表现的能力，可应用在生涯决策的过程中。工作取向的技能对个人来说随着环境变化，能用来解释这种变化与自我观察和世界观推论之间的关系，以及预测未来变化的方向。

第四，行动。

个人的实际行动是综合以前所有的学习经验，自我与环境的推论以及具备的各种能力，并将这些引入到未来事业发展的途径。生涯决定的社会学习理论，所重视与关心的正是行为，它包括初步选定一种工作，选择一个特定的专业，接受一次职业训练的机会，接受升迁的职位，或是改变主修科目等。

四、施恩的职业发展阶段理论

美国的施恩教授立足于人生不同年龄段面临的问题和工作主要任务，将职业生涯分为9个阶段。

(一) 成长、幻想、探索阶段

一般 0～21 岁处于这一职业发展阶段。主要任务是：

(1) 发展和发现自己的需要和兴趣，发展和发现自己的能力和才干，为进行实际的职业选择打好基础；

(2) 学习职业方面的知识，寻找现实的角色模式，获取丰富信息，发展和发现自己的价值观、动机和抱负，做出合理的受教育决策，将幼年的职业幻想变为可操作的现实；

(3) 接受教育和培训，开发工作世界中所需要的基本习惯和技能。在这一阶段所充当的角色是学生、职业工作的候选人、申请者。

(二) 查看工作世界

16～25 岁的人步入该阶段。首先，查看劳动力市场，谋取可能成为一种职业基础的第一项工作；其次，个人和雇主之间达成正式可行的契约，个人成为一个组织或一种职业的成员，充当的角色是：应聘者、新学员。

(三) 基础培训

处于该阶段的年龄段 16～20 岁。与上一正在查看职业工作或组织阶段不同，要担当实习生、新手的角色。也就是说，已经迈进职业或组织的大门。此时主要任务已是了解、熟悉组织，接受组织文化，融入工作群体，尽快取得组织成员资格，成为一名有效的成员；二是适应日常的操作程序，适应工作。

(四) 早期职业的正式成员资格

此阶段的年龄为 17～30 岁，取得组织新的正式成员资格。

面临的主要任务：

(1) 承担责任，成功地履行与第一次工作分配有关的任务；

(2) 发展和展示自己的技能和专长，为提升或查看其他领域的横向职业成长打基础；

(3) 根据自身才干和价值观，根据组织中的机会和约束，重估当初追求的职业，决定是否留在这个组织或职业中，或者在自己的需要、组织约束和机会之间寻找一种更好的配合。

(五) 职业中期

处于职业中期的正式成员，年龄一般在 25 岁以上。主要任务：

(1) 选定一项专业或查看管理部门；

(2) 保持技术竞争力，在自己选择的专业或管理领域内继续学习，力争成为一名专家或职业能手；

(3) 承担较大责任，确定自己的地位；

(4) 开发个人的长期职业计划。

(六) 职业中期危险阶段

处于这一阶段的是 35～45 岁者。主要任务为：

(1) 现实地评估自己的进步、职业抱负及个人前途；

(2) 就接受现状或者争取看得见的前途做出具体选择；

(3) 建立与他人的良师关系。

(七) 职业后期

从 40 岁以后直到退休，可说是处于职业后期阶段，此时的职业状况或任务：

(1) 成为一名良师，学会发挥影响，指导、指挥别人，对他人承担责任；

(2) 扩大、发展、深化技能，或者提高才干，以担负更大范围、更重大的责任；

(3) 如果求安稳，就此停滞，则要接受和正视自己影响力和挑战能力的下降。

(八) 衰退和离职阶段

一般在 40 岁之后到退休期间，不同的人在不同的年龄会衰退或离职。此间主要的职业任务一是学会接受权力、责任、地位的下降；二是基于竞争力和进取心下降，要学会接受和发展新的角色；三是评估自己的职业生涯，着手退休。

(九)　离开组织或职业——退休

在失去工作或组织角色之后，面临两大问题或任务：

(1) 保持一种认同感，适应角色、生活方式和生活标准的急剧变化；

(2) 保持一种自我价值观，运用自己积累的经验和智慧，以各种资源角色，对他人进行传帮带。

需要指出的是，施恩虽然基本依照年龄增大顺序划分职业发展阶段，但并未囿于此，其阶段划分更多的根据职业状态、任务、职业行为的重要性。正如施恩教授划分职业周期阶段是依据职业状态、职业行为和发展过程的重要性，又因为每人经历某一职业阶段的年龄有别，所以，他只给出了大致的年龄跨度，并在为职业阶段上所示的年龄上有所交叉。

附录三　霍兰德职业索引

霍兰德职业索引列出了职业兴趣代码与其相应的职业。需要注意的是，该职业索引是一份未经本土化的版本，因此在职业名称和职业对应的霍兰德代码上可能与我国国情有偏差。考虑到国内这方面的资料较少，我们将这份索引附录于后，在使用时仅作参考。这主要是为拓展大家对于职业的思路，不必拘泥于职业的代码。

一、职业兴趣六种类型描述单

霍兰德职业类型图见附图 3-1。

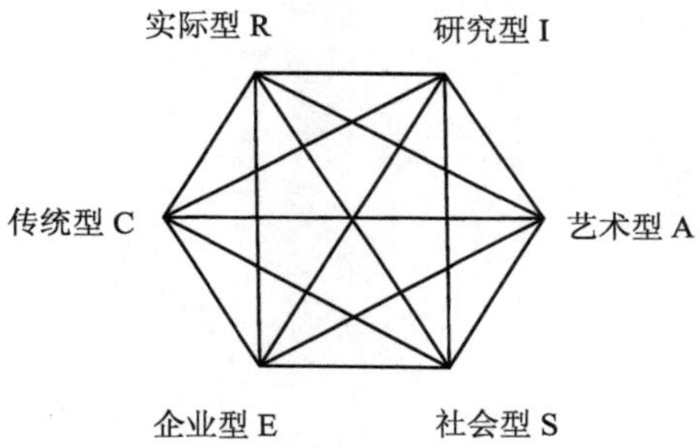

六大类型关系

附图 3-1　霍兰德职业类型图

实用型(R)的人情绪稳定、有耐性、坦诚直率，宁愿行动不喜多言，喜欢在讲求实际、需要动手环境中从事明确固定的工作，依既定的规则，一步一步地制造完成有实际用途的物品。对机械与工具等事较有兴趣，生活上亦以实用为重，眼前的事重于对未来的想象，比较喜欢独自做事。喜欢从事机械、电子、土木建筑、农业等工作。

研究型(I)的人善于观察、思考、分析与推理，喜欢用头脑依自己的步调来解决问题，并追根究底。他不喜欢别人给他指引，工作时也不喜欢有很多规矩和时间压力。做事时，他能提出新的想法和策略，但对实际解决问题的细节较无兴趣。他不是很在乎别人的看法，喜欢和有相同兴趣或专业的人讨论，否则还不如自己看书或思考。喜欢从事生物、化学、医药、数学、天文等相关工作。

艺术型(A)的人直觉敏锐、善于表达和创新。他们希望利用文字、声音、色彩或形式来表达创造力和美的感受。喜欢独立作业，但不要被忽略，在无拘无束的环境下工作效率最高。生活的目的就是创造不平凡的事物，不喜欢管人和被人管。和朋友的关系比较随兴。喜欢从事如：音乐、写作、戏剧、绘画、设计、舞蹈等工作。

社会型(S)的人对人和善，容易相处，关心自己和别人的感受，喜欢倾听和了解别人，也愿意付出时间和精力去解决别人的冲突，喜欢教导别人，并帮助他人成长。他们不爱竞争，喜欢大家一起做事，一起为团体尽力。交友广阔，关心别人胜于关心工作。喜欢从事教师、辅导、社会工作、医护等相关工作。

企业型(E)的人精力旺盛、生活紧凑、好冒险竞争，做事有计划并立刻行动。不愿花太多时间仔细研究，希望拥有权力去改善不合理的事。他们善用说服力和组织能力，希望自己的表现被他人肯定，并成为团体的焦点人物。他不以现阶段的成就为满足，也要求别人跟他一样努力。喜欢管理、销售、司法、行政等工作。

事务型(C)的人个性谨慎，做事讲求规矩和精确。喜欢在有清楚规范的环境下工作。他们做事按部就班、精打细算，给人的感觉是有效率、精确、仔细、可靠而有信用。他们的生活哲学是稳扎稳打，不喜欢改变或创新，也不喜欢冒险或领导。会选择和自己志趣相投的人成为好朋友。喜欢从事银行、金融、会计、秘书等相关工作。

二、霍兰德职业索引——职业兴趣代码与其相应的职业对照表

R(实际型)：木匠、农民、操作 X 光的技师、工程师、飞机机械师、鱼类和野生动物专家、自动化技师、机械工(车工、钳工等)、电工、无线电报务员、火车司机、长途公共汽车司机、机械制图员、修理机器、电器师。

I(研究型)：气象学者、生物学者、天文学家、药剂师、动物学者、化学家、科学报刊编辑、地质学者、植物学者、物理学者、数学家、实验员、科研人员、科技作者。

A(艺术型)：室内装饰专家、图书管理专家、摄影师、音乐教师、作家、演员、记者、诗人、作曲家、编剧、雕刻家、漫画家。

S(社会型)：社会学者、导游、福利机构工作者、咨询人员、社会工作者、社会科学教师、学校领导、精神病工作者、公共保健护士。

E(企业型)：推销员、进货员、商品批发员、旅馆经理、饭店经理、广告宣传员、调度员、律师、政治家、零售商。

C(事务型)：记账员、会计、银行出纳、法庭速记员、成本估算、税务员、核算员、打字员、办公室职员、统计员、计算机操作员、秘书。

下面介绍与你 3 个代号的职业兴趣类型一致的职业表，对照的方法如下：首先根据你的职业兴趣代号，在下表中找出相应的职业，例如你的职业兴趣代号是 RIA，那么牙科技术人员、陶工等是适合你兴趣的职业。然后寻找与你职业兴趣代号相近的职业，如你的职业兴趣代号是 RIA，那么，其他由这三个字母组合成的编号(入 IRA、IAR、ARI 等)对应的职业，也较适合你的兴趣。

RIA：牙科技术员、陶工、建筑设计员、模型工、细木工、制作链条人员。

RIS：厨师、林务员、跳水员、潜水员、染色员、电器修理、眼镜制作、电工、纺织机器装配工、服务员、装玻璃工人、发电厂工人、焊接工。

RIE：建筑和桥梁工程、环境工程、航空工程、公路工程、电力工程、信号工程、电话工程、一般机械工程、自动工程、矿业工程、海洋工程、交通工程技术人员、制图员、家政经济人员、计量员、农民、农场工人、农业机械操作、清洁工、无线电修理、汽车修理、手表修理、管工、线路装配工、工具仓库管理员。

RIC：船上工作人员、接待员、杂志保管员、牙医助手、制帽工、磨坊工、石匠、机

器制造、机车(火车头)制造、农业机器装配、汽车装配工、缝纫机装配工、钟表装配和检验、电动器具装配、鞋匠、锁匠、货物检验员、电梯机修工、托儿所所长、钢琴调音员、装配工、印刷工、建筑钢铁工作、卡车司机。

RAI：手工雕刻、玻璃雕刻、制作模型人员、家具木工、制作皮革品、手工绣花、手工钩针纺织、排字工作、印刷工作、图画雕刻、装订工。

RSE：消防员、交通巡警、警察、门卫、理发师、房间清洁工、屠夫、锻工、开凿工人、管道安装工、出租汽车驾驶员、货物搬运工、送报员、勘探员、娱乐场所的服务员、起卸机操作工、灭害虫者、电梯操作工、厨房助手。

RSI：纺织工、编织工、农业学校教师、某些职业课程教师(诸如艺术、商业、技术、工艺课程)、雨衣上胶工。

REC：抄水表员、保姆、实验室动物饲养员、动物管理员。

REI：轮船船长、航海领航员、大副、试管实验员。

RES：旅馆服务员、家畜饲养员、渔民、渔网修补工、水手长、收割机操作工、搬运行李工人、公园服务员、救生员、登山导游、火车工程技术员、建筑工、铺轨工人。

RCI：测量员、勘测员、仪表操作者、农业工程技术、化学工程技师、民用工程技师、石油工程技师、资料室管理员、探矿工、煅烧工、烧窑工、矿工、保养工、磨床工、取样工、样品检验员、纺纱工、炮手、漂洗工、电焊工、锯木工、刨床工、制帽工、手工缝纫工、油漆工、染色工、按摩工、木匠、农民建筑工作、电影放映员、勘测员助手。

RCS：公共汽车驾驶员、一等水手、游泳池服务员、裁缝、建筑工、石匠、烟囱修建工、混凝土工、电话修理工、爆炸手、邮递员、矿工、裱糊工人、纺纱工。

RCE：打井工、吊车驾驶员、农场工人、邮件分类员、铲车司机、拖拉机司机。

IAS：普通经济学家、农场经济学家、财政经济学家、国际贸易经济学家、实验心理学家、工程心理学家、心理学家、哲学家、内科医生、数学家。

IAR：人类学家、天文学家、化学家、物理学家、医学病理、动物标本剥制者、化石修复者、艺术品管理者。

ISE：营养学家、饮食顾问、火灾检查员、邮政服务检查员。

ISC：侦察员、电视播音室修理员、电视修理服务员、验尸室人员、编目录者、医学实验室技师、调查研究者。

ISR：水生生物学者、昆虫学者、微生物学家、配镜师、矫正视力者、细菌学家、牙科医生、骨科医生。

ISA：实验心理学家、普通心理学家、发展心理学家、教育心理学家、社会心理学家、临床心理学家、目标学家、皮肤病学家、精神病学家、妇产科医师、眼科医生、
五官科医生、医学实验室技术专家、民航医务人员、护士。

IES：细菌学家、生理学家、化学专家、地质专家、地理物理学专家、纺织技术专家、医院药剂师、工业药剂师、药房营业员。

IEC：档案保管员、保险统计员。

ICR：质量检验技术员、地质学技师、工程师、法官、图书馆技术辅导员、计算机操作员、医院听诊员、家禽检查员。

IRA：地理学家、地质学家、声学物理学家、矿物学家、古生物学家、石油学家、地

震学家、声学物理学家、原子和分子物理学家、电学和磁学物理学家、气象学家、设计审核员、人口统计学家、数学统计学家、外科医生、城市规划家、气象员。

IRS：流体物理学家、物理海洋学家、等离子体物理学家、农业科学家、动物学家、食品科学家、园艺学家、植物学家、细菌学家、解剖学家、动物病理学家、作物病理学家、药物学家、生物化学家、生物物理学家、细胞生物学家、临床化学家、遗传学家、分子生物学家、质量控制工程师、地理学家、兽医、放射性治疗技师。

IRE：化验员、化学工程师、纺织工程师、食品技师、渔业技术专家、材料和测试工程师、电气工程师、土木工程师、航空工程师、行政官员、冶金专家、原子核工程师、陶瓷工程师、地质工程师、电力工程师、口腔科医生、牙科医生。

IRC：飞机领航员、飞行员、物理实验室技师、文献检查员、农业技术专家、动植物技术专家、生物技师、油管检查员、工商业规划者、矿藏安全检查员、纺织品检验员、照相机修理者、工程技术员、编计算程序者、工具设计者、仪器维修工。

CRI：书记员、会计、记时员、铸造机操作工、打字员、按键操作工、复印机操作工。

CRS：仓库保管员、档案管理员、缝纫工、讲述员、收款人。

CRE：标价员、实验室工作者、广告管理员、自动打字机操作员、电动机装配工、缝纫机操作工。

CIS：记账员、顾客服务员、报刊发行员、土地测量员、保险公司职员、会计师、估价员、邮政检查员、外贸检查员。

CIE：打字员、统计员、支票记录员、订货员、校对员、办公室工作人员。

CIR：校对员、工程职员、海底电报员、检修计划员、发扳员。

CSE：接待员、通讯员、电话接线员、卖票员、旅馆服务员、私人职员、商学教师、旅游办事员。

CSR：运货代理商、铁路职员、交通检查员、办公室通信员、书记员、出纳员、银行财务职员。

CSA：秘书、图书管理员、办公室办事员。

CER：邮递员、数据处理员、办公室办事员。

CEI：推销员、经济分析家。

CES：银行会计、记账员、法人秘书、速记员、法院报告人。

ECI：银行行长、审计员、信用管理员、地产管理员、商业管理员。

ECS：信用办事员、保险人员、各类进货员、海关服务经理、售货员，购买员、会计。

ERI：建筑物管理员、工业工程师、农场管理员、护士长、农业经营管理人员。

ERS：仓库管理员、房屋管理员、货栈监督管理员。

ERC：邮政局长、渔船船长、机械操作领班、木工领班、瓦工领班、驾驶员领班。

EIR：科学、技术和有关周期出版物的管理员。

EIC：专利代理人、鉴定人、运输服务检查员、安全检查员、废品收购人员。

EIS：警官、侦察员、交通检验员、安全咨询员、合同管理者、商人。

EAS：法官、律师、公证人。

EAR：展览室管理员、舞台管理员、播音员、驯兽员。ESC：理发师、裁判员、政府行政管理员、财政管理员、工程管理员、职业病防治、售货员、商业经理、办公室主任、人事负责人、调度员。

　　ESR：家具售货员、书店售货员、公共汽车的驾驶员、日用品售货员、护士长、自然科学和工程的行政领导。

　　ESI：博物馆管理员、图书馆管理员、古迹管理员、饮食业经理、地区安全服务管理员、技术服务咨询者、超级市场管理员、零售商品店店员、批发商、出租汽车服务站调度。

　　ESA：博物馆馆长、报刊管理员、音乐器材售货员、广告商、售画营业员、导游、(轮船或班机上的)事务长、飞机上的服务员、船员、法官、律师。

　　ASE：戏剧导演、舞蹈教师、广告撰稿人、报刊专栏作者、记者、演员、英语翻译。

　　ASI：音乐教师、乐器教师、美术教师、管弦乐指挥、合唱队指挥、歌星、演奏家、哲学家、作家、广告经理、时装模特。

　　AER：新闻摄影师、电视摄影师、艺术指导、录音指导、丑角演员、魔术师、木偶戏演员、骑士、跳水员。

　　AEI：音乐指挥、舞台指导、电影导演。

　　AES：流行歌手、舞蹈演员、电影导演、广播节目主持人、舞蹈教师、口技表演者、喜剧演员、模特。

　　AIS：画家、剧作家、编辑、评论家、时装艺术大师、新闻摄影师、男演员、文学作者。

　　AIE：花匠、皮衣设计师、工业产品设计师、剪影艺术家、复制雕刻品大师。

　　AIR：建筑师、画家、摄影师、绘图员、环境美化工、雕刻家、包装设计师、陶器设计师、绣花工、漫画工。

　　SEC：社会活动家、退伍军人服务官员、工商会事务代表、教育咨询者、宿舍管理员、旅馆经理、饮食服务管理员。

　　SER：体育教练、游泳指导。

　　SEI：大学校长、学院院长、医院行政管理员、历史学家、家政经济学家、职业学校教师、资料员。

　　SEA：娱乐活动管理员、国外服务办事员、社会服务助理、一般咨询者、宗教教育工作者。

　　SCE：部长助理、福利机构职员、生产协调人、环境卫生管理人员、戏院经理、餐馆经理、售票员。

　　SRI：外科医师助手、医院服务员。

　　SRE：体育教师、职业病治疗者、体育教练、专业运动员、房管员、儿童家庭教师、警察、引座员、传达员、保姆。

　　SRC：护理员、护理助理、医院勤杂工、理发师、学校儿童服务人员。

　　SIA：社会学家、心理咨询者、学校心理学家、政治科学家、大学或学院的系主任、大学或学院的教育学教师、大学农业教师、大学工程和建筑课程的教师、大学法律教师、大学数学、医学、物理、社会科学和生命科学的教师、研究生助教、成人教育教师。

　　SIE：营养学家、饮食学家、海关检查员、安全检查员、税务稽查员、校长。

　　SIC：描图员、兽医助手、诊所助理、体检检查员、监督缓刑犯的工作者、娱乐指导者、咨询人员、社会科学教师。

　　SIR：理疗员、救护队工作人员、手足病医生、职业病治疗助手。

参 考 文 献

[1] 百度百科网. http：//baike. baidu. com/view/4463. htm?fr=ala0_1_1.

[2] 李菁华. 大学生职业生涯规划[M]. 北京：对外贸易大学出版社，2013.

[3] 黄天中. 生涯规划[M]. 北京：中国财政经济出版社，2001.

[4] 吕建国，孟慧. 职业心理学[M]. 大连：东北财经大学出版社，2000.

[5] 朱启臻等. 职业指导[M]. 北京：首都师范大学出版社，1999.

[6] 谢晓翠，王静. 职业生涯设计与就业指导[M]. 杭州：浙江大学出版社，2007.

[7] 李俊琦. 职业准备与就业指导[M]. 北京：清华大学出版社，2007.

[8] 张恩生，刘相明，李辉. 大学生职业生涯规划[M]. 济南：山东大学出版社，2006.

[9] 金树人. 生涯咨询与辅导[M]. 北京：高等教育出版社，2007.

[10] 张惠丽，汪达. 职业生涯规划与大学生素质发展[M]. 北京：科学出版社，2009.

[11] 赵北平. 大学生职业生涯规划教程[M]. 2版. 武汉：武汉大学出版社，2005.

[12] Reardon, Lenz, Sampson, Peterson. 职业生涯发展与规划[M]. 侯志瑾，伍新春，等，译. 北京：高等教育出版社，2005.

[13] 刘德恩，包昆锦. 高职职业生涯规划实务[M]. 北京：北京师范大学出版社，2006.

[14] 张艳主. 大学生职业指导实训手册[M]. 北京：高等教育出版社，2008.

[15] 谢晓翠，王静. 职业生涯设计与就业指导[M]. 杭州：浙江大学出版社，2007.

[16] 石咏琦. 放开自己：有效时间管理法则[M]. 北京：北京大学出版社，2006.

[17] 常桦. 自助拓展训练组织与实施手册[M]. 北京：中国工人出版社，2008.

[18] 曹鸣岐，杜颖旭，蔡勇梅. 职业生涯规划[M]. 北京：高等教育出版社，2008.

[19] 田松，张孝德，高源徽，等. 大学生职业生涯规划教程[M]. 北京：高等教育出版社，2011.

[20] 王萌，庞俊丽. 大学生职业生涯规划与职业素养. 综合院校版. [M]. 北京：中央民族大学出版社，2013.

[21] 刘德恩，包昆锦. 职业生涯规划(学习、就业与创业指导实操)[M]. 北京：北京师范大学出版社，2006.

[22] 李家宏，韩咏梅. 大学生职业生涯发展与规划[M]. 长春：吉林人民出版社，2012.

[23] 潘旭阳，袁龙，初冬青. 大学生职业生涯发展与素质训练[M]. 天津：南开大学出版社，2014.

[24] 方伟，王少浪. 大学生职业生涯与发展规划. 综合院校高职高专版. [M]. 西安：世界图书出版公司，2011.